타입스크립트 프로그래밍

더 빠르고 안정적인 자바스크립트 앱 개발을 위한 핵심 기능과 활용법

Programming TypeScript
by Boris Cherny

Authorized Korean translation of the English edition of Programming TypeScript,
ISBN 9781492037651 ⓒ 2019 Boris Cherny

Korean-language edition copyright ⓒ 2020 Insight Press

This translation is published and sold by permission of O'Reilly Media, Inc., which owns or
controls all rights to publish and sell the same.

타입스크립트 프로그래밍:

더 빠르고 안정적인 자바스크립트 앱 개발을 위한 핵심 기능과 활용법

초판 1쇄 발행 2020년 5월 27일 **3쇄 발행** 2023년 2월 8일 **지은이** 보리스 체르니 **옮긴이** 우정은 **펴낸이** 한기성 **펴낸곳** (주)
도서출판인사이트 **편집** 정수진 **제작·관리** 이유현, 박미경 **용지** 월드페이퍼 **출력·인쇄** 예림인쇄 **제본** 예림바인딩 **등록번호** 제
2002-000049호 **등록일자** 2002년 2월 19일 **주소** 서울시 마포구 연남로5길 19-5 **전화** 02-322-5143 **팩스** 02-3143-5579 **이메
일** insight@insightbook.co.kr **ISBN** 978-89-6626-260-1 책값은 뒤표지에 있습니다. 잘못 만들어진 책은 바꾸어 드립니다. 이
책의 정오표는 https://blog.insightbook.co.kr에서 확인하실 수 있습니다.

프로그래밍 **인사이트**

타입스크립트
프로그래밍

더 빠르고 안정적인 자바스크립트
앱 개발을 위한 핵심 기능과 활용법

보리스 체르니 지음 | 우정은 옮김

인사이트

차례

옮긴이의 글

최근 몇 년간 자바스크립트의 인기는 하늘 높은 줄 모르고 치솟는 것 같다. 그리고 자바스크립트의 단점을 보완할 수 있는 타입스크립트 같은 언어의 인기도 하루가 다르게 높아지고 있음을 느낀다.

자바스크립트의 인기를 등에 업고 타입스크립트 언어의 인기가 날로 높아지고 있다. 최근에는 스위프트와 오브젝티브 C를 넘어서 인기 언어 10위에 등극했다는 소식도 들려온다. 이러한 인기는 자바스크립트가 상대적으로 취약한 부분의 문제점을 타입스크립트가 제대로 지원하고 있음을 방증하는 것으로 보인다.

이 책은 타입스크립트를 쉽게 배우고 실전에 적용할 수 있게 구성되어 있다. 다만 타입스크립트가 빠르게 발전하는 언어인 만큼 이 책에서 설명한 일부 내용은 금방 다른 내용으로 갱신될 수 있기 때문에 저자는 이 부분을 미리 염두에 둘 것을 독자 여러분에게 세심하게 권고한다. 이 책을 읽고 배운 내용을 자신의 프로젝트에 적용한다면 금방 타입스크립트의 매력에 빠질 것이다.

이 책을 번역하는 동안 이사도 했고 여러 개인적인 일들이 있었다. 뉴질랜드의 삶은 모든 것이 새롭고 낯설지만, 언제나 배울 수 있고 지혜롭게 이겨내면 된다는 마음을 늘 닦으며 살아가고 있다. 번역을 진행하는 동안 많이 심심함을 달래야 했던 반려견 호두와 여러 가지로 지원을 아끼지 않은 아내에게 감사한다.

— 우정은

서문

이 책은 숙련된 자바스크립트 엔지니어, C# 개발자, 자바 지지자, 파이썬을 사랑하는 사람, 루비 마니아, 하스켈 괴짜 등 다양한 배경의 프로그래머를 배려한 책이다. 여러분이 기존에 어떤 언어를 사용했든 약간의 프로그래밍 경험과 함수, 변수, 클래스, 에러와 관련한 기본 지식이 있다면 이 책을 소화하기에 무리가 없다. 문서 객체 모델(DOM), 네트워크를 포함한 자바스크립트 관련 지식이 있다면 예제를 이해하는 데 도움이 될 수 있지만 그렇지 않더라도 큰 지장은 없다.

여러분이 지금까지 어떤 프로그래밍 언어를 사용했든 예외를 분석하고 각각의 행을 추적하면서 무엇이 잘못되었는지 파악하고, 어떻게 그 문제를 고쳐야 하는지 고민해본 경험은 서로 다르지 않다. 타입스크립트는 코드를 자동으로 검사해서 우리가 놓칠 수도 있는 실수를 지적해주므로 개발에 큰 도움을 준다.

기존에 정적 타입의 언어를 사용해본 적이 없어도 괜찮다. 이 책에서 타입이란 무엇인지와 이를 효과적으로 사용해서 프로그램의 충돌을 줄이고 더 좋은 코드 문서화를 제공하며, 다양한 사용자, 개발자, 서버가 응용 프로그램을 이용할 수 있도록 확장성을 확보하는 방법을 알려줄 것이기 때문이다.

타입스크립트가 다른 언어와 크게 다른 점은 바로 강력한 실용성이다. 타입스크립트 덕분에 더 간결하고 정확하게 원하는 바를 표현할 수 있으며, 응용 프로그램 개발을 재미있고 현대적이며 안전하게 해준다.

이 책의 구성

이 책은 타입스크립트가 어떻게 동작하는지 이해를 돕는 것(이론)과 실무에서 타입스크립트 코드를 어떻게 구현할 수 있는지 다양한 도움을 제공하는 것(실용), 이렇게 두 가지를 목표로 삼았다.

타입스크립트는 아주 실용적인 언어이므로 설명한 이론을 바로 실무 코드에 적용할 수 있다. 이 책의 앞부분 몇 개 장은 이론을, 마지막 장은 온전히 실용적인 부분을 제공하며 나머지 장에는 이론과 실용이 적절하게 섞여 있다.

처음에는 컴파일러, 타입 검사기, 타입이 무엇인지 설명한다. 그리고 타입스크립트의 다양한 타입과 타입 연산자를 포괄적으로 설명하며, 이들이 어떤 기능을 제공하는지, 언제 이들을 사용해야 하는지 설명한다. 타입스크립트의 가장 복잡한 부분인 타입 시스템 기능, 에러 처리, 비동기 프로그래밍 등의 고급 주제도 살펴본다. 마지막으로 여러분이 선호하는 프론트엔드, 백엔드 프레임워크 환경에서 기존의 자바스크립트 프로젝트를 타입스크립트로 마이그레이션하는 방법과 제품 환경에서 타입스크립트 응용 프로그램을 실행하는 방법을 배운다.

대부분의 장은 마지막 부분에 연습 문제가 있다. 연습 문제를 직접 풀어보면서 그 장에서 배운 내용을 더 깊이 이해할 수 있을 것이다. 연습 문제의 정답은 *https://github.com/bcherny/programming-typescript-answers*에서 확인할 수 있다.

코드 스타일

이 책에서는 개인적으로 다음과 같은 형식을 사용했다.

- 세미콜론은 필요할 때만 사용했다.
- 들여쓰기는 공백 문자 네 개로 표현했다.
- 프로그램의 일부를 간략히 보여주거나 세부 내용보다 프로그램 구조가 중요할 때는 a, f, _ 등 간결한 변수명을 사용했다.

그리고 다음 사항들은 여러분이 코딩할 때도 준수하면 좋을 것이다.

- 가장 최신 자바스크립트 문법과 기능을 사용한다(최신 자바스크립트 버전은 보통 'esnext'라 부른다). 그래야 코드를 최신 표준에 부합되게 관리할 수 있으며, 상호 운용성을 개선하고, 관련 내용을 인터넷에서 쉽게 찾을 수 있으며, 새로운 개발자를 고용했을 때 적응 시간이 줄어든다. 또한 화살표 함수, 프로미스, 제너레이터 등 강력한 최신 자바스크립트 기능도 즐길 수 있다.

- 가능하면 스프레드(...)를 활용하여 자료구조를 불변으로 만드는 것이 좋다.[1]
- 모든 것에 타입(type)을 붙이고, 가능하면 구체적인 타입으로 추론될 수 있어야 한다. 명시적 타입을 너무 남용하지 않는다. 그래야 코드가 깨끗하고, 간결하며, 잘못된 타입을 대충 넘기지 않고 검출되도록 하여 안전성을 개선할 수 있기 때문이다.
- 재사용할 수 있는 범용 코드를 만들려 노력한다. 다형성이 이를 달성하는 데 큰 도움을 준다("4.2 다형성" 절 참고).

물론 새로운 생각들은 아니다. 하지만 이런 아이디어들을 지킴으로써 타입스크립트를 더 잘 활용할 수 있다. 타입스크립트의 내장 컴파일러는 읽기 전용 타입, 강력한 추론, 완벽에 가까운 다형성, 좋은 코딩 타입을 촉진하는 완벽한 구조 기반 타입화를 지원함과 동시에 자바스크립트와의 호환을 유지하면서도 놀라운 표현력을 제공한다.

본론으로 들어가기 전에 두 가지만 더 언급하고자 한다.

자바스크립트에는 포인터나 참조가 없다. 그 대신 값과 참조 타입을 사용한다. 문자열, 숫자, 불(boonlean) 등이 값이며, 값은 불변이다. 반면 참조는 배열과 객체 같은 (보통은 가변인) 자료구조나 함수를 가리킨다. 이 책에서 자바스크립트 값 또는 참조를 엄밀하게 구분하지 않고 모두 '값'이라는 단어를 쓸 것이다.

마지막으로 실무에서 자바스크립트와 상호 운용해야 하거나, 타입이 잘못된 서드 파티 라이브러리를 사용하거나, 기존 코드를 사용하거나, 급하게 코드를 구현해야 할 때 타입스크립트 코드 구현이 생각처럼 쉽지 않음을 느낄 때가 있다. 이 책은 여러분이 전반적으로 타입스크립트 코드를 어떻게 구현해야 하는지 그리고 왜 타협 대신 끝까지 원칙을 견지하려 노력해야 하는지 설명한다. 하지만 실전에서는 여러분과 팀이 무엇이 올바른 코드인지를 결정할 것이다.

---

1   자바스크립트를 사용해보지 않은 독자를 위해 예를 하나 준비했다. 객체 o가 있고 여기에 값이 3인 프로퍼티 k를 추가해야 한다면, o.k = 3처럼 객체를 직접 수정하거나 아니면 let p = {...o, k: 3}처럼 새로운 객체를 만들어서 o 대신 사용할 수 있다.

소개

여러분이 타입스크립트 책을 구입한 이유가 무엇일까?

아마도 자바스크립트의 지긋지긋한 undefined 관련 에러에서 벗어나고 싶어서 이 책을 선택했을 것이다. 어떤 독자는 타입스크립트로 코드의 확장성을 개선함과 동시에 왜 이렇게 사람들이 타입스크립트에 열광하는지 확인하고 싶었을 수도 있다. 아니면 C#을 주로 사용하다가 자바스크립트의 세계로 입문하고 싶었을 수도 있다. 자신의 내공을 한 단계 높여 함수형 프로그래머가 되고자 타입스크립트를 선택했을지도 모른다. 생산성이 떨어지는 개발자들의 코드에 지친 사장님이 크리스마스 선물로 이 책을 주었을 수도 있다(필자가 너무 오버했다면 사과한다).

이유가 무엇이든 여러분이 알고 있는 타입스크립트에 관한 소문은 사실이다. 타입스크립트는 차세대의 웹 앱, 모바일 앱, NodeJS 프로젝트, 사물인터넷(Internet of Things, IoT) 기기를 뒷받침할 언어다. 타입스크립트는 흔히 발생하는 실수를 방지하며, 자신과 미래의 개발자들에게 문서화를 제공하고, 리팩터링을 쉽게 만들며, 단위 테스트의 숫자를 반으로 줄임으로 더 안전한 프로그램을 구현할 수 있게 보장한다. 프로그래머의 생산성을 배로 늘려주는 타입스크립트 덕분에 퇴근 후 커피 한잔을 즐길 여유도 가질 수 있다.

여기서 '안전한'이라는 단어가 정확히 무슨 의미인지 생각해보자. 여기서 말하는 '안전한'은 타입 안전성을 뜻한다.

> **타입 안전성(type safety)**
>
> 타입을 이용해 프로그램이 유효하지 않은 작업을 수행하지 않도록 방지한다.[1]

다음은 유효하지 않은 동작의 몇 가지 예다.

- 숫자와 리스트 곱하기
- 객체 리스트를 인수로 받는 함수에 문자열 리스트를 인수로 전달해 호출하기
- 객체에 존재하지 않는 멤버 함수를 호출하기
- 최근에 다른 곳으로 이동된 모듈 임포트하기

일부 언어는 이런 실수가 있는 코드라도 최대한 실행하려 시도한다. 이런 언어는 유효하지 않은 작업이라도 개발자가 실제 무엇을 하려 했는지 파악하려 한다. 개발자가 원하는 것은 뭐든 할 수 있다고 믿기 때문이다. 자바스크립트를 예로 살펴보자.

```
3 + []     // 문자열 "3"으로 평가

let obj = {}
obj.foo    // undefined로 평가

function a(b) {
    return b/2
}
a("z")     // NaN으로 평가
```

명백하게 잘못된 동작임에도 자바스크립트는 예외를 던지지 않고 최선을 다해 결과를 도출한다. 자바스크립트의 이런 기능이 도움이 될까? 물론이다. 그럼 버그를 쉽게 확인하는 데도 도움이 될까? 그렇진 않을 것이다.

 자바스크립트가 더 이상 유효하지 않은 연산을 조용히 넘어가지 않고 적극적으로 예외를 발생시킨다고 가정하자. 그럼 다음처럼 다른 결과를 얻을 것이다.

---

1 '유효하지 않은'의 의미는 정적 타입 언어에 따라 다양하게 해석될 수 있다. 예컨대 실행하면 크래시(crash, 비정상 종료)되는 프로그램을 뜻할 수도 있고, 크래시까지는 아니지만 논리적으로 명백히 잘못된 동작을 뜻할 수도 있다.

```
3 + []      // 에러: 정말 숫자와 배열을 더하는가?

let obj = {}
obj.foo     // 에러: obj에 "foo" 프로퍼티를 정의하지 않았음

function a(b) {
    return b / 2
}
a("z")      // 에러: "a"는 숫자를 인수로 받는 함수인데 문자열을 전달함
```

오해하진 말자. 우리의 실수를 바로잡으려는 시도는 프로그래밍 언어가 갖춰야 할 훌륭한 기능이다(하지만 실전에서는 단순 프로그래밍 실수 그 이상의 검출이 필요하다!). 하지만 자바스크립트에서는 이 기능 때문에 코드에 실수를 저지른 시점과 그 실수를 처음 인지하는 시점이 달라지기 쉽다. 그래서 실수를 저지른 개발자 자신이 아닌, 다른 사람이 발견해 알려주는 일이 흔히 벌어진다.

그럼 이런 질문이 생긴다. 자바스크립트는 정확히 언제 개발자가 실수를 저질렀다고 알려주는가? 바로 프로그램을 실행할 때다. 브라우저로 프로그램을 실행하거나 웹사이트에 사용자가 방문하거나 단위 테스트를 실행하면 프로그램이 동작한다. 충분히 훈련된 개발자이고 많은 단위 테스트와 종단간(end-to-end) 테스트를 진행했으며, 코드를 저장소로 보내기 전에 스모크 테스트를 거쳤고 사용자에게 기능을 출시하기 전에 내부적으로 상당 기간 테스트를 했다면 사용자보다 먼저 에러를 찾을 수 있으리라 기대할 수 있다. 하지만 상황이 그렇지 못하다면 어떨까?[2]

그래서 타입스크립트가 등장했다. 타입스크립트가 에러를 알려준다는 사실 자체보다 더 훌륭한 기능은 바로 에러를 알려주는 시점이다. 개발자가 텍스트 편집기에 코드를 입력하는 순간 곧바로 에러 메시지를 발생시킨다. 이전 예제에서 타입스크립트가 어떤 에러를 발생시키는지 살펴보자.

```
3 + []      // 에러 TS2365: '3' 타입과 'never[]' 타입에
            // 연산자 '+'를 적용할 수 없음
```

---

2 (옮긴이) 여러 테스팅 기법과 관련한 내용은 다음 웹사이트를 참고하자. *https://bit.ly/2TXuEOr* (번역문은 *angel 927.tistory.com/77*)

```
let obj = {}
obj.foo    // 에러 TS2339: '{}' 타입에 'foo' 프로퍼티가 존재하지 않음

function a(b: number) {
    return b / 2
}
a("z")    // 에러 TS2345: 'number' 타입의 매개변수에
          // '"z"'라는 인수 타입을 할당할 수 없음
```

모든 타입 관련 버그가 사라질 뿐 아니라 코드를 작성하는 방식도 달라진다.
개발자는 프로그램을 구상할 때 타입 수준으로 먼저 생각하고 값 수준으로 생
각하게 될 것이다.[3] 프로그램을 설계하면서 극단적인 상황을 먼저 고려하게 되
며 더 간단하고, 빠르고, 이해하기 쉬우며, 유지하기 쉬운 프로그램을 설계할
수 있다.

여행을 떠날 준비가 되었는가? 그럼 출발하자!

---

3 '타입 수준'이 무슨 의미인지는 뒤에서 설명하므로 지금은 이해가 되지 않더라도 넘어가자.

2장

타입스크립트:
3,000미터 상공에서 내려다보기

지금부터 몇 개 장에 걸쳐 타입스크립트 컴파일러(TypeScript Compiler, TSC) 의 동작 원리, 타입스크립트의 기능 소개, 프로그램 개발에 적용할 수 있는 패턴 등을 소개한다. 먼저 컴파일러를 확인하자.

2.1 컴파일러

기존(즉, 이 책을 사면서 타입 안전성이라는 신세계를 접하기 이전의 삶)에 무슨 프로그래밍 언어를 사용했는지에 따라 프로그램이 동작하는 방식을 다르게 이해하고 있을 것이다. 타입스크립트는 자바스크립트나 자바 같은 주요 언어와는 다른 방식으로 동작하므로 이 부분을 확실히 짚고 넘어가는 것이 좋다.

전체 개요를 먼저 살펴보자. 프로그램은 프로그래머가 작성한 다수의 텍스트 파일로 구성된다. 이 텍스트를 컴파일러(compiler)라는 특별한 프로그램이 파싱하여 추상 문법 트리(abstract syntax tree, AST)라는 자료구조로 변환한다. AST는 공백, 주석, 그리고 개발자들이 즐겨 논쟁하는 탭이냐 공백이냐 등의 결과를 완전히 무시한다. 그리고 컴파일러는 다시 AST를 바이트코드(bytecode) 라는 하위 수준의 표현으로 변환한다. 바이트코드가 만들어졌으면 런타임 (runtime)이라는 다른 프로그램에 바이트코드를 입력해 평가하고 결과를 얻을 수 있다. 즉, 프로그램을 실행한다는 것은 컴파일러가 소스 코드를 파싱해 AST

로 만들고, 다시 AST를 바이트코드로 변환한 것을 런타임이 평가하도록 지시한다는 의미다. 자세한 과정이나 내용은 조금씩 달라질 수 있지만 대부분의 언어는 이런 과정으로 프로그램을 실행한다.

이 과정을 다음처럼 요약할 수 있다.

1. 프로그램이 AST로 파싱된다.
2. AST가 바이트코드로 컴파일된다.
3. 런타임이 바이트코드를 평가한다.

타입스크립트가 다른 언어와 다른 점은 컴파일러가 코드를 바이트코드 대신 자바스크립트 코드로 변환한다는 점이다! 이후로는 일반적인 자바스크립트 코드를 실행하듯이 브라우저, NodeJS, 종이와 연필(기계 반란이 일어난 이후에 이 책을 읽을 독자를 고려함)로 실행할 수 있다.

"잠깐! 1장에서 타입스크립트가 코드를 더 안전하게 만든다고 했는데! 코드는 언제 안전해지지?"라는 질문이 생길 수 있다.

좋은 질문이다. 앞에서 중요한 단계를 설명하지 않았는데, 타입스크립트 컴파일러는 AST를 만들어 결과 코드를 내놓기 전에 타입 확인을 거친다.

> **타입 검사기(typechecker)**
> 코드의 타입 안전성을 검증하는 특별한 프로그램

타입스크립트의 마법은 타입 확인 과정에서 일어난다. 타입 확인 덕분에 타입스크립트는 프로그램이 개발자의 기대대로 실행될 수 있게 해주고, 명백한 실수가 들어가지 않게 방지해준다.

타입 확인과 자바스크립트 방출 부분을 포함하면 타입스크립트 컴파일 과정은 대략 그림 2-1처럼 된다.

TS
1. 타입스크립트 소스 → 타입스크립트 AST
2. 타입 검사기가 AST를 확인
3. 타입스크립트 AST → 자바스크립트 소스

JS
4. 자바스크립트 소스 → 자바스크립트 AST
5. AST → 바이트코드
6. 런타임이 바이트코드를 평가

그림 2-1 타입스크립트 컴파일 및 실행

과정 1~3은 TSC가 수행하며, 과정 4~6은 브라우저, NodeJS, 기타 자바스크립트 엔진 같은 자바스크립트 런타임이 실행한다.

 보통 자바스크립트 컴파일러와 런타임은 엔진이라는 하나의 프로그램으로 합쳐진다. 프로그래머는 주로 이 엔진과 상호작용한다. V8(NodeJS, 크롬, 오페라에서 사용), 스파이더몽키(파이어폭스), JSCore(사파리), 샤크라(엣지) 등이 이처럼 동작하며 자바스크립트가 해석되는(interpreted) 언어의 모습을 갖게 만든다.

과정 1~2에서는 소스 코드에 사용된 타입을 이용하지만, 과정 3에서는 이용하지 않는다. 다시 말해, TSC가 타입스크립트 코드를 자바스크립트 코드로 컴파일할 때는 개발자가 사용한 타입을 확인하지 않는다. 개발자가 코드에 기입한 타입 정보는 최종적으로 만들어지는 프로그램에 아무런 영향을 주지 않으며, 단지 타입을 확인하는 데만 쓰인다는 뜻이다. 따라서 마음대로 프로그램의 타입을 바꾸고 개선하고 실험해도 기존의 응용 프로그램이 망가질 염려가 없다.

2.2 타입 시스템

최신 언어는 저마다의 타입 시스템을 갖추고 있다.

> **타입 시스템(type system)**
> 타입 검사기가 프로그램에 타입을 할당하는 데 사용하는 규칙 집합

타입 시스템은 보통 두 가지 종류, 즉 어떤 타입을 사용하는지를 컴파일러에

명시적으로 알려주는 타입 시스템과 자동으로 타입을 추론하는 타입 시스템으로 구분된다. 두 시스템은 서로 장단점이 있다.[1]

타입스크립트는 두 가지 시스템 모두의 영향을 받았다. 즉, 개발자는 타입을 명시하거나 타입스크립트가 추론하도록 하는 방식 중에서 선택할 수 있다.

어노테이션을 이용하면 타입스크립트에 명시적으로 타입을 지정할 수 있다. 어노테이션은 'value: type' 형태로 쓰이며 타입 검사기에게 "이봐! 여기 value 보이지? 이 value의 타입은 type이야"라고 알리는 역할을 한다.

```
let a: number = 1              // a는 number
let b: string = 'hello'        // b는 string
let c: boolean[] = [true, false]  // c는 boolean 배열
```

어노테이션을 사용하지 않으면 타입스크립트가 알아서 타입을 추론한다.

```
let a = 1              // a는 number
let b = 'hello'        // b는 string
let c = [true, false]  // c는 boolean 배열
```

타입스크립트가 얼마나 추론을 잘하는지 확인할 수 있다. 어노테이션을 사용하지 않아도 타입 지정 결과는 달라지지 않는다! 이 책에서는 꼭 필요할 때에만 어노테이션을 사용하며 그렇지 않으면 타입스크립트가 마법처럼 타입을 추론하도록 할 것이다.

 타입스크립트가 타입을 추론하도록 두는 것이 코드를 줄일 수 있는 방법이므로 보통 어노테이션은 생략한다.

2.2.1 타입스크립트 vs. 자바스크립트

타입스크립트의 타입 시스템을 더 자세히 들여다보면서 자바스크립트의 타입 시스템과 비교해보자. 표 2-1은 두 언어의 타입 시스템 개요를 정리한 것이다.

---

[1] 타입 시스템을 지원하는 언어의 방식도 다양하다. 자바스크립트, 파이썬, 루비는 런타임에 타입을 추론한다. 하스켈(Haskell), 오캐멀(OCaml)은 컴파일 타임에 추론 및 빠진 타입을 검사한다. 스칼라, 타입스크립트는 명시적 타입을 지원하며 타입이 명시되지 않은 경우에는 컴파일 타임에 타입을 추론하고 확인한다. 자바와 C는 거의 모든 타입을 명시하기를 요구하며 이를 컴파일 타임에 확인한다.

두 언어의 차이를 정확하게 알아야 타입스크립트가 어떻게 동작하는지 이해할 수 있다.

타입 시스템 기능	자바스크립트	타입스크립트
타입 결정 방식	동적	정적
타입이 자동으로 변환되는가?	○	×(대부분)
언제 타입을 확인하는가?	런타임	컴파일 타임
언제 에러를 검출하는가?	런타임(대부분)	컴파일 타임(대부분)

표 2-1 자바스크립트와 타입스크립트의 타입 시스템 비교

타입은 어떻게 결정되는가?

동적 타입 바인딩(dynamic type binding)이란 자바스크립트가 프로그램을 실행해야만 특정 데이터의 타입을 알 수 있음을 의미한다. 자바스크립트는 프로그램을 실행하기 전에는 타입을 알 수 없다.

타입스크립트는 점진적으로 타입을 확인하는(gradually typed) 언어다. 즉, 타입스크립트는 컴파일 타임에 프로그램의 모든 타입을 알고 있을 때 최상의 결과를 보여줄 수 있지만, 프로그램을 컴파일하는 데 반드시 모든 타입을 알아야 하는 것은 아니다. 타입스크립트는 타입을 지정하지 않은 프로그램이라도 그중 일부 타입을 추론해서 오류를 검출할 수 있지만, 모든 타입을 알지 못하는 상황에서는 많은 오류가 사용자에게 그대로 노출될 수 있다.

점진적 타입 확인은 타입을 지정하지 않은 기존 자바스크립트 코드를 타입을 사용하는 타입스크립트로 마이그레이션할 때 특히 유용하다(자세한 내용은 "11.2 자바스크립트를 타입스크립트로 천천히 마이그레이션하기" 참고). 하지만 코드를 마이그레이션하는 상황이 아니라면 모든 코드의 타입을 컴파일 타임에 지정하는 것을 목표로 해야 한다. 따로 언급하지 않는 한 이 책은 모든 코드의 타입이 컴파일 타임에는 식별되도록 하는 방식을 추구한다.

자동으로 타입이 변환되는가?

자바스크립트는 약한 타입(weakly typed) 언어다. 즉, 1장에서 했던 것처럼 숫

자와 배열을 더하는 유효하지 않은 연산을 수행하면 다양한 규칙을 적용해가며 개발자가 정말 의도한 바를 알아내려 노력하고, 주어진 정보로 최상의 결과를 도출한다. 자바스크립트가 3 + [1]을 어떻게 평가하는지 자세히 살펴보자.

1. 자바스크립트는 3이 숫자고 [1]은 배열임을 확인한다.
2. 개발자가 +를 사용했으므로 자바스크립트는 개발자가 두 값을 연결하고 싶어 한다고 생각한다.
3. 자바스크립트는 3을 문자열 "3"으로 암묵적인 변환을 시행한다.
4. 자바스크립트는 [1]을 문자열 "1"로 암묵적인 변환을 시행한다.
5. 두 문자열을 붙여서 "31"이라는 결과를 도출한다.

이를 더 명시적으로 지정할 수 있다(자바스크립트가 1, 3, 4 단계 과정을 생략하도록).

```
3 + [1];                        // "31"로 평가
(3).toString() + [1].toString() // "31"로 평가
```

자바스크립트는 영리하게 타입을 변환하려 노력하는 반면 타입스크립트는 유효하지 않은 작업을 발견하는 즉시 불평한다. 같은 자바스크립트 코드를 TSC로 실행하면 다음처럼 에러가 발생한다.

```
3 + [1];                        // 에러 TS2365: '+' 연산자를 '3'과
                                // 'number[]' 타입에 적용할 수 없음
(3).toString() + [1].toString() // "31"로 평가
```

올바르지 않아 보이는 연산을 수행하면 타입스크립트가 바로 그 부분을 지적하며, 의도를 명시해야 타입스크립트의 지적을 무사히 통과할 수 있다. 올바른 정신을 갖고 있는 사람이라면 누가 숫자와 배열을 더하려 시도하겠으며, 덧셈의 결과가 문자열일 것이라 기대하겠는가?(어느 스타트업 지하실에서 촛불에 의지해 이상한 실험을 계속하는 지킬 박사라면 모를까.)

자바스크립트가 제공하는 이런 종류의 암묵적 변환 때문에 문제의 원인을 추적하기 어렵고, 이는 자바스크립트 프로그래머의 골칫거리다. 코드가 암묵

적으로 의미하는 바를 이해해야 하므로 엔지니어 각자가 자신의 작업을 완수하기 어려워지며, 큰 팀을 구성해 코드를 확장할 때는 커다란 걸림돌이 된다.

결론적으로 타입을 변환할 때는 명시적으로 해야 한다.

언제 타입을 검사하는가?

자바스크립트는 주어진 상황에서 개발자가 무엇을 의도하는지에 맞춰 변환하려 최대한 노력할 뿐 거의 대부분의 상황에서 타입이 무엇인지 따지지 않는다.

반면 타입스크립트에서는 컴파일 타임에 코드의 타입을 확인하기 때문에(그림 2-1의 두 번째 단계를 기억하자) 코드를 실행하지 않고도 이전 예제 코드에 에러가 있음을 바로 알 수 있다. 타입스크립트는 정적으로 코드를 분석해 이런 에러를 검출하여 코드를 실행하기도 전에 알려준다. 코드가 컴파일되지 않는다는 사실은 개발자가 실수를 저질렀음을 뜻하므로 코드를 실행하기 전에 실수를 바로잡을 수 있는 좋은 기회가 된다.

그림 2-2는 이전 예제를 필자가 가장 즐겨 쓰는 편집기인 VSCode에 입력한 모습이다.

```
1  3 + [1]
2  [ts] Operator '+' cannot be applied to types
3  '3' and 'number[]'. [2365]
4
```

그림 2-2 VSCode가 발생시킨 TypeError

자신이 즐겨 쓰는 코드 편집기에 타입스크립트 지원 기능을 추가한 다음 코드를 작성하면 이처럼 문제가 있는 코드에 꼬불거리는 빨간 밑줄이 그어진다. 덕분에 코드를 작성하면서 곧바로 실수를 알아차리고 바로잡을 수 있다.

에러는 언제 검출되는가?

자바스크립트는 런타임에 예외를 던지거나 암묵적 형변환을 수행한다.[2] 즉, 프

---

2 참고로 자바스크립트도 프로그램을 파싱하기 때문에 실행 전에 문법 에러와 몇 가지 선택 버그(예: 한 영역에 같은 이름으로 여러 const를 선언) 등을 검출할 수 있다. (바벨(Babel) 같은 도구를 이용하여) 빌드 프로세스에 자바스크립트 파싱 과정을 포함시키면 빌드 타임에 이런 에러를 찾아낼 수 있다.

로그램을 실행해야만 어떤 문제가 있음을 확인할 수 있다. 운이 좋다면 단위 테스트를 실행하다가 발견할 수도 있겠지만, 그렇지 않으면 사용자에게 분노 섞인 이메일을 받을 수도 있다.

타입스크립트는 컴파일 타임에 문법 에러와 타입 관련 에러를 모두 검출한 다. 실제 개발자가 코딩을 시작하면 코드 편집기가 이런 종류의 에러를 바로 보여준다. 점진적 컴파일을 지원하는 정적 타입의 언어를 사용해보지 않은 개 발자에게는 놀라운 경험일 것이다.[3]

하지만 스택 오버플로, 네트워크 연결 끊김, 잘못된 사용자 입력 등 타입스크 립트가 컴파일 타임에 검출할 수 없는 런타임 예외도 많다. 다만 순수 자바스 크립트 세계에서 런타임 에러로 발생했을 많은 에러를 타입스크립트는 컴파일 타임에 검출할 수 있다는 게 핵심이다.

2.3 코드 편집기 설정

타입스크립트 컴파일러와 타입 시스템이 어떻게 동작하는지 대략 살펴봤으니 이제 코드 편집기를 설정한 다음 실제 코드를 만져볼 차례다. 각자가 선호하는 코드 편집기를 다운받아 설치하자.

필자는 훌륭한 타입스크립트 편집 경험을 제공하는 VSCode를 선호하지 만 여러분은 서브라임 텍스트(Sublime Text), 아톰(Atom), 빔(Vim), 웹스톰 (WebStorm) 등 원하는 편집기를 사용해도 된다. 엔지니어는 각자의 까다로운 취향을 만족하는 IDE가 따로 있으니 어떤 편집기를 사용할지는 본인의 판단에 맡긴다. VSCode를 사용하는 독자라면 웹사이트[4]에서 제공하는 절차를 따라 설 정하면 된다.

TSC 자체도 타입스크립트로 구현된 명령행 도구[5]이므로 TSC를 실행하려면 NodeJS가 필요하다. NodeJS 공식 웹사이트[6]의 안내에 따라 NodeJS를 설정하자.

---

3 점진적 컴파일을 지원하는 언어라면 코드의 일부만 고쳤을 때는 전체 프로그램을 (개발자가 건드리지 않은 부분 까지) 다시 컴파일할 필요가 없으므로 빨리 재컴파일된다.
4 *https://code.visualstudio.com/*
5 이런 이유로 TSC는 자체 호스팅 컴파일러 또는 자신을 컴파일하는 컴파일러라는 특별한 종류의 컴파일러가 된다.
6 *https://nodejs.org/en/*

NodeJS는 프로젝트의 의존성이나 빌드를 관리하는 패키지 관리자 NPM을 포함한다. NPM을 이용해 TSC와 TSLint(TypeScript Linter; 타입스크립트 린터)를 설치한다. 터미널 창을 열어 새 디렉터리를 만들고 그 안에 새 NPM 프로젝트를 초기화한다.

```
# 새 디렉터리 생성
mkdir chapter-2
cd chapter-2

# 새 NPM 프로젝트 초기화 (프롬프트의 지시에 따름)
npm init

# TSC, TSLint, NodeJS용 타입 선언 설치
npm install --save-dev typescript tslint @types/node
```

2.3.1 tsconfig.json

모든 타입스크립트 프로젝트는 루트 디렉터리에 tsconfig.json이라는 파일이 존재해야 한다. tsconfig.json 파일은 타입스크립트의 프로젝트에서 어떤 파일을 컴파일하고, 어떤 자바스크립트 버전으로 방출하는지 등을 정의한다.

루트 디렉터리에 tsconfig.json이라는 파일을 만들고(touch tsconfig.json)[7] 코드 편집기를 열어 다음과 같은 내용을 입력한다.

```
{
    "compilerOptions": {
        "lib": ["es2020"],
        "module": "commonjs",
        "outDir": "dist",
        "sourceMap": true,
        "strict": true,
        "target": "es2020"
    },
    "include": [
        "src"
    ]
}
```

---

7 예제에서는 tsconfig.json 파일을 직접 만들었다. 다음부터는 ./node_modules/.bin/tsc --init라는 타입스크립트의 내장 명령을 이용해 타입스크립트 프로젝트를 자동으로 설정할 수 있다.

옵션	설명
include	TSC가 타입스크립트 파일을 찾을 디렉터리
lib	TSC가 코드 실행 환경에서 이용할 수 있다고 가정하는 API(ES5의 Function.proto type.bind, ES2015의 Object.assign, DOM의 document.querySelector 등)
module	TSC가 코드를 컴파일할 대상 모듈 시스템(CommonJS, SystemJS, ES2015 등)
outDir	생성된 자바스크립트 코드를 출력할 디렉터리
strict	유효하지 않은 코드를 확인할 때 가능한 한 엄격하게 검사. 이 옵션을 이용하면 코드가 적절하게 타입을 갖추도록 강제할 수 있다. 이 책에서는 모든 경우에 strict 옵션을 적용하므로 여러분의 타입스크립트 프로젝트에도 이 옵션을 사용하도록 권한다.
target	TSC가 코드를 컴파일할 자바스크립트 버전(ES3, ES5, ES2015, ES2016 등)

표 2-2 Tsconfig.json 옵션

표 2-2를 보면서 각 옵션의 의미를 간단하게 확인해보자.

표 2-2에는 tsconfig.json이 지원하는 옵션 중 일부만 나열했으며 언제든 새로운 옵션을 추가할 수 있다. 실무에서 이 옵션들을 자주 바꿀 일은 없다. 다만 새로운 번들러를 사용하거나, 브라우저용 타입스크립트를 작성하기 위해 "dom"을 lib에 추가하거나(12장에서 자세히 다룬다), 자바스크립트 코드를 타입스크립트로 마이그레이션할 때 엄격함의 수준을 조절하는 상황("11.2 자바스크립트를 타입스크립트로 천천히 마이그레이션하기" 참고) 등에서는 옵션 설정을 바꿔야 한다. 지원하는 모든 최신 옵션은 타입스크립트 웹사이트[8]에서 확인하자.

tsconfig.json 파일을 이용해 간편하게 소스 버전 관리 시스템에 설정을 포함할 수 있고, 명령행을 이용해 TSC의 옵션 대부분을 제어하는 방법도 있다. 이용할 수 있는 명령행 옵션은 Run ./node_modules/.bin/tsc --help를 실행해 확인할 수 있다.

2.3.2 tslint.json

보통 프로젝트는 TSLint 설정(탭을 사용할지 공백을 사용할지 등을 결정하는 코딩 스타일 규약)을 정의하는 tslint.json 파일도 포함한다.

---

8 *http://bit.ly/2JWfsgY*

TSLint는 선택 사항이지만 모든 타입스크립트 프로젝트에 TSLint를 이용해 일관된 코딩 스타일을 사용하도록 강력히 권장한다. 그러면 코드 리뷰 시 동료 개발자와 소모적인 논쟁을 줄일 수 있다.

다음은 기본값으로 채워진 tslint.json 파일을 만드는 명령이다.

```
./node_modules/.bin/tslint --init
```

그리고 만들어진 파일을 자신의 코딩 스타일에 맞게 편집할 수 있다. 예를 들어 다음은 필자의 tslint.json 파일 내용이다.

```
{
    "defaultSeverity": "error",
    "extends": [
        "tslint:recommended"
    ],
    "rules": {
        "semicolon": false,
        "trailing-comma": false
    }
}
```

rules에 지정 가능한 모든 규칙은 TSLint 문서[9]에서 확인하자. 자신만의 규칙을 추가하거나 ReactJS용 TSLint[10]처럼 미리 정해진 규칙을 추가로 설치할 수 있다.

2.4 index.ts

tsconfig.json과 tslint.json 파일을 설정했으면 이제 src 디렉터리에 첫 번째 타입스크립트 파일을 추가한다.

```
mkdir src
touch src/index.ts
```

그러면 프로젝트 디렉터리는 다음과 같이 보일 것이다.

---

9 *https://palantir.github.io/tslint/rules/*
10 *https://www.npmjs.com/package/tslint-react*

```
chapter-2/
├──node_modules/
├──src/
│   └──index.ts
├──package.json
├──tsconfig.json
└──tslint.json
```

코드 편집기로 src/index.ts 파일을 열어 다음 타입스크립트 코드를 입력한다.

```
console.log('Hello TypeScript!')
```

타입스크립트 코드를 컴파일하고 실행하자.

```
# TSC로 타입스크립트 컴파일
./node_modules/.bin/tsc
# NodeJS로 코드 실행
node ./dist/index.js
```

지금까지의 단계를 제대로 따라 했다면 코드를 실행했을 때 콘솔에 다음과 같은 한 줄의 로그가 출력된다.

```
Hello TypeScript!
```

이렇게 해서 백지상태에서 시작해 첫 번째 타입스크립트 프로젝트를 만들었다. 수고했다!

 여러분이 타입스크립트 프로젝트를 백지상태에서 설정해본 경험이 없다고 가정하고 각 단계를 차근차근 설명했다. 하지만 다음부터는 프로젝트를 더 빠르게 설정할 수 있는 여러 방법을 이용할 수 있다.

- ts-node를 설치한다. 이를 이용하면 명령 한 번으로 타입스크립트를 컴파일하고 실행할 수 있다.
- typescript-node-starter 같은 뼈대(scafolding) 제공 도구를 이용해 프로젝트 디렉터리 구조를 빠르게 생성할 수 있다.

연습문제

1. 환경 설정을 마쳤으면 코드 편집기로 src/index.ts를 열어 다음 코드를 입력
   한다.

```
let a = 1 + 2
let b = a + 3
let c = {
    apple: a,
    banana: b
}
let d = c.apple * 4
```

a, b, c, d 위에 마우스 커서를 올려보면서 타입스크립트가 각 변수의 타입
을 어떻게 추론하는지 확인하자. a는 number, b도 number, c는 특정 형태를
갖는 객체이고, 그림 2-3에서 보듯 d도 number이다.

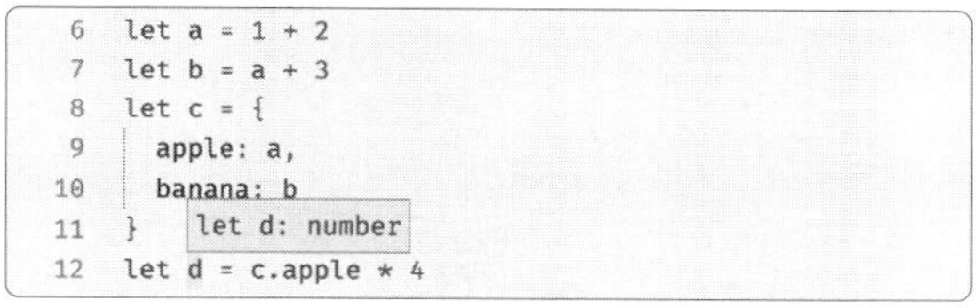

```
 6  let a = 1 + 2
 7  let b = a + 3
 8  let c = {
 9      apple: a,
10      banana: b
11  }      let d: number
12  let d = c.apple * 4
```

그림 2-3 타입스크립트가 타입을 추론하는 모습

코드를 마음대로 바꿔보자.

- 유효하지 않은 코드를 구현하면 꼬불거리는 빨간 밑줄 표시가 나타난다
  (TypeError가 발생).
- TypeError를 확인하고 어떤 의미인지 이해하려 노력한다.
- 발생한 TypeError를 고쳐서 빨간 밑줄을 제거한다.

이 문제가 너무 쉽다고 느껴지는 독자는 타입스크립트가 타입을 추론할 수
없는 코드를 작성해보자.

타입의 모든 것

2장에서 타입 시스템을 소개했지만 타입 시스템의 타입이 무엇인지 제대로 정의하지는 않았다.

> **타입(type)**
> 값과 이 값으로 할 수 있는 일의 집합

이 설명이 선뜻 이해되지 않는다면 다음 예를 확인하자.

- Boolean 타입은 모든 불(참과 거짓 중 하나)과 불에 수행할 수 있는 모든 연산(||, &&, ! 등)의 집합이다.
- number 타입은 모든 숫자와 숫자에 적용할 수 있는 모든 연산(+, -, *, /, %, ||, &&, ? 등), 숫자에 호출할 수 있는 모든 메서드(.toFixed, .toPrecision, .toString 등)의 집합이다.
- string 타입은 모든 문자열과 문자열에 수행할 수 있는 모든 연산(+, ||, && 등), 문자열에 호출할 수 있는 모든 메서드(.concat, .toUpperCase 등)의 집합이다.

어떤 값이 T 타입이라면, 이 값을 가지고 어떤 일을 할 수 있고 어떤 일을 할 수 없는지도 알 수 있다. 여기서 중요한 점은 타입 검사기(typechecker)를 이용해 유효하지 않은 동작이 실행되는 일을 예방하는 것이다. 여러분이 어떤 타입을 어떻게 사용하는지를 통해 타입 확인자는 특정 동작이 유효한지 아닌지 판단할 수 있다.

3장에서는 타입스크립트에서 이용할 수 있는 타입을 살펴보고, 각각의 타입으로 무엇을 할 수 있는지 살펴본다. 그림 3-1은 전체 개요를 보여준다.

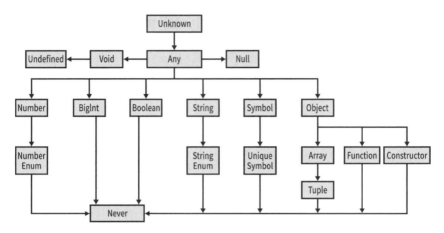

그림 3-1 타입스크립트의 타입 계층

3.1 타입을 이야기하다

프로그래머가 타입을 얘기할 때는 보통 정확하고 공통된 어휘를 이용하는 편이다. 이 책에서도 프로그래머가 사용하는 어휘를 그대로 사용할 것이다. 예를 들어 인수로 받은 값을 제곱해 반환하는 함수가 있다고 가정하자.

```
function squareOf(n) {
    return n * n
}
squareOf(2)     // 4로 평가
squareOf('z')  // NaN으로 평가
```

이 squareOf라는 함수는 숫자를 파라미터로 받음이 명확하며, 숫자가 아닌 다른 타입을 전달하면 유효하지 않은 작업을 수행하게 된다. 따라서 매개변수의 타입을 명시하도록 하자.

```
function squareOf(n: number) {
    return n * n
}
squareOf(2)    // 4로 평가
squareOf('z')  // 에러 TS2345: '"z"'라는 타입의 인수는
               // 'number' 타입의 매개변수에 할당할 수 없음
```

이제 숫자가 아닌 타입을 건네 squareOf를 호출하면 타입스크립트가 바로 에러를 발생시킨다. 간단한 예이지만(함수에 대해서는 4장에서 훨씬 자세히 살펴본다), 타입스크립트에서 말하는 타입의 핵심 개념을 소개하기에 안성맞춤이다. 이 예제 코드에서 다음을 알 수 있었다.

1. squareOf의 매개변수 n은 number로 제한된다.
2. 2 값은 number에 할당할 수 있는(호환되는) 타입이다.

타입 어노테이션이 없으면 squareOf의 매개변수에 제한이 없으므로 아무 타입이나 인수로 전달할 수 있다. 일단 타입을 제한하면 타입스크립트가 함수를 호출할 때 호환이 되는 인수로 호출했는지 판단한다. 이 예에서 2의 타입은 숫자이므로 squareOf의 어노테이션인 number에 할당할 수 있고 타입스크립트는 그 코드를 수용한다. 하지만 'z'는 number에 할당할 수 없는 문자열이므로 타입스크립트가 에러를 발생시킨다.

이를 경계 개념으로 해석할 수도 있다. 타입스크립트에 n의 상위 한정값이 number라고 알려주면 squareOf에 전달하는 모든 값은 number 이하여야 한다. 만약 number 이상의 것(number가 될 수도 있고 문자열이 될 수도 있는 값)이라면 n에 할당할 수 없게 된다.

할당, 한정, 제한은 6장에서 더 정확하게 정의할 것이다. 지금은 '타입스크립트란 특정 타입만 와야 할 때 이를 명시할 수 있는 언어'라는 사실만 이해하자.

3.2 타입의 가나다

타입스크립트가 지원하는 각각의 타입을 살펴보면서 각 타입이 무엇을 포함할 수 있는지, 어떤 동작을 수행할 수 있는지를 살펴보자. 타입 별칭(type alias),

유니온 타입(union type), 인터섹션 타입(intersection type) 등 여러 가지 언어 기능도 확인한다.

3.2.1 any

any는 타입들의 대부라고 할 수 있다. any로 뭐든지 할 수 있지만 꼭 필요한 상황이 아니라면 사용하지 않는 것이 좋다. 타입스크립트에서는 컴파일 타임에 모두가 타입이 있어야 하므로 프로그래머와 타입스크립트 둘 다 타입을 알 수 없는 상황에서는 기본 타입인 any라고 가정한다. any는 최후의 보루로, 가급적 사용하지 않아야 한다.

이유가 뭘까? 타입의 정의를 기억하는가? 타입이란 값과 값으로 수행할 수 있는 작업의 집합이다. any는 모든 값의 집합이므로 any는 모든 것을 할 수 있다. 즉, any라는 타입의 값이 있으면 덧셈, 곱셈 또는 .pizza() 호출 등 무슨 작업이든 할 수 있다.

any를 사용하면 값이 자바스크립트처럼 동작하기 시작하면서 타입 검사기라는 마법이 더 이상 작동하지 않게 된다. any를 사용하기 시작하면 눈을 감고 비행하는 것이나 마찬가지다. 되도록 any를 피하고 반드시 최후의 수단으로만 사용하자.

드문 상황이지만 any가 꼭 필요하다면 다음처럼 사용할 수 있다.

```
let a: any = 666        // any
let b: any = ['danger']  // any
let c = a + b           // any
```

세 번째 줄에서는 에러가 발생할 것 같지만(숫자와 배열을 더하는 이상한 작업을 시도) 타입스크립트에 두 개의 any를 더하라고 지시했으므로 에러가 발생하지 않는다. any를 사용하려면 명시적으로 선언해야 한다. 타입스크립트가 어떤 값을 any로 추론해야 하는 상황(예: 함수의 매개변수 타입 정의를 빼먹었거나 타입을 사용하지 않는 자바스크립트 모듈을 임포트)이라면 편집기에 꼬불거리는 빨간 밑줄이 표시되면서 컴파일 타임 예외가 발생할 것이다. a와 b의 타입을 명시적으로 any 타입(: any)으로 설정해 타입스크립트에게 개발자가 의도하는 바를 알려줄 수 있고 그러면 예외가 발생하지 않는다.

💡 **TSC 플래그: noImplicitAny**

타입스크립트의 기본 설정은 자유를 허용하므로 any로 추론되는 값을 발견하더라도 예외를 발생시키지 않는다. 그러니 암묵적인 any가 나타났을 때 예외를 일으키고 싶다면 tsconfig.json 파일에서 noImplicitAny 플래그를 활성화하자.

noImplicitAny는 TSC 플래그의 strict 패밀리에 속하므로, 1.3.1절의 예에서처럼 tsconfig.json에서 strict를 활성화했다면 noImplicitAny를 따로 활성화하지 않아도 된다.

3.2.2 unknown

any가 대부라면 unknown은 영화 〈폭풍 속으로〉에서 위장 잠입한 FBI 요원 조니 유타(키아누 리브스)에 비교할 수 있다. 조니 유타는 느긋하며 악당과 잘 어울리지만 마음속 깊은 곳에는 준법정신과 선한 마음이 자리 잡고 있다.[1] 타입을 미리 알 수 없는 어떤 값이 있을 때 any 대신 unknown을 사용하자. any처럼 unknown도 모든 값을 대표하지만, unknown의 타입을 검사해 정제(refine)하기 전까지는 타입스크립트가 unknown 타입의 값을 사용할 수 없게 강제한다 ("6.1.5 정제" 참고).

　unknown은 어떤 연산을 지원할까? 비교 연산(==, ===, ||, &&, ?)과 반전(!)을 지원하고, (다른 타입들과 마찬가지로) 자바스크립트의 typeof, instanceof 연산자로 정제할 수 있다.

```
let a: unknown = 30   // unknown
let b = a === 123     // boolean
let c = a + 10        // 에러 TS2571: 객체의 타입이 'unknown'임
if (typeof a === 'number') {
    let d = a + 10    // number
}
```

이 예제를 통해 unknown 사용 방법을 대략 파악할 수 있었을 것이다.

---

1 (옮긴이) 영화를 보지 않은 독자는 인터넷 영화 정보 사이트(*https://bit.ly/2IseLJv*)를 참고하자.

1. 타입스크립트가 무언가의 타입을 unknown이라고 추론하는 상황은 없다. unknown 타입을 사용하고자 한다면 개발자가 명시적으로 설정해야 한다 (a).[2]

2. unknown 타입이 아닌 값과 unknown 타입인 값을 비교할 수 있다(b).

3. 하지만 unknown 값이 특정 타입이라고 가정하고 해당 타입에서 지원하는 동작을 수행할 수는 없다(c). 먼저 타입스크립트에게 해당 값이 특정 타입임을 증명해야 한다(d).

3.2.3 boolean

boolean(불) 타입은 true(참), false(거짓) 두 개의 값을 갖는다. 이 타입으로는 비교 연산(==, ===, ||, &&, ?)과 반전(!) 연산을 할 수 있을 뿐 많은 연산을 지원하지 않는다. boolean 타입은 다음처럼 사용할 수 있다.

```
let a = true         // boolean
var b = false        // boolean
const c = true       // true
let d: boolean = true // boolean
let e: true = true   // true
let f: true = false  // 에러 TS2322: 'false' 타입을
                     // 'true' 타입에 할당할 수 없음
```

이 예제를 통해 어떤 값이 boolean인지 타입스크립트에 알려줄 수 있는 여러 방법을 확인할 수 있다.

1. 어떤 값이 boolean인지 타입스크립트가 추론하게 한다(a, b).
2. 어떤 값이 특정 boolean인지 타입스크립트가 추론하게 한다(c).
3. 값이 boolean임을 명시적으로 타입스크립트에 알린다(d).
4. 값이 특정 boolean임을 명시적으로 타입스크립트에 알린다(e, f).

실제 프로그래밍에서는 보통 첫 번째와 두 번째 방법을 사용한다. 추가적인 타입 안전성을 얻을 목적으로 드물지만 네 번째 방식을 이용할 수도 있다(이 책

---

2 단, 예외가 존재한다. 유니온 타입에 unknown이 포함되어 있으면 결과는 unknown이 된다. 유니온 타입은 37쪽의 "유니온과 인터섹션 타입"에서 자세히 설명한다.

전반에서 관련 예를 보여줄 것이다). 세 번째 방법은 거의 사용할 일이 없다.

두 번째와 네 번째 방법은 직관적이지만 이런 기능을 지원하는 언어가 거의 없으므로 대부분의 독자에게 새로운 내용일 것이다. 이 예제는 "타입스크립트야! 여기 이 변수 e가 보이지? e는 평범한 boolean이 아니야. e는 boolean true라는 특정 타입을 갖고 있어"라고 말하고 있다. 값을 타입으로 사용하므로 e와 f에 사용할 수 있는 값은 boolean 타입이 가질 수 있는 값 중 특정한 하나의 값으로 한정된다. 이 기능을 타입 리터럴이라 부른다.

> **타입 리터럴(type literal)**
> 오직 하나의 값을 나타내는 타입

네 번째 줄에서 변수를 명시적으로 타입 리터럴로 설정했으며 세 번째 줄에서는 var나 let 대신 const를 사용하여 타입스크립트가 자동으로 변수의 타입을 리터럴로 추론했다. const를 사용했으므로 타입스크립트는 그 변수의 값이 절대 변하지 않으리라는 사실을 알게 되어 해당 변수가 가질 수 있는 가장 좁은 타입으로 추론한다. 이런 이유로 세 번째 줄에서 변수 c의 타입을 boolean이 아닌 true로 추론한 것이다. let이냐 const냐에 따라 타입스크립트가 추론하는 타입이 달라지는 이유가 궁금하다면 "6.1.4 타입 넓히기"를 확인하도록 하자.

이 책 전체에서 타입 리터럴을 자주 볼 수 있다. 타입 리터럴은 모든 곳에서 일어날 수 있는 실수를 방지해 안전성을 추가로 확보해주는 강력한 언어 기능이다. 프로그래밍 언어 세계에서 타입스크립트를 독특하게 만드는 기능이자 자바 같은 언어를 사용하는 친구에게 자랑할 만한 기능이기도 하다.

3.2.4 number

number 타입은 모든 숫자(정수, 소수, 양수, 음수, Infinity, NaN 등)의 집합이다. number 타입에는 덧셈(+), 뺄셈(-), 모듈로(%), 비교(<) 등의 숫자 관련 연산을 수행할 수 있다. 다음 예를 확인해보자.

```
let a = 1234        // number
var b = Infinity * 0.10  // number
```

```
const c = 5678            // 5678
let d = a < b             // boolean
let e: number = 100       // number
let f: 26.218 = 26.218    // 26.218
let g: 26.218 = 10        // 에러 TS2322: '10' 타입을
                          // '26.218' 타입에 할당할 수 없음
```

boolean 예제처럼 네 가지 방법으로 number 타입을 지정할 수 있다.

1. 타입스크립트가 값이 number임을 추론하게 한다(a, b).
2. const를 이용해 타입스크립트가 값이 특정 number임을 추론하게 한다(c).[3]
3. 값이 number임을 명시적으로 타입스크립트에 알린다(e).
4. 타입스크립트에 값이 특정 number임을 명시적으로 알린다(f, g).

boolean처럼 개발자들은 대개 타입스크립트가 number 타입을 추론하도록 만든다(첫 번째 방식). 상황에 따라서는 number 타입이 특정 값으로 제한되도록 처리해야 할 수 있다(두 번째 또는 네 번째 방식). number 타입임을 명시해야 하는 상황은 거의 없다(세 번째 방식).

긴 숫자를 처리할 때는 숫자 분리자를 이용해 숫자를 읽기 쉽게 만들 수 있다. 숫자 분리자는 타입과 값 모두에 사용할 수 있다.

```
let oneMillion = 1_000_000  // 1000000과 같음
let twoMillion: 2_000_000 = 2_000_000
```

3.2.5 bigint

bigint는 자바스크립트와 타입스크립트에 새로 추가된 타입으로, 이를 이용하면 라운딩 관련 에러 걱정 없이 큰 정수를 처리할 수 있다. number는 2^{53}까지의 정수를 표현할 수 있지만 bigint를 이용하면 이보다 큰 수도 표현할 수 있다. bigint 타입은 모든 BigInt의 집합으로 덧셈(+), 뺄셈(–), 곱셈(*), 나눗셈(/), 비교(<) 등의 연산을 지원한다. bigint는 다음처럼 사용할 수 있다.

---

3   (옮긴이) 이 책을 집필하는 시점에는 NaN, Infinity, -Infinity를 타입 리터럴로 사용할 수 없었다.

```
let a = 1234n          // bigint
const b = 5678n        // 5678n
var c = a + b          // bigint
let d = a < 1235       // boolean
let e = 88.5n          // 에러 TS1353: bigint 리터럴은 반드시 정수여야 함
let f: bigint = 100n   // bigint
let g: 100n = 100n     // 100n
let h: bigint = 100    // 에러 TS2322: '100' 타입은 'bigint' 타입에 할당할 수 없음
```

boolean과 number처럼 bigint를 선언하는 방법도 네 가지다. 가능하면 타입스크립트가 bigint의 타입을 추론하게 만들자.

 이 책을 집필할 당시 일부 자바스크립트 엔진은 bigint를 자체적으로 지원하지 않았다. 따라서 응용 프로그램에서 bigint를 사용하려면 먼저 대상 플랫폼이 이를 지원하는지 확인하자.

3.2.6 string

string은 모든 문자열의 집합으로 연결(+), 슬라이스(.slice) 등의 연산을 수행할 수 있다. 다음 예를 살펴보자.

```
let a = 'hello'        // string
var b = 'billy'        // string
const c = '!'          // '!'
let d = a + ' ' + b + c // string
let e: string = 'zoom' // string
let f: 'john' = 'john' // 'john'
let g: 'john' = 'zoe'  // 에러 TS2322: "zoe" 타입을
                       // "john" 타입에 할당할 수 없음
```

boolean과 number처럼 string 타입도 네 가지 방법으로 선언할 수 있으며 가능하다면 타입스크립트가 string 타입을 추론하도록 두는 것이 좋다.

3.2.7 symbol

symbol(심벌)은 ES2015에 새로 추가된 기능이다. 실무에서는 심벌을 자주 사용하지 않는 편이며 객체와 맵에서 문자열 키를 대신하는 용도로 사용한다. 심벌 키를 사용하면 사람들이 잘 알려진 키만 사용하도록 강제할 수 있으므로 키를

잘못 설정하는 실수를 방지한다. 객체의 기본 반복자(Symbol.iterator)를 설정하거나 객체가 어떤 인스턴스인지(Symbol.hasInstance)를 런타임에 오버라이딩하는 것과 비슷한 기능을 제공한다. symbol 타입으로는 할 수 있는 동작이 별로 없다.

```
let a = Symbol('a')          // symbol
let b: symbol = Symbol('b')  // symbol
var c = a === b      // boolean
let d = a + 'x'      // 에러 TS2469: '+' 연산을 'symbol' 타입에 적용할 수 없음
```

자바스크립트에서 Symbol('a')는 주어진 이름으로 새로운 symbol을 만든다는 의미다. 만들어진 symbol은 고유(unique)하여 다른 symbol과 == 또는 ===로 비교했을 때 같지 않다고 판단된다(심지어 같은 이름으로 다른 symbol을 만들어도 마찬가지다!). 27이라는 값을 let으로 선언하면 number로 추론되고 const를 붙이면 특정 숫자인 27로 추론되듯이, symbol도 symbol 타입으로 추론되거나 아니면 명시적으로 unique symbol을 정의할 수 있다.

```
const e = Symbol('e')                 // typeof e
const f: unique symbol = Symbol('f')  // typeof f
let g: unique symbol = Symbol('f')    // 에러 TS1332: 'unique symbol' 타입은
                                      // 반드시 'const'여야 함
let h = e === e  // boolean
let i = e === f  // 에러 TS2367: 'unique symbol' 타입은
                 // 서로 겹치는 일이 없으므로 이 비교문의 결과는 항상 'false'
```

이 예제를 통해 unique symbol을 만드는 몇 가지 방법을 알 수 있다.

1. 새 symbol을 선언하고 (let이나 var이 아닌) const 변수에 할당하면 타입스크립트가 unique symbol 타입으로 추론한다. 코드 편집기에서는 unique symbol이 아니라 'typeof 변수명' 형태로 보여줄 것이다.

2. const 변수의 타입을 unique symbol로 명시적으로 정의할 수 있다.

3. unique symbol은 자신과 항상 같다.

4. 타입스크립트는 컴파일 타임에 unique symbol이 다른 unique symbol과 같지 않을 것이라는 사실을 알 수 있다.

unique symbol도 결국 1, true, "literal" 등 다른 리터럴 타입과 마찬가지로 특정 symbol을 나타내는 타입이다.

3.2.8 객체

타입스크립트의 객체(object) 타입은 객체의 형태(shape)를 정의한다. 재미있 게도 객체 타입만으로는 ({}로 만든) 간단한 객체와 (new를 사용해 만든) 복 잡한 객체를 구분할 수 없다. 이는 자바스크립트가 구조 기반 타입(structural type)을 갖도록 설계되었기 때문이다. 따라서 타입스크립트도 이름 기반 타입 (nominal type) 스타일보다는 자바스크립트 스타일을 선호한다.

> **구조 기반 타입화**
>
> 구조 기반 타입화에서는 객체의 이름에 상관없이 객체가 어떤 프로퍼티를 갖고 있는지를 따 진다(이름 기반 타입에서는 이름을 따진다). 일부 언어에서는 덕 타이핑(duck typing)이라 고 한다(겉표지만 보고 책을 판단하지 않는 것과 같은 원리다).[4]

타입스크립트에서 객체를 서술하는 데 타입을 이용하는 방식은 여러 가지다. 첫 번째 방법은 값을 object로 선언하는 것이다.

```
let a: object = {
    b: 'x'
}
```

b에 접근하면 어떤 일이 벌어질까?

```
a.b  // 에러 TS2339: 'b' 프로퍼티는 'object'에 존재하지 않음
```

이런, 그다지 좋지 않은 기능이다! 값의 프로퍼티에도 접근할 수 없다면 object 로 타입을 지정할 이유가 없지 않은가?

타입스크립트 개발자들이 어째서 이런 기능에 열광하는 걸까? 사실 object

---

4 (옮긴이) 덕 타입화와 관련된 자세한 내용은 위키백과 웹 페이지를 참고하자. *https://ko.wikipedia.org/wiki/덕_타 이핑*

는 any보다 조금 더 좁은 타입이다. object는 서술하는 값에 관한 정보를 거의 알려주지 않으며, 값 자체가 자바스크립트 객체라고(그리고 null이 아니라고) 말해줄 뿐이다.

명시적으로 정의하지 않고 타입스크립트가 추론하도록 하면 어떨까?

```
let a = {
    b: 'x'
}    // {b: string}
a.b  // string

let b = {
    c: {
        d: 'f'
    }
}    // {c: {d: string}}
```

와우! 객체 리터럴 문법, 즉 객체 타입을 만드는 두 번째 방법을 발견했다(타입 리터럴과 혼동하지 말자). 타입스크립트가 c의 형태를 추론하게 하거나 중괄호({}) 안에서 명시적으로 타입을 묘사할 수 있다.

```
let a: { b: number } = {
    b: 12
}    // {b: number}
```

> **객체를 const로 선언할 때의 타입 추론**
>
> 객체를 const로 선언하면 어떻게 될까?
>
> ```
> const a: { b: number } = {
>     b: 12
> }    // 여전히 {b: number}
> ```
>
> 타입스크립트가 b를 리터럴 12가 아닌 number로 추론했다는 사실에 놀랐을 것이다. 이를 통해 const를 사용하느냐 let을 사용하느냐에 따라 타입스크립트가 number나 string 타입을 어떻게 추론하는지 알게 되었다.
>
> 하지만 지금까지 살펴본 기본 타입(boolean, number, bigint, string, symbol)과 달리 객체를 const로 선언해도 타입스크립트는 더 좁은 타입으로 추론하지 않는다. 자바스크립트

> 객체의 값은 바뀔 수 있으며, 타입스크립트도 여러분이 객체를 만든 후 필드 값을 바꾸려 할
> 수 있다는 사실을 알기 때문이다.
>
> 이 좁은 추론과 관련된 기능은 "6.1.4 타입 넓히기"에서 자세히 설명할 것이다.

객체 리터럴 문법은 "이런 형태의 물건이 있어"라고 말한다. 이 물건은 객체 리터럴 또는 클래스일 수 있다.

```typescript
let c: {
    firstName: string
    lastName: string
} = {
    firstName: 'john',
    lastName: 'barrowman'
}

class Person {
    constructor(
        public firstName: string,  // public은 this.firstName = firstName을
                                   // 단축한 것
        public lastName: string
    ) { }
}
c = new Person('matt', 'smith')    // OK
```

{firstName: string, lastName: string}은 객체의 형태를 묘사하며 객체 리터럴과 클래스 인스턴스 모두 이 형태를 만족하므로 타입스크립트는 Person을 c로 할당하는 동작을 허용한다.

　프로퍼티를 추가하거나 필요한 프로퍼티를 제공하지 않으면 어떤 일이 일어나는지 확인해보자.

```typescript
let a: { b: number }
a = {}  // 에러 TS2741: '{}' 타입에는
        // {b: number}' 타입에 필요한 'b' 프로퍼티가 없음
a = {
    b: 1,
    c: 2  // 에러 TS2322: '{b: number; c: number}' 타입을
          // '{b: number}' 타입에 할당할 수 없음
          // 객체 리터럴은 알려진 프로퍼티만 지정할 수 있는데
```

```
        // 'c'는 '{b: number}' 타입에 존재하지 않음
}
```

> **확실한 할당(definite assignment)**
>
> 앞의 코드는 먼저 변수(a)를 선언한 다음 값({}와 {b: 1, c: 2})으로 초기화한 첫 번째 예다. 이 방식은 자바스크립트에서 자주 볼 수 있는 패턴이며 타입스크립트에서도 지원한다. 변수를 선언하고 나중에 초기화하는 상황에서 타입스크립트는 변수를 사용하기 전에 값을 할당하도록 강제한다.
>
> ```
> let i: number
> let j = i * 3   // 에러 TS2454: 할당하기 전에 변수 'i'를 사용함
> ```
>
> 타입스크립트는 타입을 명시하지 않아도 이 규칙을 잘 적용한다.
>
> ```
> let i
> let j = i * 3   // 에러 TS2532: 'undefined' 객체
> ```

기본적으로 타입스크립트는 객체 프로퍼티에 엄격한 편이다. 예를 들어 객체에 number 타입의 b라는 프로퍼티가 있어야 한다고 정의하면 타입스크립트는 오직 b만 기대한다. b가 없거나 다른 추가 프로퍼티가 있으면 에러를 발생시킨다.

그럼 어떤 프로퍼티는 선택형이고 예정에 없던 프로퍼티가 추가될 수 있다고 타입스크립트에 알려줄 수 있을까? 다음을 확인하자.

```
let a: {
    b: number ❶
    c?: string ❷
    [key: number]: boolean ❸
}
```

❶ a는 number 타입의 프로퍼티 b를 포함한다.

❷ a는 string 타입의 프로퍼티 c를 포함할 수도 있다.

❸ a는 boolean 타입의 값을 갖는 number 타입의 프로퍼티를 여러 개를 포함할 수 있다.

a에 할당할 수 있는 객체 타입을 확인하자.

```
a = {b: 1}
a = {b: 1, c: undefined}
a = {b: 1, c: 'd'}
a = {b: 1, 10: true}
a = {b: 1, 10: true, 20: false}
a = {10: true}          // 에러 TS2741: '{10: true}' 타입에는 'b' 프로퍼티가 없음
a = {b: 1, 33: 'red'}  // 에러 TS2741: 'string' 타입은
                        // 'boolean' 타입에 할당할 수 없음
```

> ### 인덱스 시그니처(index signature)
>
> [key: T]: U 같은 문법을 인덱스 시그니처라 부르며 타입스크립트에 어떤 객체가 여러 키를 가질 수 있음을 알려준다. "이 객체에서 모든 T 타입의 키는 U 타입의 값을 갖는다"라고 해석할 수 있다. 인덱스 시그니처를 이용하면 명시적으로 정의한 키 외에 다양한 키를 객체에 안전하게 추가할 수 있다.
>
> 인덱스 시그니처에서 기억해야 할 규칙이 하나 있다. 인덱스 시그니처의 키(T)는 반드시 number나 string 타입에 할당할 수 있는 타입이어야 한다.[5]
>
> 인덱스 시그니처의 키 이름은 원하는 이름을 가져다 바꿔도 된다. 즉, key가 아니어도 된다.
>
> ```
> let airplaneSeatingAssignments: {
>     [seatNumber: string]: string
> } = {
>     '34D': 'Boris Cherny',
>     '34E': 'Bill Gates'
> }
> ```

객체 타입을 정의할 때 선택형(?)만 사용할 수 있는 것은 아니다. 필요하면 readonly 한정자를 이용해 특정 필드를 읽기 전용으로 정의할 수 있다(즉, 정의한 필드에 초깃값을 할당한 다음에는 그 값을 바꿀 수 없다. 객체 프로퍼티에 const를 적용한 듯한 효과를 낸다).

```
let user: {
    readonly firstName: string
```

---

5   자바스크립트 객체는 문자열을 키의 타입으로 사용한다. 배열은 숫자 키를 사용하는 객체의 일종이다.

```
} = {
    firstName: 'abby'
}
user.firstName        // string
user.firstName =
    'abbey with an e'  // 에러 TS2540: 'firstName'은 읽기 전용 프로퍼티이므로
                       // 할당할 수 없음
```

객체 리터럴 표기법에는 빈 객체 타입({})이라는 특별한 상황이 존재한다. null과 undefined를 제외한 모든 타입은 빈 객체 타입에 할당할 수 있으나, 이는 사용하기 까다롭게 만든다. 따라서 가능한 한 빈 객체는 피하는 것이 좋다.

```
let danger: {}
danger = {}
danger = {x: 1}
danger = []
danger = 2
```

마지막으로 **객체: Object**로 객체 타입을 만드는 방법도 있다. {}과 비슷한 방법이며 마찬가지로 가능하면 사용하지 않아야 한다.[6]

타입스크립트에서 객체를 정의하는 방법은 다음처럼 네 가지로 요약할 수 있다.

1. 객체 리터럴 또는 형태라 불리는 표기법({a: string}). 객체가 어떤 필드를 포함할 수 있는지 알고 있거나 객체의 모든 값이 같은 타입을 가질 때 사용한다.
2. 빈 객체 리터럴 표기법({}). 이 방법은 사용하지 않는 것이 좋다.
3. object 타입. 어떤 필드를 가지고 있는지는 관심 없고, 그저 객체가 필요할 때 사용한다.
4. Object 타입. 사용하지 않는 것이 좋다.

---

6 **객체:** Object와 {}에는 작은 기술적 차이가 있다. {}에서는 필요한 프로토타입의 내장 메서드(.toString, .hasOwnProperty)를 원하는 반환 타입으로 정의할 수 있으나 Object는 반환 타입이 Object의 프로토타입에 정의된 타입에 할당할 수 있는지 여부를 확인한다(프로토타입 관련 자세한 내용은 MDN(*https://mzl.la/2VSuDJz*) 참고). 예를 들어 let a: {} = {toString() { return 3 }}처럼 메서드를 정의할 수 있다. 하지만 변수 타입을 Object로 바꿔 let b: Object = {toString() { return 3 }}으로 정의하려 하면 타입스크립트가 에러를 발생시킨다(에러 TS2322: 'number' 타입은 'string' 타입에 대입할 수 없음).

타입스크립트 프로그램을 작성할 때 대부분 첫 번째나 세 번째 방법을 이용해야 한다. 두 번째와 네 번째 방법은 피해야 한다. 린터(linter)를 이용해 검출하고, 코드 리뷰 시 고치라고 제안하고, 쓰지 말라는 포스터를 출력해 붙여놓자. 팀에서 즐겨 쓰는 도구를 활용하여 이런 코드가 코드베이스에 스며들지 않도록 하자.

표 3-1은 앞 목록의 2~4번째 옵션을 간략하게 정리한 것이다.

값	{}	object	Object
{}	○	○	○
['a']	○	○	○
function () {}	○	○	○
new String('a')	○	○	○
'a'	○	×	○
1	○	×	○
Symbol('a')	○	×	○
Null	×	×	×
undefined	×	×	×

표 3-1 이 값은 유용한 객체인가?

3.2.9 휴식 시간: 타입 별칭, 유니온, 인터섹션

여러분은 빠르게 노련한 타입스크립트 프로그래머가 되고 있다. 지금까지 어떤 타입이 있는지, 이들이 어떻게 동작하는지 살펴봤고 타입 시스템과 안전성의 개념도 확인했다. 이제 더 고급 주제를 살펴볼 차례다.

이미 알고 있겠지만 값이 있으면 값의 타입이 무엇인지에 따라 수행할 수 있는 연산이 달라진다. 예를 들어 +로 두 숫자를 더하거나 .toUpperCase로 문자열을 대문자로 만들 수 있다.

값뿐만 아니라 타입에도 어떤 동작을 수행할 수 있다. 이제 타입 수준에서 수행할 수 있는 몇 가지 동작을 소개하려 한다. 이 책의 뒷부분에서 많은 기능을 소개하겠지만 일단 우리가 흔히 보게 되는 일반적인 기능을 미리 소개하려 한다.

타입 별칭

(let, const, var로) 변수를 선언해서 값 대신 변수로 칭하듯이 타입 별칭으로 타입을 가리킬 수 있다. 다음을 살펴보자.

```
type Age = number
type Person = {
    name: string
    age: Age
}
```

Age는 number다. 타입 별칭을 이용하면 Person의 형태를 조금 더 이해하기 쉽게 정의할 수 있다. 타입스크립트는 별칭을 추론하지는 않으므로 반드시 별칭의 타입을 명시적으로 정의해야 한다.

```
let age: Age = 55
let driver: Person = {
    name: 'James May',
    age: age
}
```

Age는 number의 별칭이므로 number에도 할당할 수 있다. 따라서 코드를 다음처럼 바꿀 수 있다.

```
let age = 55
let driver: Person = {
    name: 'James May',
    age: age
}
```

타입 별칭은 프로그램의 논리에 영향을 미치지 않고 별칭이 가리키는 타입으로 대치할 수 있다.

자바스크립트 변수 선언(let, const, var)과 마찬가지로 하나의 타입을 두 번 정의할 수는 없다.

```
type Color = 'red'
type Color = 'blue'  // 에러 TS2300: 'Color' 식별자를 중복 정의함
```

let과 const처럼 타입 별칭도 블록 영역에 적용된다. 모든 블록과 함수는 자신만의 영역을 가지므로 내부에 정의한 타입 별칭이 외부의 정의를 덮어쓴다(shadowing).

```
type Color = 'red'

let x = Math.random() < .5

if (x) {
    type Color = 'blue'  // 위의 Color 정의를 덮어씀
    let b: Color = 'blue'
} else {
    let c: Color = 'red'
}
```

타입 별칭은 복잡한 타입을 DRY[7]하지 않도록 해주며 변수가 어떤 목적으로 사용되었는지 쉽게 이해할 수 있게 도와준다(어떤 사람들은 변수명으로 설명하는 것보다 타입명으로 설명하는 것을 선호한다). 값을 변수로 할당할지를 결정하는 것과 같은 기준으로 타입 별칭을 사용할지 여부를 결정할 수 있다.

유니온과 인터섹션 타입

A, B라는 두 사물이 있을 때 이를 유니온(union; 합집합)하면 둘을 합친(A나 B에 해당하는 것 전부) 결과가 나오며 인터섹션(intersection; 교집합)하면 둘의 공통부분(A, B 모두에 속하는 것)이 결과로 나온다.

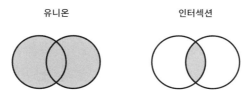

그림 3-2 유니온과 인터섹션

---

7   DRY는 "반복하지 말라(Don't Repeat Yourself)"는 의미로, 같은 코드를 반복하지 않아야 한다는 뜻이다. 앤드류 헌트(Andrew Hunt)와 데이비드 토마스(David Thomas)가 《실용주의 프로그래머》(인사이트, 2014)에서 소개한 원칙이다.

타입스크립트는 타입에 적용할 수 있는 특별한 연산자인 유니온(|)과 인터섹션(&)을 제공한다. 타입은 집합과 비슷하므로 집합처럼 연산을 수행할 수 있다.

```
type Cat = {name: string, purrs: boolean}
type Dog = {name: string, barks: boolean, wags: boolean}
type CatOrDogOrBoth = Cat | Dog
type CatAndDog = Cat & Dog
```

CatOrDogOrBoth가 있다면 어떤 사실을 알 수 있을까? CatOrDogOrBoth는 문자열 타입의 name 프로퍼티가 있다는 사실을 알 수 있다. 그럼 CatOrDogOrBoth에 무엇을 할당할 수 있을까? Cat, Dog 또는 둘 다 할당할 수 있다.

```
// Cat
let a: CatOrDogOrBoth = {
    name: 'Bonkers',
    purrs: true
}

// Dog
a = {
    name: 'Domino',
    barks: true,
    wags: true
}

// 둘 다
a = {
    name: 'Donkers',
    barks: true,
    purrs: true,
    wags: true
}
```

유니온 타입(|)에 사용된 값이 꼭 유니온을 구성하는 타입 중 하나일 필요는 없으며 양쪽 모두에 속할 수 있다.[8]

  그러면 CatAndDog과 관련해서 무엇을 알고 있는가? 만능 하이브리드 슈퍼 애

---

8 타입스크립트에게 유니온에 겹치는 부분이 없음을, 즉 유니온 타입의 값이 항상 둘 중 하나의 타입이어야 함을 알려주는 방법은 156쪽 "차별된 유니온 타입"을 참고하자.

완견묘는 name을 가졌을 뿐 아니라 purr(고양이가 가르랑거림), bark(개가 짖음), wag(꼬리 흔들기)를 할 수 있다.

```
let b: CatAndDog = {
    name: 'Domino',
    barks: true,
    purrs: true,
    wags: true
}
```

실전에서는 대개 인터섹션보다 유니온을 자주 사용한다. 다음 함수를 살펴보자.

```
function trueOrNull(isTrue: boolean) {
    if (isTrue) {
        return 'true'
    }
    return null
}
```

이 함수는 어떤 타입의 값을 반환할까? string 또는 null을 반환할 수 있다. 이를 다음처럼 표현할 수 있다.

```
type Returns = string | null
```

다음 함수는 어떨까?

```
function(a: string, b: number) {
    return a || b
}
```

조건이 참이면 반환 타입은 string이고 그렇지 않으면 number다. 즉, string | number를 반환한다.

마지막으로 배열에도 자연스럽게, 특히 이형(heterogeneous) 배열일 때 유니온이 종종 등장하는데 지금부터 살펴보자.

3.2.10 배열

자바스크립트처럼 타입스크립트 배열도 연결(concatenation), 푸시(pushing), 검색(searching), 슬라이스(slicing) 등을 지원하는 특별한 객체다. 다음 예제를 확인하자.

```
let a = [1, 2, 3]        // number[]
var b = ['a', 'b']       // string[]
let c: string[] = ['a']  // string[]
let d = [1, 'a']         // (string | number)[]
const e = [2, 'b']       // (string | number)[]

let f = ['red']
f.push('blue')
f.push(true)    // 에러 TS2345: 'true' 타입 인수를
                // 'string' 타입 매개변수에 할당할 수 없음

let g = []       // any[]
g.push(1)        // number[]
g.push('red')    // (string | number)[]

let h: number[] = []    // number[]
h.push(1)               // number[]
h.push('red')           // 에러 TS2345: 'red' 타입 인수를
                        // 'number' 타입 매개변수에 할당할 수 없음
```

 타입스크립트는 T[]와 Array<T>라는 두 가지 배열 문법을 지원한다. 성능, 의미상 두 표현은 같다. 이 책에서는 더 간결한 T[] 문법을 사용하지만 여러분은 자신의 취향대로 원하는 문법을 사용하기 바란다.

이 예제를 살펴보면 c와 h를 제외한 모든 변수의 타입은 묵시적으로 정의한다. 또한 타입스크립트에는 배열에 무엇을 넣을 수 있고, 무엇은 넣을 수 없는지에 관한 규칙이 있음을 알 수 있다.

대개는 배열을 동형(homogeneous)으로 만든다. 즉, 한 배열에 사과, 오렌지, 숫자를 함께 저장하지 않고 배열의 모든 항목이 같은 타입을 갖도록 설계하려 노력한다. 그렇지 않으면 타입스크립트에 배열과 관련한 작업이 안전한지 증명해야 하므로 추가 작업을 해야 한다.

예제의 f를 보면서 왜 동형 배열의 처리가 쉬운지 확인해보자. 배열을 문자

열 'red'로 초기화했다(배열을 선언하고 문자열 타입의 값을 추가했을 때 타입스크립트는 이 배열이 문자열 값을 갖는 배열이라 추론한다). 그리고 'blue'를 배열에 추가하는데 'blue'는 문자열이므로 타입스크립트는 아무 문제없이 이 명령을 실행한다. 그리고 다시 true를 추가하려 하면 에러가 발생한다! 왜일까? f는 문자열 배열인데 true는 문자열이 아니기 때문이다.

반면 d는 초기화하면서 number와 string을 저장했으므로 타입스크립트는 d의 타입을 number | string으로 추론한다. 각 요소는 숫자와 문자열 중 한 가지일 수 있으므로 요소를 사용하기 전에 확인해야 한다. 예를 들어 배열의 모든 요소에 대해 문자열은 대문자로 바꾸고, 숫자에는 3을 곱하는 맵 동작을 적용한다고 가정하자.

```
let d = [1, 'a']
d.map(_ => {
    if (typeof _ === 'number') {
        return _ * 3
    }
    return _.toUpperCase()
})
```

어떤 동작을 수행하기 전에 typeof를 이용해 각 항목이 number인지 string인지 확인해야 한다.

객체와 마찬가지로 배열을 const로 만들어도 타입스크립트는 타입을 더 좁게 추론하지 않는다. 따라서 타입스크립트는 배열 d와 e를 모두 number | string으로 추론했다.

g는 특별한 상황으로, 빈 배열로 초기화하면 타입스크립트는 배열의 요소 타입을 알 수 없으므로 any일 것으로 추측한다. 배열을 조작하여 요소를 추가하면 타입스크립트가 주어진 정보를 이용해 배열의 타입을 추론한다. 배열이 정의된 영역을 벗어나면(예: 함수 안에서 배열을 선언하고 이를 반환) 타입스크립트는 배열을 더 이상 확장할 수 없도록 최종 타입을 할당한다.

```
function buildArray() {
    let a = []    // any[]
    a.push(1)     // number[]
    a.push('x')   // (string | number)[]
    return a
}
```

```
let myArray = buildArray()  // (string | number)[]
myArray.push(true)  // 에러 2345: 'true' 타입의 인수는
                    // 'string | number' 타입의 매개변수에 할당할 수 없음
```

이처럼 상황을 쉽게 만드는 any가 있으므로 너무 복잡해할 필요는 없다.

3.2.11 튜플

튜플(tuple)은 배열의 서브타입이다. 튜플은 길이가 고정되었고, 각 인덱스의 타입이 알려진 배열의 일종이다. 다른 타입과 달리 튜플은 선언할 때 타입을 명시해야 한다. 자바스크립트에서 배열과 튜플에 같은 문법(대괄호)을 사용하는데 타입스크립트에서는 대괄호를 배열 타입으로 추론하기 때문이다.

```
let a: [number] = [1]

// [이름, 성씨, 생년] 튜플
let b: [string, string, number] = ['malcolm', 'gladwell', 1963]

b = ['queen', 'elizabeth', 'ii', 1926]  // 에러 TS2322: 'string'은
                                        // 'number' 타입에 할당할 수 없음
```

튜플은 선택형 요소도 지원한다. 객체 타입에서와 마찬가지로 ?는 '선택형'을 뜻한다.

```
// 방향에 따라 다른 값을 갖는 기차 요금 배열
let trainFares: [number, number?][] = [
    [3.75],
    [8.25, 7.70],
    [10.50]
]
// 다음과 같음
let moreTrainFares: ([number] | [number, number])[] = [
    // ...
]
```

또한 튜플이 최소 길이를 갖도록 지정할 때는 나머지 요소(...)를 사용할 수 있다.

```
// 최소 한 개의 요소를 갖는 string 배열
```

```
let friends: [string, ...string[]] = ['Sara', 'Tali', 'Chloe', 'Claire']
// 이형 배열
let list: [number, boolean, ...string[]] = [1, false, 'a', 'b', 'c']
```

튜플은 이형(heterogeneous) 배열을 안전하게 관리할 뿐 아니라 배열 타입의
길이도 조절한다. 이런 기능을 잘 활용하면 순수 배열에 비해 안전성을 높일
수 있으므로 튜플 사용을 권장한다.

읽기 전용 배열과 튜플

일반 배열은 가변(mutable; 즉, .push, .splice, 갱신 등의 작업을 자유롭게 수
행할 수 있는)인 반면, 상황에 따라서는 불변(immutable; 즉, 한번 배열을 만들
어 내용을 추가한 이후로는 내용을 바꿀 수 없는)인 배열이 필요할 수 있다.

　타입스크립트는 readonly 배열 타입을 기본으로 지원하므로 이를 이용해 불
변 배열을 바로 만들 수 있다. 읽기 전용 배열은 일반 배열과 같지만 내용을 갱
신할 수 없다는 점만 다르다. 읽기 전용 배열은 명시적 타입 어노테이션으로
만들 수 있다. 읽기 전용 배열을 갱신하려면 .push, .splice처럼 내용을 바꾸는
동작 대신 .concat, .slice 같이 내용을 바꾸지 않는 메서드를 사용해야 한다.

```
let as: readonly number[] = [1, 2, 3]      // readonly number[]
let bs: readonly number[] = as.concat(4)   // readonly number[]
let three = bs[2]                          // number
as[4] = 5    // 에러 TS2542: 'readonly number[]'의 인덱스 시그니처 타입은
             // 읽기만 허용함

as.push(6)   // 에러 TS2339: 'push' 프로퍼티는
             // 'readonly number[]' 타입에 존재하지 않음
```

타입스크립트는 Array처럼 읽기 전용 배열과 튜플을 만드는 긴 형태의 선언 방
법을 지원한다.

```
type A = readonly string[]       // readonly string[]
type B = ReadonlyArray<string>   // readonly string[]
type C = Readonly<string[]>      // readonly string[]

type D = readonly [number, string]     // readonly [number, string]
type E = Readonly<[number, string]>    // readonly [number, string]
```

(간단한 readonly 접근자, 조금 더 긴 Readonly와 ReadonlyArray 유틸리티 중) 어떤 문법을 사용할지는 개발자의 기호에 달려있다.

읽기 전용 배열은 바꿀 수 없으므로 코드를 쉽게 이해할 수 있는 장점이 있지만 결국 자바스크립트 배열로 구현한 것이다. 즉, 스프레드(...)나 .slice 등으로 배열을 조금만 바꿔도 우선 원래 배열을 복사해야 하므로, 주의하지 않으면 응용 프로그램의 성능이 느려질 수 있다. 작은 배열에서는 이런 오버헤드가 사소해 보일 수 있지만 큰 배열에서는 눈에 띄게 큰 성능 저하를 일으킬 수 있다.

> 불변 배열을 자주 사용해야 하는 상황이라면 리 바이론(Lee Byron)의 immutable[9] 같은 효율적인 라이브러리를 고려하는 것이 좋다.

3.2.12 null, undefined, void, never

자바스크립트는 null, undefined 두 가지 값으로 부재를 표현한다. 타입스크립트도 두 가지 값 모두를 지원한다. 타입스크립트에서는 이 값을 무엇이라 부를까? 똑같이 null과 undefined라고 부른다.

타입스크립트에서 undefined 값의 타입은 오직 undefined뿐이고 null 값의 타입은 null뿐이라는 점에서 특별한 타입이다.

많은 자바스크립트 프로그래머가 두 값을 혼용하는데 사실 두 타입의 의미는 조금 다르다. undefined는 아직 정의하지 않았음을 의미하는 반면 null은 값이 없다는 의미다(예를 들어 값을 계산하려 하면 에러가 발생한다). 이것이 규칙이지만 따르지 않아도 타입스크립트는 말리지 않는다. 하지만 되도록이면 이 규칙에 따라 상황에 맞는 타입을 사용하는 것이 좋다.

타입스크립트는 null과 undefined 외에도 void와 never 타입도 제공한다. 이들은 존재하지 않음의 특징을 조금 더 세밀하게 분류하는, 정말 특수하고 특별한 용도의 타입이다. void는 명시적으로 아무것도 반환하지 않는 함수의 반환 타입(예: console.log)을 가리키며 never는 절대 반환하지 않는(예외를 던지거나 영원히 실행되는) 함수 타입을 가리킨다.

---

9 *https://www.npmjs.com/package/immutable*

```
// (a) number 또는 null을 반환하는 함수
function a(x: number) {
    if (x < 10) {
        return x
    }
    return null
}

// (b) undefined를 반환하는 함수
function b() {
    return undefined
}

// (c) void를 반환하는 함수
function c() {
    let a = 2 + 2
    let b = a * a
}

// (d) never를 반환하는 함수
function d() {
    throw TypeError('I always error')
}

// (e) never를 반환하는 또 다른 함수
function e() {
    while (true) {
        doSomething()
    }
}
```

(a)는 null을 (b)는 undefined를 명시적으로 반환한다. (c)는 undefined를 반환하지만 명시적인 return문을 사용하지 않았으므로 void를 반환한다고 말할 수 있다. (d)는 예외를 던지고, (e)는 영원히 실행되며 반환하지 않으므로 반환 타입이 never라 할 수 있다.

unknown이 모든 타입의 상위 타입이라면 never는 모든 타입의 서브타입이다. 즉, 모든 타입에 never를 할당할 수 있으며 never 값은 어디서든 안전하게 사용할 수 있다. 하지만 이는 지극히 이론적인 사실일 뿐[10] 실제 이런 주제로 토론

---

10 최하위의 바닥 타입은 값이 없는 타입과 같다. 바닥 타입은 수학적으로 항상 거짓인 문제와 같다.

할 기회는 다른 언어를 사용하는 괴짜와 타입스크립트의 특징을 따질 때 빼고는 없을 것이다.

표 3-2에 네 개의 부재 타입을 요약해 놓았다.

타입	의미
null	값이 없음
undefined	아직 값을 변수에 할당하지 않음
Void	return문을 포함하지 않는 함수
never	절대 반환하지 않는 함수

표 3-2 무언가가 없음을 의미하는 타입

엄격한 null 확인

예전 버전의 타입스크립트(또는 TSC의 strictNullChecks 옵션을 false로 설정한 타입스크립트)에서는 null이 조금 다르게 동작한다. 이때 null은 never를 제외한 모든 타입의 하위 타입이다. 즉, 모든 타입은 null이 될 수 있으므로 모든 값이 null인지 아닌지를 먼저 확인하지 않고는 타입이 무엇이라고 단정할 수 없다. 예를 들어 pizza라는 변수를 함수에 전달했고 그 변수에 .addAnchovies라는 메서드를 호출해야 한다면, 먼저 pizza가 null인지 확인한 다음에 그 동작을 수행할 수 있다. 실무에서 이는 굉장히 불편한 일이므로 보통 이 과정을 생략한다. 그리고 예상치 않은 상황에서 값이 null이라면 런타임에 치명적인 널 포인터 예외가 발생한다.

```
function addDeliciousFish(pizza: Pizza) {
    return pizza.addAnchovies()  // 잡히지 않은 TypeError: null에서
                                 // 'addAnchovies'라는 프로퍼티를 읽을 수 없음

// strictNullChecks = false로 설정하면 타입스크립트는 다음을 허용
addDeliciousFish(null)
```

1960년대 null을 발명한 이는 null을 '수억 달러짜리 실수'라고 부른다. 프로그래밍 언어 대부분의 타입 시스템에서 표현할 수 없거나 확인할 수 없는 값을 null로 설정하는데, 프로그래머가 어떤 변수를 런타임에 사용할 때 이미 값을 갖고 있으리라 예상했는데 null이라면 런타임 예외를 발생시키는 것이 문제다!

왜 그럴까? 내게 묻진 말라. 필자는 이 책의 저자일 뿐이니. 많은 언어가 자신의 타입 시스템
에서 null 문제를 해결하려고 시도하고 있으며, 타입스크립트는 이를 어떻게 올바르게 처리
할 수 있는지를 보여주는 좋은 예다. 컴파일 타임에 가능한 한 많은 버그를 검출하는 것이 목
표라면 타입 시스템에서 null을 확인할 수 있어야 한다.

3.2.13 열거형

열거형(enum)은 해당 타입으로 사용할 수 있는 값을 열거하는 기법이다. 열거
형은 키를 값에 할당하는, 순서가 없는 자료구조다. 키가 컴파일 타임에 고정
된 객체라고 생각하면 쉽다. 따라서 타입스크립트는 키에 접근할 때 주어진 키
가 실제 존재하는지 확인할 수 있다.

문자열에서 문자열로 매핑하거나 문자열에서 숫자로 매핑하는 열거형, 이렇
게 두 가지가 있다. 다음은 열거형의 예다.

```
enum Language {
    English,
    Spanish,
    Russian
}
```

 열거형의 이름은 단수 명사로 쓰고, 첫 문자는 대문자로 하는 것이 관례다. 키도 앞 글자
를 대문자로 표시한다.

타입스크립트는 자동으로 열거형의 각 멤버에 적절한 숫자를 추론해 할당하
지만, 값을 명시적으로 설정할 수도 있다. 타입스크립트가 추론하게 했던 앞의
예를 명시하는 방식으로 바꿔보자.

```
enum Language {
    English = 0,
    Spanish = 1,
    Russian = 2
}
```

(보통의 객체에서 값을 가져올 때처럼) 점 또는 괄호 표기법으로 열거형 값에 접근할 수 있다.

```
let myFirstLanguage = Language.Russian      // Language
let mySecondLanguage = Language['English']  // Language
```

열거형을 여러 개로 나눠 정의한 다음 타입스크립트가 이들을 합치도록 할 수 도 있다("10.4 선언 합치기" 참고). 타입스크립트는 여러 열거형 정의 중 한 가 지 값만 추론할 수 있으므로 열거형을 분할할 때 주의해야 하며, 다음 예처럼 각 열거형 멤버에 명시적으로 값을 할당하는 습관을 기르는 것이 좋다.

```
enum Language {
    English = 0,
    Spanish = 1
}

enum Language {
    Russian = 2
}
```

계산된 값을 사용할 수도 있으므로 모든 값을 정의할 필요는 없다(빠진 값은 타입스크립트가 추론한다).

```
enum Language {
    English = 100,
    Spanish = 200 + 300,
    Russian  // 타입스크립트가 500 다음 숫자인 501로 추론
}
```

열거형에 문자열 값을 사용하거나 문자열과 숫자 값을 혼합할 수 있다.

```
enum Color {
    Red = '#c10000',
    Blue = '#007ac1',
    Pink = 0xc10050,    // 16진수 리터럴
    White = 255         // 10진수 리터럴
}

let red = Color.Red    // Color
let pink = Color.Pink  // Color
```

타입스크립트에서는 값이나 키로 열거형에 접근할 수 있도록 허용하지만 이는 불안정한 결과를 초래하기 쉽다.

```
let a = Color.Red     // Color
let b = Color.Green   // 에러 TS2339: 'Green' 프로퍼티는
                      // 'typeof Color' 타입에 존재하지 않음
let c = Color[255]    // string
let d = Color[6]      // string (!!!)
```

Color[6]은 접근할 수 없어야 하지만 타입스크립트는 접근을 허용한다. 더 안전한 열거형 타입인 const enum을 이용하면 타입스크립트가 이런 안전하지 않은 작업을 막도록 만들 수 있다. 앞의 예를 더 안전하게 정의해보자.

```
const enum Language {
    English,
    Spanish,
    Russian
}

// 유효한 enum 키 접근
let a = Language.English  // Language

// 유효하지 않은 enum 키 접근
let b = Language.Tagalog  // 에러 TS2339: 'Tagalog' 프로퍼티는
                          // 'typeof Language' 타입에 존재하지 않음

// 유효한 enum 키 접근
let c = Language[0]  // 에러 TS2476: const enum 멤버는
                     // 문자열 리터럴로만 접근할 수 있음

// 유효하지 않은 enum 키 접근
let d = Language[6]  // 에러 TS2476: const enum 멤버는
                     // 문자열 리터럴로만 접근할 수 있음
```

const enum은 역방향 찾기를 지원하지 않으므로 열거형의 동작은 일반 자바스크립트 객체와 비슷해진다. 또한 const enum은 기본적으로 아무 자바스크립트도 생성하지 않으며 그 대신 필요한 곳에 열거형 멤버의 값을 채워 넣는다 (예를 들어 타입스크립트는 Language.Spanish가 사용된 모든 코드를 값 1로 바꾼다).

TSC 플래그: preserveConstEnums

누군가의 타입스크립트 코드에 정의된 const enum을 가져왔을 때는 이 채워 넣기 기능
이 문제를 일으킬 수 있다. 개발자가 타입스크립트 코드를 컴파일한 이후에 열거형을 만
든 사람이 자신의 const enum을 갱신하면 런타임에 같은 열거형이 버전에 따라 다른 값
을 갖게 되고, 타입스크립트가 이 상황에서 할 수 있는 일은 없다.

const enum을 사용할 때는 채워 넣기 기능을 되도록 피해야 하며 여러분이 제어할 수 있
는 타입스크립트 프로그램에서만 사용해야 한다. NPM으로 배포하거나 라이브러리로 제
공할 프로그램에서는 const enum을 사용하지 말아야 한다.

const enum의 런타임 코드 생성을 활성화하려면 tsconfig.json 파일에서 preserve
ConstEnums TSC 설정을 true로 바꾼다.

```
{
    "compilerOptions": {
        "preserveConstEnums": true
    }
}
```

const enum 사용 방법을 확인하자.

```
const enum Flippable {
    Burger,
    Chair,
    Cup,
    Skateboard,
    Table
}

function flip(f: Flippable) {
    return 'flipped it'
}

flip(Flippable.Chair)  // 'flipped it'
flip(Flippable.Cup)    // 'flipped it'
flip(12)               // 'flipped it' (!!!)
```

Chairs와 Cups가 예상대로 동작하고 괜찮아 보이지만 곧 모든 숫자를 열거형에
할당할 수 있음을 알게 된다! 타입스크립트의 할당 규칙 때문에 생긴 운 나쁜
결과로, 이 문제는 문자열 값을 갖는 열거형을 사용해 해결할 수 있다.

```
const enum Flippable {
    Burger = 'Burger',
    Chair = 'Chair',
    Cup = 'Cup',
    Skateboard = 'Skateboard',
    Table = 'Table'
}

function flip(f: Flippable) {
    return 'flipped it'
}
flip(Flippable.Chair)  // 'flipped it'
flip(Flippable.Cup)    // 'flipped it'
flip(12)               // 에러 TS2345: '12' 인수 타입은
                       // 'Flippable' 매개변수 타입에 할당할 수 없음
flip('Hat')            // 에러 TS2345: '"Hat"' 인수 타입은
                       // 'Flippable' 매개변수 타입에 할당할 수 없음
```

결과적으로 숫자 값을 받는 열거형은 전체 열거형의 안전성을 해칠 수 있다.

열거형을 안전하게 사용하는 방법은 까다로우므로 열거형 자체를 멀리 할 것을 권한다. 타입스크립트에는 열거형을 대체할 수단이 많다.

그래도 열거형 사용을 주장하는 동료 개발자의 마음을 바꾸기 어렵다면 동료 개발자가 자리를 비웠을 때 숫자 값이나 const enum이 아닌 상황이거나 숫자 값을 받는 열거형임을 경고하도록 닌자처럼 재빨리 TSLint 규칙을 머지하자.

3.3 마치며

타입스크립트는 다양한 내장 타입을 제공한다. 타입스크립트가 값의 타입을 추론하도록 하거나 값의 타입을 명시할 수 있다. let과 var를 사용하면 일반적인 타입으로 추론하는 반면, const를 이용하면 더 구체적인 타입을 추론하게 만든다. 대부분의 타입은 일반 타입과 구체적 타입 두 가지를 제공하며, 구체적 타입은 보통 일반 타입의 서브타입이다(표 3-3).

타입	서브타입
Boolean	불 리터럴
bigint	큰 정수 리터럴
number	숫자 리터럴
string	문자열 리터럴
symbol	unique symbol
object	객체 리터럴
Array	튜플
enum	const enum

표 3-3 타입 그리고 구체적인 서브타입

연습 문제

1. 타입스크립트는 다음의 값을 어떻게 추론할까?

   a. `let a = 1042`

   b. `let b = 'apples and oranges'`

   c. `const c = 'pineapples'`

   d. `let d = [true, true, false]`

   e. `let e = {type: 'ficus'}`

   f. `let f = [1, false]`

   g. `const g = [3]`

   h. `let h = null`

   코드 편집기로 결과를 확인해보자. 결과를 이해하기 어렵다면 "6.1.4 타입 넓히기"를 확인하자!

2. 다음 코드는 왜 주석에 적힌 에러를 발생시킬까?

   a.

   ```
   let i: 3 = 3
   i = 4  // 에러 TS2322: '4' 타입은 '3' 타입에 할당할 수 없음
   ```

b.

```
let j = [1, 2, 3]
j.push(4)
j.push('5')  // 에러 TS2345: '"5"' 타입의 인수를
             // 'number' 타입의 매개변수에 할당할 수 없음
```

c.

```
let k: never = 4  // 에러 TS2322: '4' 타입은
                  // 'never' 타입에 할당할 수 없음
```

d.

```
let l: unknown = 4
let m = l * 2  // 에러 TS2571: 'unknown' 타입의 객체임
```

4장

P r o g r a m m i n g   T y p e S c r i p t

함수

3장에서는 타입스크립트 타입 시스템의 기본 타입, 객체, 배열, 튜플, 열거형 등과 함께 타입스크립트의 타입 추론이란 무엇이며, 타입 할당이 어떻게 이루어지는지 살펴봤다. 이제 타입스크립트에서 가장 중요한 '함수'를 살펴본다. 4장에서는 다음의 내용을 살펴본다.

- 타입스크립트에서 함수를 선언하고 실행하는 다양한 방법
- 시그니처 오버로딩
- 다형적 함수
- 다형적 타입 별칭

4.1 함수 선언과 호출

자바스크립트에서 함수는 일급(first-class) 객체다. 즉, 객체를 다루듯이 함수를 변수에 할당하거나, 함수를 다른 함수로 전달하거나, 함수에서 함수를 반환하거나, 객체와 프로토타입에 할당하거나, 함수에 프로퍼티를 기록하거나, 함수에 기록된 프로퍼티를 읽는 등의 작업을 할 수 있다. 자바스크립트에서는 함수로 할 수 있는 일이 정말 많은데 덕분에 타입스크립트는 이 모든 것을 자신의 풍부한 타입 시스템에 녹여냈다.

다음은 타입스크립트 함수의 예다(3장에서 본 함수와 비슷하게 생겼다).

```
function add(a: number, b: number) {
    return a + b
}
```

보통 함수 매개변수(앞의 예에서 a와 b)의 타입은 명시적으로 정의한다. 타입스크립트는 항상 함수의 본문에서 사용된 타입들을 추론하지만 특별한 상황을 제외하면 매개변수 타입은 추론하지 않는다. 문맥을 보고 타입을 추론하는 특별한 상황은 "4.1.8 문맥적 타입화"를 참고하자. 반환 타입은 자동으로 추론하지만 원하면 명시할 수 있다.

```
function add(a: number, b: number): number {
    return a + b
}
```

 이 책에서는 여러분이 함수의 기능을 쉽게 이해할 수 있도록 반환 타입을 명시한다. 하지만 실무에서는 타입스크립트가 반환 타입을 추론하도록 하는 게 보통이다. 타입스크립트가 해줄 수 있는 일을 개발자가 직접 할 필요가 없기 때문이다.

마지막 예에서는 이름을 붙인 함수 문법으로 함수를 선언했는데 자바스크립트와 타입스크립트는 최소 다섯 가지의 함수 선언 방법을 지원한다.

```
// 이름을 붙인 함수
function greet(name: string) {
    return 'hello ' + name
}

// 함수 표현식
let greet2 = function (name: string) {
    return 'hello ' + name
}

// 화살표 함수 표현식
let greet3 = (name: string) => {
    return 'hello ' + name
}

// 단축형 화살표 함수 표현식
```

```
let greet4 = (name: string) =>
    'hello ' + name

// 함수 생성자
let greet5 = new Function('name', 'return "hello " + name')
```

타입스크립트는 함수 생성자(안전하지 않으므로 벌떼에 쫓기는 상황이 아니라면 사용하지 않는 편이 좋다)[1]를 제외한 모든 문법을 안전하게 지원하며, 이 모든 문법은 보통 매개변수 타입의 필수 어노테이션, 반환 타입의 선택형 어노테이션에 적용하는 것과 같은 규칙을 따른다.

✅ **간단한 용어 소개**

매개변수(parameter)는 함수 선언의 일부이며 함수를 실행하는 데 필요한 데이터 조각이다. 정형 매개변수(formal parameter)라고도 부른다.

인수(argument)는 함수를 호출할 때 전달해야 하는 데이터 조각이다. 실질 매개변수(actual parameter)라고도 부른다.

타입스크립트에서 함수를 호출할 때 타입 정보는 따로 제공할 필요가 없으며, 바로 인수를 전달하면 타입스크립트가 함수의 매개변수와 인수의 타입이 호환되는지 확인한다.

```
add(1, 2)        // 3으로 평가
greet('Crystal')  // 'hello Crystal'로 평가
```

물론 인수를 전달하지 않거나 잘못된 타입의 인수를 전달하면 타입스크립트가 에러를 발생시킨다.

```
add(1)         // 에러 TS2554: 2개의 인수가 필요한데 1개만 전달됨
add(1, 'a')    // 에러 TS2345: 'a' 인수 타입은
               // 'number' 매개변수 타입에 할당할 수 없음
```

---

1 함수 생성자는 왜 안전하지 않을까? 마지막 예제 코드를 편집기에 입력해보면 타입이 Function이라는 사실을 알 수 있다. Function 타입이란 무엇일까? Function은 이름 뒤에 ()를 붙여서 호출할 수 있는 객체로 Function.prototype의 모든 프로토타입 메서드를 포함한다. 하지만 매개변수 타입과 반환 타입을 지정하지 않았으므로 어떤 인수를 건네서도 호출할 수 있으며, 이 과정에서 어떤 문제가 발생하더라도 타입스크립트가 도와줄 수 있는 일이 없다.

4.1.1 선택적 매개변수와 기본 매개변수

객체와 튜플 타입에서처럼 함수에서도 ?를 이용해 선택적 매개변수를 지정할수 있다. 함수의 매개변수를 선언할 때 필수 매개변수를 먼저 지정하고 선택적매개변수를 뒤에 추가한다.

```
function log(message: string, userId?: string) {
    let time = new Date().toLocaleTimeString()
    console.log(time, message, userId || 'Not signed in')
}

log('Page loaded')                    // "12:38:31 PM Page loaded
                                      // Not signed in" 출력
log('User signed in', 'da763be')  // "12:38:31 PM User signed
                                      // in da763be" 출력
```

자바스크립트에서처럼 매개변수에 기본값을 지정할 수 있다. 의미상으로는 호출자가 해당 매개변수에 값을 전달하지 않아도 되므로 매개변수를 선택적으로만드는 것과 같다(선택적 매개변수는 뒤에 와야 하지만 기본 매개변수는 어디에나 추가할 수 있다는 점이 다르다).

예를 들어 log를 다음처럼 다시 구현할 수 있다.

```
function log(message: string, userId = 'Not signed in') {
    let time = new Date().toISOString()
    console.log(time, message, userId)
}

log('User clicked on a button', 'da763be')
log('User signed out')
```

userId에 기본값을 제공하므로 선택형 마크(?)와 타입을 지정할 필요가 없어졌다. 영리한 타입스크립트는 기본값으로 매개변수의 타입을 추론할 수 있기 때문이다. 덕분에 코드가 간결해지고 읽기도 쉬워진다. 물론 일반 매개변수에 타입을 지정하듯이 기본 매개변수에도 타입을 명시할 수 있다.

```
type Context = {
    appId?: string
    userId?: string
}
```

```
function log(message: string, context: Context = {}) {
    let time = new Date().toISOString()
    console.log(time, message, context.userId)
}
```

보통 실무에서는 선택적 매개변수보다 기본 매개변수를 더 자주 사용하게 된다.

4.1.2 나머지 매개변수

인수를 여러 개 받는 함수라면 그 목록을 배열 형태로 건넬 수도 있다.

```
function sum(numbers: number[]): number {
    return numbers.reduce((total, n) => total + n, 0)
}
```

```
sum([1, 2, 3])   // 6으로 평가
```

때로는 (인수의 개수가 고정된) 고정 인자 API가 아니라 (인수의 개수가 달라질 수 있는) 가변 인자 API가 필요할 때도 있다. 전통적으로 자바스크립트는 요술 같은 arguments 객체를 통해 이 기능을 제공했다.

자바스크립트 런타임이 함수에 자동으로 arguments를 정의해 개발자가 함수로 전달한 인수 목록을 할당한다는 점에서 '요술' 같은 일이다. arguments는 일종의 배열(순수한 배열은 아님)이므로 .reduce 같은 내장 기능을 사용하려면 먼저 진짜 배열로 변환해야 한다.

```
function sumVariadic(): number {
    return Array
        .from(arguments)
        .reduce((total, n) => total + n, 0)
}
```

```
sumVariadic(1, 2, 3)   // 6으로 평가
```

하지만 arguments에는 한 가지 큰 문제가 있다. 전혀 안전하지 않다는 점이다! 텍스트 편집기에서 total과 n 위로 마우스를 가져가면 그림 4-1과 비슷한 결과를 볼 수 있을 것이다.

```
1
2
3  function sum() {                      .reduce((total, n) ⇒ total + n, 0)
4    return Array                        }
5      .from(arguments)                  (parameter) n: any
6      .reduce((total, n) ⇒ total + n, 0)
7  }
8
```

그림 4-1 안전하지 않은 arguments

타입스크립트는 n과 total 모두를 any 타입으로 추론했고 sumVariadic을 실제 사용할 때까지는 문제가 드러나지 않는다.

sumVariadic(1, 2, 3) // 에러 TS2554: 0개의 인수가 필요한데 3개의 인수가 제공됨

sumVariadic이 인수를 받지 않도록 선언했으므로 이 함수를 호출하면 타입스크립트의 입장에서는 인수를 받을 수 없다면서 TypeError를 발생시킨다.

그럼 어떻게 안전한 타입의 가변 인수 함수를 만들 수 있을까?

나머지 매개변수(rest parameters)로 이 문제를 해결할 수 있다! 안전하지 않은 arguments를 사용하는 대신 나머지 매개변수를 이용해 sum 함수가 안전하게 임의의 인수를 받게 만든다.

```
function sumVariadicSafe(...numbers: number[]): number {
    return numbers.reduce((total, n) => total + n, 0)
}
```

sumVariadicSafe(1, 2, 3) // 6으로 평가

완성했다! 기존 함수와 달라진 부분은 sum 함수의 매개변수 목록에 ...이 추가되었다는 점뿐이지만 덕분에 타입 안전성을 갖춘 함수가 만들어졌다.

함수는 최대 한 개의 나머지 매개변수를 가질 수 있으며 나머지 매개변수는 함수의 매개변수 목록 맨 마지막에 위치해야 한다. 예를 들어 타입스크립트의 내장 기능인 console.log 선언을 살펴보자(인터페이스는 5장에서 자세히 설명할 것이므로 여기서는 신경 쓰지 말자).

```
interface Console {
    log(message?: any, ...optionalParams: any[]): void
}
```

4.1.3 call, apply, bind

함수를 괄호 ()로 호출하는 방법도 있지만 자바스크립트에서는 두 가지 방법을
추가로 제공한다. 앞에서 살펴본 add 함수를 예로 살펴보자.

```
function add(a: number, b: number): number {
    return a + b
}

add(10, 20)                // 30으로 평가
add.apply(null, [10, 20])  // 30으로 평가
add.call(null, 10, 20)     // 30으로 평가
add.bind(null, 10, 20)()   // 30으로 평가
```

apply는 함수 안에서 값을 this로 한정(bind)하며(여기에서는 this를 null로
한정) 두 번째 인수를 펼쳐 함수에 매개변수로 전달한다. call도 같은 기능을
수행하지만 인수를 펼쳐 전달하지 않고 순서대로 전달한다는 점만 다르다.

　비슷한 방법으로 bind도 this 인수를 함수의 인수 목록으로 한정한다. 다른
점은 bind는 함수를 호출하지 않고 새로운 함수를 반환하는데, 개발자는 ()나
.call을 이용해 반환된 함수를 호출하거나 .apply로 아직 한정하지 않은 매개
변수를 추가로 전달할 수 있다.

> 💡 **TSC 플래그: strictBindCallApply**
>
> 코드에서 .call, .apply, .bind를 안전하게 사용하려면 tsconfig.json에서 strictBind
> CallApply를 활성화해야 한다(strict 모드를 이미 활성화했다면 이 옵션은 자동으로
> 활성화됨).

4.1.4 this의 타입

자바스크립트를 사용해보지 않은 독자라면 자바스크립트에서 this 변수가 클
래스에 속한 메서드들뿐 아니라 모든 함수에서 정의된다는 사실에 놀랄 것이
다. this의 값은 함수를 어떻게 호출했는지에 따라 달라지는데 이는 자바스크
립트 코드를 이해하기 어렵게 만드는 고질적인 문제 중 하나다.

따라서 많은 개발팀은 클래스 메서드를 제외한 다른 모든 곳에서 this 사용을 금한다.
TSLint 규칙에서 no-invalid-this를 활성화하면 여러분 코드에 이런 this가 침투하
는 일을 방지할 수 있다.

this가 자주 문제를 일으키는 원인은 바로 그 할당 방법에 있다. 메서드를 호
출할 때 this는 점 왼쪽의 값을 갖는다는 것이 일반적인 원칙이다. 다음 예를
살펴보자.

```
let x = {
    a() {
        return this
    }
}
x.a()  // a()의 바디 안에서 this는 객체 x임
```

하지만 호출이 일어나기 전 어느 시점에서 a를 다시 할당하면 결과가 달라
진다!

```
let a = x.a
a()  // 이제 a()의 바디 안에서 this는 정의되지 않은 상태임
```

다음처럼 날짜의 타입을 포매팅하는 유틸리티 함수가 있다고 가정하자.

```
function fancyDate() {
    return ${ this.getDate() } /${this.getMonth()}/${ this.getFullYear() }
}
```

그리고 이 API는 (개발자가 함수 매개변수가 무엇인지 배우기도 전인) 아주 오
래전에 설계했다고 하자. 이 버전의 fancyDate를 호출하려면 this로 한정할
Date를 제공해야 한다.

```
fancyDate.call(new Date)  // "4/14/2005"로 평가
```

깜빡하고 Date를 한정하지 않으면 런타임 예외가 발생한다!

```
fancyDate()  // 처리되지 않은 TypeError: this.getDate는 함수가 아님
```

this의 모든 것을 설명하는 것은 이 책의 범위를 벗어나는 일이니, this의 동작은 예상과 크게 다를 수 있다는 점만 짚고 넘어가자(어떻게 선언하느냐가 아니라 함수를 어떻게 호출하느냐에 영향을 받는다).[2]

다행히 타입스크립트가 이 문제를 잘 처리해준다. 여러분의 함수에서 this를 사용할 때는 항상 여러분이 기대하는 this 타입을 함수의 첫 번째 매개변수로 선언하자. 그러면 함수 안에 등장하는 모든 this가 여러분이 의도한 this가 됨을 타입스크립트가 보장해준다. 함수 시그니처에 사용한 this는 예약어이므로 다른 매개변수와 완전히 다른 방식으로 처리된다.

```
function fancyDate(this: Date) {
    return ${ this.getDate() } /${this.getMonth()}/${ this.getFullYear() }
}
```

이렇게 수정한 fancyDate를 호출하면 다음과 같은 일이 벌어진다.

```
fancyDate.call(new Date)   // "6/13/2008"으로 평가함
fancyDate()                // 에러 TS2684: void 타입의 'this'를 메서드에 속한
                           // 'Date' 타입의 'this'에 할당할 수 없음
```

타입스크립트에 많은 정보를 제공한 덕분에 런타임 에러 대신 컴파일 타임에 경고를 시작했다.

> 💡 **TSC 플래그: noImplicitThis**
>
> tsconfig.json에서 noImplicitThis를 활성화하면 함수에서 항상 this 타입을 명시적으로 설정하도록 강제할 수 있다.
>
> 단, noImplicitThis는 클래스와 객체의 함수에는 this를 지정하라고 강제하지 않는다.

4.1.5 제너레이터 함수

제너레이터 함수(generator function; 줄여서 제너레이터라고 부름)는 여러 개의 값을 생성하는 편리한 기능을 제공한다. 제너레이터 함수를 이용하면 값을 생산하는 속도도 정교하게 조절할 수 있다. 제너레이터 함수는 게으르게 동작

---

2   this를 더 자세히 알고 싶으면 《You Don't Know JS》(한빛미디어, 2017)를 참고하자.

(즉, 소비자가 요청해야만 다음 값을 계산)하기 때문에 무한의 목록 생성하기 같은 까다로운 기능을 제공할 수 있다.

제너레이터 함수는 다음처럼 동작한다.

```
function* createFibonacciGenerator() { ❶
    let a = 0
    let b = 1
    while (true) { ❷
        yield a; ❸
        [a, b] = [b, a + b] ❹
    }
}

let fibonacciGenerator = createFibonacciGenerator()
                          // IterableIterator<number>
fibonacciGenerator.next() // {value: 0, done: false}로 평가
fibonacciGenerator.next() // {value: 1, done: false}로 평가
fibonacciGenerator.next() // {value: 1, done: false}로 평가
fibonacciGenerator.next() // {value: 2, done: false}로 평가
fibonacciGenerator.next() // {value: 3, done: false}로 평가
fibonacciGenerator.next() // {value: 5, done: false}로 평가
```

❶ 함수명 앞에 붙은 별표(*)는 이 함수가 제너레이터임을 의미한다. 제너레이터를 호출하면 이터러블 반복자가 반환된다.

❷ 제너레이터는 영구적으로 값을 생성할 수 있다.

❸ 제너레이터는 yield라는 키워드로 값을 방출한다. 소비자가 제너레이터에 다음 값을 요청하면(예: next 호출), yield를 이용해 결과를 소비자에게 보내고, 소비자가 다음 값을 다시 요청하기 전까지는 실행을 중지한다. 이런 방식으로 동작하므로 while(true) 루프가 영원히 실행되다가 비정상 종료되는 상황이 일어나지 않는다.

❹ 다음 피보나치 숫자를 계산하기 위해 a에 b를, b에 a + b를 한번에 다시 할당한다.

앞 코드의 createFibonacciGenerator 함수는 IterableIterator를 반환하고, 이 제너레이터에 next를 호출할 때마다 다음 피보나치 값을 계산해서 결과를 방출한다. 타입스크립트가 방출된 값의 타입을 이용해 반복자의 타입을 추론함

을 알 수 있다.

다음 예처럼 IterableIterator에서 방출하는 타입을 감싸서 제너레이터의 타입을 명시하는 방법도 있다.

```
function* createNumbers(): IterableIterator<number> {
    let n = 0
    while (1) {
        yield n++
    }
}

let numbers = createNumbers()
numbers.next()  // {value: 0, done: false}로 평가
numbers.next()  // {value: 1, done: false}로 평가
numbers.next()  // {value: 2, done: false}로 평가
```

제너레이터 자체도 이야기할 게 많지만, 이 책은 타입스크립트 책이고 자바스크립트 기능을 자세히 다루는 것은 주제에서 벗어나므로 이쯤에서 마무리하겠다. 요약하면 제너레이터는 자바스크립트의 정말 멋진 기능이며 타입스크립트에서도 지원한다는 사실이다. 제너레이터를 더 알고 싶다면 MDN 페이지[3]를 참고하자.

4.1.6 반복자

반복자(iterator)와 제너레이터는 상생관계다. 제너레이터로 값의 스트림을 생성할 수 있고 반복자로 생성된 값을 소비할 수 있기 때문이다. 용어가 조금 어려울 수 있으니 먼저 몇 가지 정의를 확인하자.

> **이터러블(iterable; 반복할 수 있는)**
>
> Symbol.iterator라는 프로퍼티(반복자를 반환하는 함수)를 가진 모든 객체

> **반복자(iterator)**
>
> next라는 메서드(value, done 두 프로퍼티를 가진 객체를 반환)를 정의한 객체

---

3   *https://mzl.la/2UitIk4*

가령 createFibonacciGenerator 함수를 호출하면 Symbol.iterator 프로퍼티와 next 메서드를 모두 정의한 값을 얻게 된다. 즉, 이터러블과 반복자 두 가지가 결합된 제너레이터가 반환된다.

Symbol.iterator와 next를 구현하는 객체(또는 클래스)를 만들어 반복자나 이터러블을 직접 정의할 수 있다. 다음은 1에서 10까지의 숫자를 반복하는 반복자를 정의하는 예다.

```
let numbers = {
    *[Symbol.iterator]() {
        for (let n = 1; n <= 10; n++) {
            yield n
        }
    }
}
```

반복자 코드를 코드 편집기에 입력한 다음 마우스를 올려놓으면 타입스크립트가 반복자 코드의 타입을 어떻게 추론하는지 확인할 수 있다(그림 4-2).

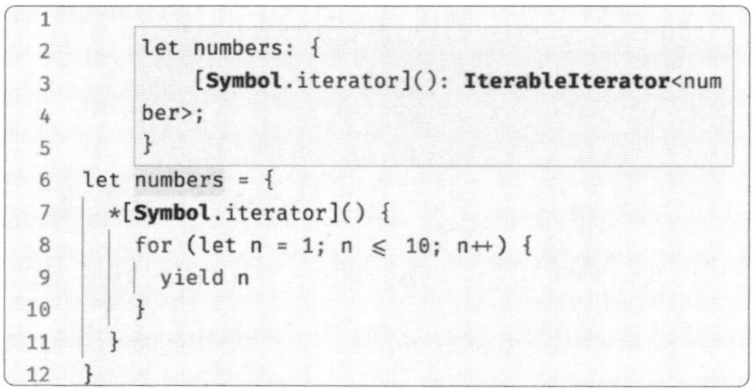

그림 4-2 직접 반복자 정의하기

결과에서 볼 수 있듯이 numbers는 이터러블이며, 제너레이터 함수 numbers [Symbol.iterator]()를 호출하면 이터러블 반복자가 반환된다.

다음 예에서 보여주듯이 커스텀 반복자뿐 아니라 자바스크립트의 내장 컬렉션 타입(Array, Map, Set, String 등[4])의 반복자도 정의할 수 있다.

___

4 참고로 Object와 Number는 반복자가 아니다.

```
// for-of로 반복자 반복하기
for (let a of numbers) {
    // 1, 2, 3 등
}

// 반복자 스프레드
let allNumbers = [...numbers]  // number[]

// 반복자 구조 분해 할당(destructure)
let [one, two, ...rest] = numbers  // [number, number, number[]]
```

반복자도 이 책에서는 자세히 살펴보지 않는다. 반복자와 비동기 반복자를 더 자세히 확인하고 싶다면 MDN[5]을 참고하자.

> **TSC 플래그: downlevelIteration**
>
> 타입스크립트를 ES2015 이전 버전의 자바스크립트로 컴파일할 때는 tsconfig.json에서 downlevelIteration 플래그로 커스텀 반복자를 활성화할 수 있다.
>
> 응용 프로그램의 번들 크기가 커지는 것을 원하지 않으면 downlevelIteration을 비활성화하는 것이 좋다. 예전 환경에서 커스텀 반복자를 지원하려면 많은 코드가 필요하기 때문이다. 예를 들어 이전 numbers 예제는 1KB의 코드를 생성한다(gzipped 상태 기준).

4.1.7 호출 시그니처

지금까지 함수의 매개변수 타입과 반환 타입을 살펴봤다. 이번에는 함수의 전체 타입을 표현하는 방법을 알아보자. 4장의 처음 부분에서 소개했던 sum 함수를 다시 이용한다. 참고로 sum 함수의 코드는 다음과 같다.

```
function sum(a: number, b: number): number {
    return a + b
}
```

sum은 무슨 타입일까? sum은 함수이므로 sum은 다음의 타입이라 말할 수 있다.

```
Function
```

어느 정도 예상할 수 있겠지만 Function은 사람들이 즐겨 사용하는 타입은 아

---

5 *https://mzl.la/2OAoy1o*

니다. object로 모든 객체를 가리킬 수 있는 것처럼 Function은 모든 함수의 타입을 뜻할 뿐이며 그것이 가리키는 특정 함수와 타입과 관련된 정보는 아무것도 알려주지 않는다.

그러면 sum의 타입을 표현할 수 있는 다른 방법이 있을까? sum은 두 개의 number를 인수로 받아 한 개의 number를 반환하는 함수다. 타입스크립트에서는 다음과 같이 표현할 수 있다.

```
(a: number, b: number) => number
```

이 코드는 타입스크립트의 함수 타입 문법으로, 호출 시그니처(call signature) 또는 타입 시그니처(type signature)라 부른다. 이 문법은 화살표 함수와 아주 비슷하다는 점을 알 수 있는데 이는 의도된 것이다! 함수에 함수를 인수로 전달하거나 함수에서 다른 함수를 반환하는 경우 이 문법으로 인수나 반환 함수의 타입을 지정할 수 있다.

 a, b라는 매개변수명은 문서화 용도일 뿐 함수의 타입과 할당 동작에는 아무 영향도 주지 않는다.

함수 호출 시그니처는 타입 수준 코드, 즉 값이 아닌 타입 정보만 포함한다. 이는 함수 호출 시그니처로 매개변수 타입, this 타입("4.1.4 this의 타입" 참고), 반환 타입, 나머지 타입, 조건부 타입을 표현할 수 있지만 기본값은 표현할 수 없다(기본값은 타입이 아니라 값이므로). 함수 호출 시그니처는 바디를 포함하지 않아 타입스크립트가 타입을 추론할 수 없으므로 반환 타입을 명시해야 한다.

> **타입 수준 코드와 값 수준 코드**
>
> 정적 타입 프로그래밍에서 사람들은 '타입 수준', '값 수준'이라는 용어를 자주 사용하는데 이들은 공용 어휘다.
>
> 이 책에서 사용하는 타입 수준 코드는 타입과 타입 연산자를 포함하는 코드를 의미한다. 반면 값 수준 코드는 그 밖의 모든 것을 가리킨다. 어떤 코드가 유효한 자바스크립트 코드라면

는 값 수준이고, 유효한 자바스크립트 코드는 아니지만 유효한 타입스크립트 코드라면 타입 수준으로 쉽게 구분할 수 있다.[6]

다음 예제를 통해 여러분이 이 개념을 제대로 이해했는지 확인하자(굵은 글씨는 타입 수준이고 나머지는 값 수준이다).

```
function area(radius: number): number | null {
    if (radius < 0) {
        return null
    }
    return Math.PI * (radius ** 2)
}

let r: number = 3
let a = area(r)
if (a !== null) {
    console.info('result:', a)
}
```

타입 어노테이션과 유니온 타입 연산자(|)는 타입 수준이므로 굵게 표시했고 나머지는 모두 값 수준 용어다.

지금까지 4장에서 살펴본 함수 예제를 다시 살펴보면서 타입 별칭으로 한정할 수 있는 독립 호출 시그니처를 추출해보자.

```
// greet(name: string) 함수
type Greet = (name: string) => string

// log(message: string, userId?: string) 함수
type Log = (message: string, userId?: string) => void

// sumVariadicSafe(...numbers: number[]): number 함수
type SumVariadicSafe = (...numbers: number[]) => number
```

예제가 도움이 되었는가? 함수의 호출 시그니처는 구현 코드와 거의 같다. 우연이 아니라 언어 설계상 의도한 결정으로, 이렇게 함으로 호출 시그니처를 쉽

---

6 단, 열거형, 클래스, 네임스페이스는 예외다. 열거형은 타입과 값 모두 생성하며 네임스페이스는 값 수준에서 존재한다. 자세한 사항은 부록 C를 참고하자.

게 추론할 수 있다.

　호출 시그니처와 구현의 관계를 더 구체적으로 확인하자. 호출 시그니처가 주어졌을 때 어떻게 그 시그니처를 만족하는 함수를 구현할 수 있을까? 간단하게 호출 시그니처를 함수 표현식과 합칠 수 있다. 예를 들어 기존의 Log 함수를 새로운 시그니처에 맞게 다시 구현해보자.

```
type Log = (message: string, userId?: string) => void

let log: Log = ( ❶
    message, ❷
    userId = 'Not signed in' ❸
) => { ❹
    let time = new Date().toISOString()
    console.log(time, message, userId)
}
```

❶ 함수 표현식 log를 선언하면서 Log 타입임을 명시했다.

❷ 매개변수의 타입을 다시 지정할 필요는 없다. Log에서 message의 타입을 string으로 이미 명시했으므로 다시 지정할 필요는 없다. 타입스크립트가 Log를 통해 타입을 추론한다.

❸ userId에 기본값을 지정한다. 호출 시그니처는 값을 포함할 수 없으므로 Log에서는 userId의 타입은 지정할 수 있지만 기본값은 지정할 수 없기 때문이다.

❹ Log 타입에서 반환 타입을 void로 이미 지정했으므로 반환 타입은 다시 지정할 필요가 없다.

4.1.8 문맥적 타입화

마지막 예는 함수의 매개변수 타입을 명시하지 않아도 되는 첫 사례였다. 이미 log의 타입을 Log로 지정했으므로 타입스크립트가 message의 타입을 string으로 추론할 수 있기 때문이다. 이는 문맥적 타입화(contextual typing)라는 타입스크립트 강력한 타입 추론 기능이다.

4장의 앞부분에서 문맥적 타입화를 사용하는 다른 상황(콜백 함수[7])을 살펴본 바 있다.

times라는 함수를 다음과 같이 선언하자. 이 함수는 콜백 함수 f를 n번 호출하며, 현재의 인덱스를 f의 인수로 전달한다.

```
function times(
    f: (index: number) => void,
    n: number
) {
    for (let i = 0; i < n; i++) {
        f(i)
    }
}
```

times를 호출할 때 함수 선언을 인라인으로 제공하면 인수로 전달하는 함수의 타입을 명시할 필요가 없다.

```
times(n => console.log(n), 4)
```

times의 시그니처에서 f의 인수 index를 number로 선언했으므로 타입스크립트는 문맥상 n이 number임을 추론할 수 있다.

f를 인라인으로 선언하지 않으면 타입스크립트는 타입을 추론할 수 없다.

```
function f(n) {   // 에러 TS7006: 매개변수 'n'의 타입은 암묵적으로 'any' 타입이 됨
    console.log(n)
}

times(f, 4)
```

4.1.9 오버로드된 함수 타입

이전 절에서 사용한 함수 타입 문법(type Fn = (...) => ...)은 단축형 호출 시그니처(shorthand call signature)다. 이 호출 시그니처를 더욱 명확하게 표현할 수 있다. 다시 Log를 예로 살펴보자.

---

7 다른 함수의 인수로 전달하는 함수를 '콜백'이라 한다.

```
// 단축형 호출 시그니처
type Log = (message: string, userId?: string) => void

// 전체 호출 시그니처
type Log = {
    (message: string, userId?: string): void
}
```

두 코드는 문법만 조금 다를 뿐 모든 면에서 같다. 여러분은 단축 시그니처를 놔두고 전체 시그니처를 사용하고 싶은가? Log 함수처럼 간단한 상황이라면 단축형을 주로 활용하되 더 복잡한 함수라면 전체 시그니처를 사용하는 것이 좋을 때도 있다.

바로 함수 타입의 오버로딩(overloading)이 좋은 예다. 먼저 함수를 오버로딩한다는 것이 무슨 의미인지 살펴보자.

> **오버로드된 함수**
> 호출 시그니처가 여러 개인 함수

대부분의 프로그래밍 언어에서 여러 매개변수를 인수로 받아 어떤 타입의 값을 반환하는 함수를 선언한 다음, 이 함수가 요구하는 정확한 매개변수 집합을 건네 함수를 호출하면 항상 똑같은 타입의 반환값을 받게 된다. 자바스크립트는 예외다. 자바스크립트는 동적 언어이므로 어떤 함수를 호출하는 방법이 여러 가지다. 뿐만 아니라 인수 입력 타입에 따라 반환 타입이 달라질 때도 있다!

타입스크립트는 이런 동적 특징을 오버로드된 함수 선언으로 제공하고, 입력 타입에 따라 달라지는 함수의 출력 타입은 정적 타입 시스템으로 각각 제공한다. 이런 언어 기능을 당연하게 여길 수도 있겠지만 사실 타입 시스템의 고급 기능에 속한다!

오버로드된 함수 시그니처를 이용하면 표현력 높은 API를 설계할 수 있다. 예를 들어 Reserve라는 휴가 예약 API를 설계한다고 가정하자. 먼저 타입을 다음처럼 지정할 수 있다(전체 타입 시그니처 사용).

```
type Reserve = {
    (from: Date, to: Date, destination: string): Reservation
}
```

이제 Reserve의 구현 코드를 보자.

```
let reserve: Reserve = (from, to, destination) => {
    // ...
}
```

발리로 여행을 가려는 고객이 있다면 from과 to에는 날짜를, destination은 "Bali"로 설정해 reserve API를 이용할 것이다.

다음처럼 편도 여행을 지원하도록 API를 개선할 수도 있다.

```
type Reserve = {
    (from: Date, to: Date, destination: string): Reservation
    (from: Date, destination: string): Reservation
}
```

이 코드를 실행하려 시도하면 타입스크립트가 Reserve를 구현한 코드에서 에러를 발생시킨다(그림 4-3).

```
let reserve: Reserve = (from, to, destination) ⇒ {
    // ...
type }
    (f
    (f  [ts] Type '(from: any, to: any, destination: any) ⇒ v
}       oid' is not assignable to type 'Reserve'.

    let reserve: Reserve
let reserve: Reserve = (from, to, destination) ⇒ {
    // ...
}
```

그림 4-3 조합된 오버로드 시그니처가 존재하지 않을 때 발생하는 TyepError

이 문제는 타입스크립트가 호출 시그니처 오버로딩을 처리하는 방식 때문에 발생한다. 함수 f에 여러 개의 오버로드 시그니처를 선언하면, 호출자 관점에서 f의 타입은 이들 오버로드 시그니처들의 유니온이 된다. 하지만 f를 구현하는 관점에서는 단일한 구현으로 조합된 타입을 나타낼 수 있어야 한다. 이 조합된 시그니처는 자동으로 추론되지 않으므로 f를 구현할 때 직접 선언해야 한다. Reserve 예제에서는 reserve 함수를 다음처럼 바꿀 수 있다.

```
type Reserve = {
    (from: Date, to: Date, destination: string): Reservation
    (from: Date, destination: string): Reservation
} ❶

let reserve: Reserve = (
    from: Date,
    toOrDestination: Date | string,
    destination?: string
) => { ❷
    // ...
}
```

❶ 오버로드된 함수 시그니처 두 개를 선언한다.

❷ 구현의 시그니처는 두 개의 오버로드 시그니처를 수동으로 결합한 결과
와 같다(즉, Signature1 | Signature2를 손으로 계산). 결합된 시그니처
는 reserve를 호출하는 함수에는 보이지 않는다. 즉, 다음은 소비자 관점의
Reserve 시그니처다.

```
type Reserve = {
    (from: Date, to: Date, destination: string): Reservation
    (from: Date, destination: string): Reservation
}
```

결과적으로 이전에 정의한 결합된 시그니처를 모두 포함하지 않는다.

```
// 잘못됨!
type Reserve = {
    (from: Date, to: Date, destination: string): Reservation
    (from: Date, destination: string): Reservation
    (from: Date, toOrDestination: Date | string,
        destination?: string): Reservation
}
```

두 가지 방식으로 reserve를 호출할 수 있으므로 reserve를 구현할 때 타입스
크립트에 reserve가 어떤 방식으로 호출되는지 확인시켜 주어야 한다(더 자세
한 사항은 "6.1.5 정제" 참고).

```
let reserve: Reserve = (
    from: Date,
    toOrDestination: Date | string,
    destination?: string
) => {
    if (toOrDestination instanceof Date && destination !== undefined) {
        // 편도 여행 예약
    } else if (typeof toOrDestination === 'string') {
        // 왕복 여행 예약
    }
}
```

오버로드 시그니처는 구체적으로 유지하자

오버로드된 함수 타입을 선언할 때는 각 오버로드 시그니처(Reserve)를 구현의 시그니처 (reserve)에 할당할 수 있어야 한다. 즉, 오버로드를 할당할 수 있는 범위에서 구현의 시그니처를 얼마든지 일반화할 수 있다. 다음 예를 확인해보자.

```
let reserve: Reserve = (
    from: any,
    toOrDestination: any,
    destination?: any
) => {
    // ...
}
```

오버로드를 사용할 때는 함수를 쉽게 구현할 수 있도록 가능한 한 구현의 시그니처를 특정하는 것이 좋다. 이를 앞의 예제에 적용하면 any 대신 Date를, any 대신 Date | String 유니 온을 사용할 수 있다.

타입을 좁게(구체적으로) 유지하는 것이 어떻게 주어진 시그니처로 함수를 구현하는 데 도움을 줄까? any 타입으로 받은 매개변수를 Date로 사용하고자 한다면 먼저 그 값이 실제로 날짜임을 타입스크립트에 증명해야 한다. 또한 그래야 자동완성 기능의 혜택을 볼 수 있다.

```
function getMonth(date: any): number | undefined {
    if (date instanceof Date) {
        return date.getMonth()
    }
}
```

반면 Date 타입임을 미리 명시해두면 구현 시 일이 줄어든다.

```
function getMonth(date: Date): number {
    return date.getMonth()
}
```

오버로드는 자연스럽게 브라우저 DOM API에서 유용하게 활용된다. 새로운 HTML 요소를 만들 때 사용하는 createElement DOM API를 예로 살펴보자. 이 API는 HTML 태그에 해당하는 문자열을 받아 이 태그 타입의 새 HTML 요소를 반환한다. 타입스크립트는 각 HTML 요소를 내장 타입으로 지원한다. 다음은 타입스크립트가 지원하는 태그의 일부다.

- <a> 요소에 대응하는 HTMLAnchorElement
- <canvas> 요소에 대응하는 HTMLCanvasElement
- <table> 요소에 대응하는 HTMLTableElement

오버로드된 호출 시그니처는 이 createElement의 동작을 구현하기에 이상적인 메커니즘이다. createElement의 타입을 어떻게 지정할 수 있을까? (답을 보기 전에 스스로 풀어보자.)

정답은 다음과 같다.

```
type CreateElement = {
    (tag: 'a'): HTMLAnchorElement ❶
    (tag: 'canvas'): HTMLCanvasElement
    (tag: 'table'): HTMLTableElement
    (tag: string): HTMLElement ❷
}
let createElement: CreateElement = (tag: string): HTMLElement => { ❸
    // ...
}
```

❶ 매개변수는 문자열 리터럴 타입으로 오버로드했다.

❷ 기타 상황을 추가했다. 사용자가 커스텀 태그명을 전달하거나 타입스크립트의 내장 타입으로 지원하지 않는 최신 태그명을 전달하면 일반적인

HTMLElement를 반환한다. 타입스크립트는 선언한 순서대로 오버로드를 해석하므로[8] 오버로드에 지정되지 않은 문자열을 createElement로 전달하면 (예: createElement('foo')) 타입스크립트는 이를 HTMLElement로 분류한다.

❸ 구현의 매개변수는 createElement의 오버로드 시그니처가 가질 수 있는 모든 매개변수 타입을 합친 타입, 즉 'a' | 'canvas' | 'table' | string을 지원해야 한다. 세 개의 문자열 리터럴 타입은 모두 string의 서브타입이므로 간단하게 타입 유니온 결과를 string으로 축약할 수 있다.

✅ 이 절의 모든 예제에서는 함수 표현식을 오버로드했다. 하지만 함수 선언을 오버로드하고 싶다면 어떻게 해야 할까? 언제나 그렇듯 타입스크립트는 함수 선언을 위해서도 동일한 문법을 제공한다. 그래서 createElement 오버로드 예를 다음처럼 구현할 수도 있다.

```
function createElement(tag: 'a'): HTMLAnchorElement
function createElement(tag: 'canvas'): HTMLCanvasElement
function createElement(tag: 'table'): HTMLTableElement
function createElement(tag: string): HTMLElement {
    // ...
}
```

어떤 문법을 사용할지는 오버로딩하려는 함수의 종류(함수 표현식 또는 함수 선언)에 따라 여러분이 선택하면 된다.

전체 타입 시그니처를 함수 호출 방식 오버로딩에만 사용할 수 있는 것은 아니며 함수의 프로퍼티를 만드는 데도 사용할 수 있다. 자바스크립트 함수는 그저 호출할 수 있는 객체이므로 다음처럼 프로퍼티를 할당하여 다음과 같은 일을 할 수 있다.

```
function warnUser(warning) {
    if (warnUser.wasCalled) {
        return
    }
```

---

8 타입스크립트는 대부분의 리터럴 오버로드를 리터럴이 아닌 오버로드보다 먼저 그리고 순서대로 처리한다. 하지만 모든 개발자가 이 기능에 익숙한 것은 아니므로 이 기능을 이용한다면 다른 개발자가 오버로드 구현이 어떻게 동작하는지 이해하기 어려울 수 있다.

```
    warnUser.wasCalled = true
    alert(warning)
}
warnUser.wasCalled = false
```

이렇게 사용자에게 경고를 단 한 번만 보여주는 함수를 만들 수 있다. warnUser
의 전체 시그니처를 타입스크립트로 표현해보자.

```
type WarnUser = {
    (warning: string): void
    wasCalled: boolean
}
```

warnUser는 호출할 수 있는 함수인 동시에 불 속성인 wasCalled도 가지고 있다.

4.2 다형성

지금까지 구체적인 타입과 구체적인 타입을 사용하는 함수 관련 내용을 살펴
봤다. 과연 구체 타입(concrete type)이란 무엇일까? 지금까지 우리가 살펴본
모든 타입은 구체 타입이다.

- boolean
- string
- Date[]
- {a: number} | {b: string}
- (numbers: number[]) => number

기대하는 타입을 정확하게 알고 있고, 실제 이 타입이 전달되었는지 확인할 때
는 구체 타입이 유용하다. 하지만 때로는 어떤 타입을 사용할지 미리 알 수 없
는 상황이 있는데 이런 상황에서는 함수를 특정 타입으로 제한하기 어렵다!
    filter라는 함수를 예로 구현하면서 이 내용을 조금 더 생각해보자. 자바스
크립트로 filter를 이용해 배열을 반복하면서 정제하는 코드를 다음처럼 구현
할 수 있다.

```
function filter(array, f) {
    let result = []
    for (let i = 0; i < array.length; i++) {
        let item = array[i]
        if (f(item)) {
            result.push(item)
        }
    }
    return result
}

filter([1, 2, 3, 4], _ => _ < 3)  // [1, 2]로 평가
```

filter의 전체 타입 시그니처부터 만들어보자. 타입은 일단 unknown으로 지정한다.

```
type Filter = {
    (array: unknown, f: unknown) => unknown[]
}
```

이제 number라는 타입이라고 가정해 unknown을 number로 바꾼다.

```
type Filter = {
    (array: number[], f: (item: number) => boolean): number[]
}
```

이 예에서 배열의 타입을 number로 바꾸는 일은 그리 어렵지 않았다. 하지만 filter는 범용 함수, 즉 숫자, 문자열, 객체, 배열, 기타 모든 것으로 구성된 배열을 거를 수 있어야 한다. 문자열도 거를 수 있도록 오버로드를 이용해 함수를 확장해보자.

```
type Filter = {
    (array: number[], f: (item: number) => boolean): number[]
    (array: string[], f: (item: string) => boolean): string[]
}
```

지금까지 별 문제는 없어 보인다(모든 타입을 오버로드하려면 코드가 좀 지저분해질 것 같다는 점만 제외하면). 객체 배열도 지원할 수 있을까?

```
type Filter = {
```

```
    (array: number[], f: (item: number) => boolean): number[]
    (array: string[], f: (item: string) => boolean): string[]
    (array: object[], f: (item: object) => boolean): object[]
}
```

얼핏 문제가 없어 보이지만 실제 사용해보면 문제가 발생한다. 시그니처(filter: Filter)대로 filter 함수를 구현하고 실행하면 다음의 결과가 나타난다.

```
let names = [
    { firstName: 'beth' },
    { firstName: 'caitlyn' },
    { firstName: 'xin' }
]

let result = filter(
    names,
    _ => _.firstName.startsWith('b')
) // 에러 TS2339: 'firstName' 프로퍼티는 'object' 타입에 존재하지 않음

result[0].firstName  // 에러 TS2339: 'firstName' 프로퍼티는
                     // 'object' 타입에 존재하지 않음
```

여기서 타입스크립트가 왜 에러를 발생시키는지 이해할 수 있을 것이다. 타입스크립트에 filter로 숫자, 문자열, 객체의 배열을 전달할 것이라고 선언했다. 그런 다음 객체 배열을 전달했는데 object는 객체의 실제 형태에 대해서는 어떤 정보도 알려주지 않는다는 사실을 기억하자. 따라서 배열에 저장된 객체의 프로퍼티에 접근하려 시도하면 타입스크립트가 에러를 발생시킨다. 배열에 저장된 객체의 형태를 우리가 알려주지 않았기 때문이다.

그럼 어떻게 해야 할까?

제네릭 타입(generic type)을 지원하는 언어를 사용해본 독자라면 "제네릭을 이용하면 해결할 수 있어요!"라고 손을 번쩍 들고 소리 지를 것이다. 좋은 소식은 바로 그것이 정답이라는 것이다(다만 여러분이 방금 크게 지른 소리 때문에 이웃집 아이가 잠에서 깨어났다는 나쁜 소식이 들렸다).

제네릭 타입을 사용해본 적이 없는 독자가 있을 수 있으니 먼저 제네릭이란 무엇인지 정의한 뒤에 filter 함수에 적용해보자.

다음은 filter 예제에 제네릭 타입 매개변수 T를 적용한 코드다.

```
type Filter = {
    <T>(array: T[], f: (item: T) => boolean): T[]
}
```

이 코드는 "filter 함수는 T라는 제네릭 타입 매개변수를 사용한다. 이 타입이 무엇인지 지금은 알 수 없으니 누군가 filter를 호출할 때마다 타입스크립트가 타입을 멋지게 추론해주기 바란다"라는 뜻이다. 타입스크립트는 전달된 array 의 타입을 보고 T의 타입을 추론한다. filter를 호출한 시점에 타입스크립트 가 T의 타입을 추론해내면 filter에 정의된 모든 T를 추론한 타입으로 대체한 다. T는 자리를 맡아둔다는 의미의 '플레이스홀더' 타입이며, 타입 검사기가 문 맥을 보고 이 플레이스홀더 타입을 실제 타입으로 채우는 것이다. 이처럼 T는 filter의 타입을 매개변수화한다. 이 때문에 T를 제네릭 타입 매개변수라고 부 른다.

 '제네릭 타입 매개변수'라는 말은 너무 장황하므로 많은 사람은 줄여서 '제네릭 타입' 또 는 그냥 '제네릭'이라 부른다. 이 책에서는 이 표현들을 섞어 사용할 것이다.

꺾쇠괄호(<>)로 제네릭 타입 매개변수임을 선언한다(꺾쇠괄호를 제네릭 타 입 전용의 type 키워드로 보면 된다). 꺾쇠 기호를 추가하는 위치(꺾쇠 기호를 추가할 수 있는 위치는 한정되어 있다)에 따라 제네릭의 범위가 결정되며 타 입스크립트는 지정된 영역에 속하는 모든 제네릭 타입 매개변수 인스턴스가 한 개의 구체 타입으로 한정되도록 보장한다. 이번 예에서도 타입스크립트는 filter를 호출할 때 꺾쇠 괄호의 위치에 기초하여 제네릭 T를 적절한 구체 타 입으로 한정한다. 그리고 타입스크립트는 filter에 어떤 인수를 넣어 호출하느냐에 따라 T를 어떤 구체 타입으로 한정할지 정한다. 필요하면 꺾쇠괄호 안에 제네릭 타입 매개변수 여러 개를 콤마로 구분해 선언할 수 있다.

 T는 단지 타입 이름으로 T 대신 A, Zebra, l33t 등 원하는 이름은 어떤 것이든 사용할 수 있다. 일반적으로 타입 이름은 대문자 T를 시작으로 U, V, W 순으로 필요한 만큼 사용한다. 한 행에 아주 많은 제네릭을 사용해야 하거나 제네릭을 복잡한 형태로 사용해야 하는 상황이라면 이런 규칙 대신 Value, WidgetType 같이 설명을 포함하는 이름을 사용할 수 있다.

어떤 사람들은 T 대신 A로 시작하는 것을 선호한다. 어떤 프로그래밍 언어 커뮤니티에서는 이어져 내려온 자신들의 방식을 따르기를 선호하기도 한다. 예를 들어 함수형 언어는 수학 증명에서 자주 등장하는 그리스 문자 α, β, γ를 닮은 A, B, C를 선호하는 반면 객체지향 개발자는 타입(type)을 의미하는 T를 선호한다. 타입스크립트는 두 프로그래밍 스타일을 모두 지원하지만 T 방식을 사용한다.

함수의 매개변수가 함수를 호출할 때 건네진 인수로 매번 다시 한정되듯, T도 filter를 호출할 때마다 새로운 타입으로 한정된다.

```
type Filter = {
    <T>(array: T[], f: (item: T) => boolean): T[]
}
let filter: Filter = (array, f) =>  // ...

// (a) T는 number로 한정됨
filter([1, 2, 3], _ => _ > 2)

// (b) T는 string으로 한정됨
filter(['a', 'b'], _ => _ !== 'b')

// (c) T는 {firstName: string}으로 한정됨
let names = [
    { firstName: 'beth' },
    { firstName: 'caitlyn' },
    { firstName: 'xin' }
]
filter(names, _ => _.firstName.startsWith('b'))
```

타입스크립트는 전달된 인수의 타입을 이용해 제네릭을 어떤 타입으로 한정할지 추론한다. 타입스크립트가 (a)에서 T를 어떻게 특정 타입으로 한정하는지

자세히 살펴보자.

1. filter의 타입 시그니처를 통해 array가 타입이 T인 요소들로 이루어진 배열임을 알게 된다.

2. 전달된 인수 array[1, 2, 3]을 통해 T는 분명 number라는 사실을 알게 된다.

3. 이제 모든 T를 number 타입으로 대치한다. 따라서 매개변수 f: (item: T) => boolean는 f: (item: number) => boolean이 되고 반환 타입 T[]는 number[]가 된다.

4. 모든 타입이 할당 조건을 만족하는지, 전달받은 함수 f를 새로 추론한 시그니처에 할당할 수 있는지 확인한다.

제네릭은 함수의 기능을 (구체 타입을 사용할 때보다) 더 일반화하여 설명할 수 있는 강력한 도구다. 제네릭을 제한 기능(constraint)으로 생각할 수 있다. 함수 매개변수를 n: number로 정해 매개변수 n의 값으로는 number 타입만 오도록 제한하듯이 제네릭 T도 T로 한정하는 타입이 무엇이든 모든 T를 같은 타입으로 제한한다.

 타입 별칭, 클래스, 인터페이스에서도 제네릭 타입을 사용할 수 있다. 이 책에서 이런 예를 많이 보게 될 것이다. 다른 주제를 살펴보면서 제네릭 관련 내용이 나올 때마다 따로 설명할 것이다.

가능하면 제네릭을 사용하자. 제네릭은 코드를 일반화하고, 재사용성을 높이고, 간결하게 유지하는 데 도움을 준다.

4.2.1 언제 제네릭 타입이 한정되는가?

제네릭 타입의 선언 위치에 따라 타입의 범위뿐 아니라 타입스크립트가 제네릭 타입을 언제 구체 타입으로 한정하는지도 결정된다. 바로 앞의 예를 다시 살펴보자.

```
type Filter = {
    <T>(array: T[], f: (item: T) => boolean): T[]
}
```

```
let filter: Filter = (array, f) =>
    // ...
```

이 예에서는 <T>를 호출 시그니처의 일부로(시그니처의 여는 괄호 바로 앞에) 선언했으므로 타입스크립트는 Filter 타입의 함수를 실제 호출할 때 구체 타입을 T로 한정한다.

　이와 달리 T의 범위를 Filter의 타입 별칭으로 한정하려면 Filter를 사용할 때 타입을 명시적으로 한정하게 해야 한다.

```
type Filter<T> = {
    (array: T[], f: (item: T) => boolean): T[]
}
let filter: Filter = (array, f) =>  // 에러 TS2314: 제네릭 타입 'Filter'는
                                    // 한 개의 타입 인수를 요구함
    // ...
type OtherFilter = Filter  // 에러 TS2314: 제네릭 타입 'Filter'는
                           // 한 개의 타입 인수를 요구함

let filter: Filter<number> = (array, f) =>
    // ...

type StringFilter = Filter <string>
let stringFilter: StringFilter = (array, f) =>
    // ...
```

보통 타입스크립트는 제네릭 타입을 사용하는 순간에 제네릭과 구체 타입을 한정한다. '제네릭을 사용할 때'란 구체적으로 무슨 뜻일까? 함수에서는 함수를 호출할 때를 의미하고 클래스라면 클래스를 인스턴스화할 때(자세한 사항은 "5.7 다형성" 참고), 타입 별칭과 인터페이스("5.4 인터페이스" 참고)에서는 이들을 사용하거나 구현할 때를 가리킨다.

4.2.2 제네릭을 어디에 선언할 수 있을까?

타입스크립트에서는 호출 시그니처를 정의하는 방법에 따라 제네릭을 추가하는 방법이 정해져 있다.

```
type Filter = { ❶
    <T>(array: T[], f: (item: T) => boolean): T[]
```

```
}
let filter: Filter = // ...

type Filter<T> = { ❷
    (array: T[], f: (item: T) => boolean): T[]
}
let filter: Filter<number> = // ...

type Filter = <T>(array: T[], f: (item: T) => boolean) => T[] ❸
let filter: Filter = // ...

type Filter<T> = (array: T[], f: (item: T) => boolean) => T[] ❹
let filter: Filter<string> = // ...

function filter<T>(array: T[], f: (item: T) => boolean): T[] { ❺
    // ...
}
```

❶ T의 범위를 개별 시그니처로 한정한 전체 호출 시그니처. T를 한 시그니처 범위로 한정했으므로 타입스크립트는 filter 타입의 함수를 호출할 때 이 시그니처의 T를 구체 타입으로 한정한다. 각각의 filter 호출은 자신만의 T 한정 값을 갖는다.

❷ T의 범위를 모든 시그니처로 한정한 전체 호출 시그니처. T를 Filter 타입의 일부로(특정 시그니처 타입이 아니라) 선언했으므로 타입스크립트는 Filter 타입의 함수를 선언할 때 T를 한정한다.

❸ ❶과 비슷하지만 전체 시그니처가 아니라 단축 호출 시그니처다.

❹ ❷와 비슷하지만 전체 시그니처가 아니라 단축 호출 시그니처다.

❺ T를 시그니처 범위로 한정한, 이름을 갖는 함수 호출 시그니처. filter를 호출할 때 T를 타입으로 한정하므로 각 filter 호출은 자신만의 T 한정 값을 갖는다.

두 번째 예로 map 함수를 구현해보자. map은 filter와 비슷하지만 배열에서 항목을 제거하는 대신 매핑 함수를 이용하여 각 항목을 변환한다. 우선 다음 구현에서 시작해보자.

```
function map(array: unknown[], f: (item: unknown) => unknown): unknown[] {
    let result = []
```

```
        for (let i = 0; i < array.length; i++) {
            result[i] = f(array[i])
        }
        return result
}
```

이 시점에서 각 unknown을 어떤 타입으로 바꾸면서 어떻게 범용적인 map을 만들 수 있을지 생각해보자. 얼마나 많은 제네릭이 필요할까? map 함수에서 제네릭을 어떻게 선언하고, 그 범위를 한정할 수 있을까? array, f, 반환값의 타입은 무엇으로 해야 할까?

준비가 되었는가? 먼저 스스로 코드를 구현해 보도록 하자. 여러분은 충분히 할 수 있다!

다음은 정답 코드다.

```
function map<T, U>(array: T[], f: (item: T) => U): U[] {
    let result = []
    for (let i = 0; i < array.length; i++) {
        result[i] = f(array[i])
    }
    return result
}
```

인수 배열 멤버의 타입을 대변하는 T, 반환 배열 멤버 타입을 대변하는 U, 이렇게 두 가지 제네릭 타입이 필요하다. T 타입의 요소를 포함하는 배열을 전달하면 매핑 함수가 T 타입의 값을 가지고 U 타입의 값으로 변환한다. 그리고 최종적으로 U 타입의 항목을 포함하는 배열을 반환한다.

> **표준 라이브러리의 filter와 map**
>
> 지금까지 구현한 filter와 map 코드는 타입스크립트에서 제공하는 filter, map 함수와 놀라울 만큼 비슷하다.
>
> ```
> interface Array<T> {
>     filter(
>         callbackfn: (value: T, index: number, array: T[]) => any,
>         thisArg?: any
>     ): T[]
> ```

```
    map<U>(
        callbackfn: (value: T, index: number, array: T[]) => U,
        thisArg?: any
    ): U[]
}
```

인터페이스는 아직 배우지 않았지만 이 정의는 `filter`와 `map` 함수가 T 타입을 담는 배열을 다룬다고 알려준다. 두 함수 모두 내부에서 `callbackfn` 함수와 `this`의 타입을 받는다.

`filter`는 범위가 Array 인터페이스 전체인 제네릭 T를 사용한다. `map`도 T를 사용하며, 이와 더불어 범위가 `map` 함수로만 제한된 두 번째 제네릭인 U도 사용한다. 즉, 타입스크립트는 배열을 만들 때 T를 구체적 타입으로 한정하고, 이 배열 인스턴스에서 호출되는 `filter`와 `map`들은 만들어질 때 한정된 구체 타입을 공유하게 된다. 한편 `map`을 호출하면 기존에 한정한 T를 이용할 수 있을 뿐 아니라 자신만의 U 한정 값도 갖는다.

자바스크립트 표준 라이브러리의 많은 함수, 특히 Array의 프로토타입이 제공하는 함수들은 제네릭이다. 배열은 어떤 타입의 값이든 포함할 수 있으므로 이 타입을 T라 하면 ".push는 인수로 T 타입을 받는다"라든가 ".map은 T의 배열을 U의 배열로 매핑한다"라고 말할 수 있다.

4.2.3 제네릭 타입 추론

대부분의 상황에서 타입스크립트는 제네릭 타입을 훌륭하게 추론해낸다. 앞에서 구현한 map 함수를 아래처럼 호출하면 타입스크립트는 T를 string으로, U를 boolean으로 추론한다.

```
function map<T, U>(array: T[], f: (item: T) => U): U[] {
    // ...
}
map(
    ['a', 'b', 'c'],  // T 타입의 배열
    _ => _ === 'a'    // U 타입을 반환하는 함수
)
```

그러나 제네릭도 명시적으로 지정할 수 있다. 제네릭의 타입을 명시할 때는 모든 필요한 제네릭 타입을 명시하거나 반대로 아무것도 명시해서는 안 된다.

```
map<string, boolean>(
    ['a', 'b', 'c'],
    _ => _ === 'a'
)

map<string>(   // 에러 TS2558: 두 개의 타입 인수가 필요한데 한 개만 전달됨
    ['a', 'b', 'c'],
    _ => _ === 'a'
)
```

타입스크립트는 추론된 각 제네릭 타입을 명시적으로 한정한 제네릭에 할당할
수 있는지 확인한다. 할당할 수 없으면 에러가 발생한다.

```
// boolean은 boolean | string에 할당할 수 있으므로 OK
map<string, boolean | string>(
    ['a', 'b', 'c'],
    _ => _ === 'a'
)

map<string, number>(
    ['a', 'b', 'c'],
    _ => _ === 'a'  // 에러 TS2322: 'boolean' 타입은
                    // 'number' 타입에 할당할 수 없음
)
```

타입스크립트는 제네릭 함수로 전달한 인수의 정보를 이용해 제네릭의 구체
타입을 추론하므로 때로는 다음과 같은 상황이 벌어질 수 있다.

```
let promise = new Promise(resolve =>
    resolve(45)
)
promise.then(result =>   // {}로 추론함
    result * 4           // 에러 TS2362: 수학 연산의 왼쪽 연산자는 'any',
                         // 'number', 'bigint', enum 타입 중 하나여야 함
)
```

무슨 일이 일어난 걸까? 왜 타입스크립트는 result를 {}로 추론했을까? 타입스
크립트에 충분한 정보를 제공하지 않았기 때문이다. 타입스크립트는 제네릭
함수의 인수에만 의지하여 제네릭 타입을 추론하는데, (인수가 아무것도 없으
니 기본적으로) T를 {}로 간주한 것이다!

Promise의 제네릭 타입 매개변수를 명시해서 이 문제를 해결할 수 있다.

```
let promise = new Promise<number>(resolve =>
    resolve(45)
)
promise.then(result =>  // number
    result * 4
)
```

4.2.4 제네릭 타입 별칭

4장의 앞부분에서 Filter 예제와 함께 제네릭 타입 별칭을 조금 살펴봤다. 3장의 Array와 ReadonlyArray 타입(43쪽의 "읽기 전용 배열과 튜플" 참고)을 기억할지 모르겠지만 이들도 제네릭 타입 별칭이다! 간단한 예를 통해 타입 별칭에서 제네릭을 활용하는 방법을 자세히 살펴보자.

click이나 mousedown 같은 DOM 이벤트를 설명하는 MyEvent 타입을 정의하자.

```
type MyEvent<T> = {
    target: T
    type: string
}
```

타입 별칭에서는 타입 별칭명과 할당 기호(=) 사이에만 제네릭 타입을 선언할수 있다.

MyEvent의 target 프로퍼티는 <button />, <div /> 등 이벤트가 발생한 요소를 가리킨다. 예를 들어 버튼 이벤트는 다음처럼 표현할 수 있다.

```
type ButtonEvent = MyEvent<HTMLButtonElement>
```

MyEvent 같은 제네릭 타입을 사용할 때는 타입이 자동으로 추론되지 않으므로 타입 매개변수를 명시적으로 한정해야 한다.

```
let myEvent: MyEvent<HTMLButtonElement | null> = {
    target: document.querySelector('#myButton'),
    type: 'click'
}
```

MyEvent로 TimedEvent 같은 다른 타입을 만들 수 있다. 이렇게 정의하면 타입 스크립트는 TimedEvent의 제네릭 T로 한정할 때 이를 MyEvent에도 적용한다.

```
type TimedEvent<T> = {
    event: MyEvent<T>
    from: Date
    to: Date
}
```

제네릭 타입 별칭을 함수 시그니처에도 사용할 수 있다. 타입스크립트는 구체 타입 T로 한정하면서 동시에 MyEvent에도 적용한다.

```
function triggerEvent<T>(event: MyEvent<T>): void {
    // ...
}

triggerEvent({  // T는 Element | null
    target: document.querySelector('#myButton'),
    type: 'mouseover'
})
```

이제 어떤 일이 일어나는지 단계별로 살펴보자.

1. 객체에 triggerEvent를 호출한다.
2. 타입스크립트는 함수의 시그니처 정보를 이용해 전달한 인수가 MyEvent<T> 타입이어야 함을 파악한다. 또한 MyEvent<T>를 {target: T, type: string} 으로 정의했다는 사실도 인지한다.
3. 타입스크립트는 호출자가 전달한 객체의 target 필드가 document.query Selector('#myButton')이라는 사실을 파악한다. 즉, T의 타입은 document. querySelector('#myButton')이며 document.querySelector('#myButton')은 Element | null 타입이다. 따라서 T는 Element | null 타입으로 한정된다.
4. 타입스크립트는 모든 T를 Element | null로 대체한다.
5. 타입스크립트는 모든 타입이 할당성을 만족하는지 확인한다. 이렇게 타입 확인이 이루어진다.

4.2.5 한정된 다형성

 이번에는 이진 트리 예제를 사용한다. 이진 트리를 잘 모르더라도 걱정할 것 없다. 기본적으로 이진 트리의 특징은 다음과 같다.

- 이진 트리는 자료구조다.
- 이진 트리는 노드를 갖는다.
- 노드는 값을 가지며 최대 두 개의 자식 노드를 가리킬 수 있다.
- 노드는 잎 노드(leaf node; 자식이 없음) 또는 내부 노드(inner node; 적어도 한 개의 자식을 가짐) 둘 중 하나의 타입을 갖는다.

"T는 어떤 제네릭 타입이야. 그리고 이것은 T와 같은 타입이어야 해"라는 말로는 표현할 수 없는 상황이 많다. 때로는 'U 타입은 적어도 T 타입을 포함'하는 기능이 필요하다. 이런 상황을 'U가 T의 상한 한계(upper bound)'라고 설명한다.

이런 기능이 왜 필요할까? 다음과 같은 세 종류의 노드를 갖는 이진 트리를 구현한다고 해보자.

1. 일반 TreeNode
2. 자식을 갖지 않는 TreeNode인 LeafNode
3. 자식을 갖는 TreeNode인 InnerNode

먼저 각 노드의 타입을 선언한다.

```
type TreeNode = {
    value: string
}
type LeafNode = TreeNode & {
    isLeaf: true
}
type InnerNode = TreeNode & {
    children: [TreeNode] | [TreeNode, TreeNode]
}
```

TreeNode는 value라는 한 개의 프로퍼티만 갖는 객체라고 정의했다. LeafNode 타입은 TreeNode가 갖는 모든 프로퍼티뿐 아니라 값이 항상 true인 isLeaf 프로퍼티를 추가로 포함한다. InnerNode도 TreeNode의 모든 프로퍼티를 포함하며 한 개나 두 개의 자식을 가리킬 수 있는 children 프로퍼티를 추가로 포함한다.

다음으로 TreeNode를 인수로 받아 value에 매핑 함수를 적용해 새로운 Tree Node를 반환하는 mapNode 함수를 구현해보자. 다음처럼 사용할 수 있는 map Node 함수가 필요하다고 해보자.

```
let a: TreeNode = {value: 'a'}
let b: LeafNode = {value: 'b', isLeaf: true}
let c: InnerNode = {value: 'c', children: [b]}

let a1 = mapNode(a, _ => _.toUpperCase())  // TreeNode
let b1 = mapNode(b, _ => _.toUpperCase())  // LeafNode
let c1 = mapNode(c, _ => _.toUpperCase())  // InnerNode
```

잠시 멈춰서 TreeNode의 서브타입을 인수로 받아 같은 서브타입을 반환하는 mapNode 함수를 구현할 수 있을지 생각해보자. LeafNode를 전달하면 LeafNode 가 반환되고, InnerNode를 전달하면 InnerNode가 반환되며, TreeNode를 전달하면 TreeNode가 반환될 것이다. 해답을 보기 전에 스스로 생각해보자. 방법을 찾았는가?

이제 답을 확인해보자.

```
function mapNode<T extends TreeNode>( ❶
    node: T, ❷
    f: (value: string) => string
): T { ❸
    return {
        ...node,
        value: f(node.value)
    }
}
```

❶ mapNode는 한 개의 제네릭 타입 매개변수 T를 정의하는 함수다. T의 상한 경계는 TreeNode다. 즉, T는 TreeNode이거나 아니면 TreeNode의 서브타입이다.

❷ mapNode는 두 개의 매개변수를 받는데 첫 번째 매개변수는 T 타입의 노드다. ❶에서 노드는 extends TreeNode라고 했으므로 (빈 객체 {}, null,

TreeNode 배열 등의) TreeNode가 아닌 다른 것을 인수로 전달하면 바로 꼬불거리는 빨간 밑줄이 나타난다. node는 TreeNode이거나 TreeNode의 서브타입이어야 한다.

❸ mapNode는 타입이 T인 값을 반환한다. T는 TreeNode이거나 TreeNode의 하위 타입임을 기억하자.

그렇다면 왜 T를 이런 방식으로 선언할까?

- extends TreeNode를 생략하고 T 타입을 그저 T라고만 쓰면 (특정 타입과 연결되지 않은) mapNode가 컴파일 타임 에러를 던질 것이다. T 타입에 상한 경계가 없으므로 node.value를 읽는 행위가 안전하지 않기 때문이다(예를 들어 숫자가 건네질 수도 있다).
- T를 아예 사용하지 않고 mapNode를 (node: TreeNode, f: (value: string) => string) => TreeNode처럼 선언하면 매핑되면서 타입 정보가 날아가서 a1, b1, c1이 모두 TreeNode가 된다.

T extends TreeNode라고 표현함으로써 매핑한 이후에도 입력 노드가 특정 타입(TreeNode, LeafNode, InnerNode)이라는 정보를 보존할 수 있다.

여러 제한을 적용한 한정된 다형성

바로 앞의 예에서는 T는 적어도 TreeNode여야 한다는 타입 제한을 하나 추가했다. 그렇다면 여러 개를 추가하려면 어떻게 해야 할까?

단순히 인터섹션(&)으로 제한들을 이어 붙이면 된다.

```
type HasSides = { numberOfSides: number }
type SidesHaveLength = { sideLength: number }

function logPerimeter< ❶
    Shape extends HasSides & SidesHaveLength ❷
>(s: Shape): Shape { ❸
    console.log(s.numberOfSides * s.sideLength)
    return s
}
```

```
type Square = HasSides & SidesHaveLength
let square: Square = { numberOfSides: 4, sideLength: 3 }
logPerimeter(square)  // 정사각형, "12" 기록
```

❶ logPerimeter는 Shape 타입의 인자 s 한 개를 인수로 받는 함수다.

❷ Shape는 HasSides 타입과 SidesHaveLength 타입을 상속받는 제네릭 타입이다. 즉, Shape는 적어도 길이(length)를 갖는 변(side)들로 이루어진다.

❸ logPerimeter는 인수와 타입이 같은 값을 반환한다.

한정된 다형성으로 인수의 개수 정의하기

가변 인수 함수(임의의 개수의 인수를 받는 함수)에서도 한정된 다형성을 사용할 수 있다. 예를 들어 자바스크립트의 내장 call 함수를 직접 구현해보자(call은 함수 하나와 임의 개수의 인수를 받아서 이 인수들을 함수에 건네 호출하는 함수다).[9] 이 함수를 다음 코드처럼 정의하고 사용할 수 있다. 여기서 unknown 타입은 뒤에서 적절한 타입으로 채워 넣을 것이다.

```
function call(
    f: (...args: unknown[]) => unknown,
    ...args: unknown[]
): unknown {
    return f(...args)
}

function fill(length: number, value: string): string[] {
    return Array.from({ length }, () => value)
}

call(fill, 10, 'a')  // 'a' 10개를 갖는 배열로 평가
```

이제 unknown을 채워보자. 우리가 표현하려는 제한은 다음과 같다.

- f는 T 타입의 인수를 몇 개 받아서 R 타입을 반환하는 함수다. 인수가 몇 개인지는 미리 알 수 없다.

- call은 f 한 개와 T 몇 개를 인수로 받으며 인수로 받은 T들을 f가 다시 인수

---

9 구현이 너무 복잡해지지 않도록 this는 call 함수에 포함하지 않았다.

로 받는다. 마찬가지로 인수가 몇 개인지 미리 알 수 없다.

- call은 f의 반환 타입과 같은 R 타입을 반환한다.

따라서 인수 배열 타입 T와 임의의 반환 값 R, 이렇게 두 가지의 타입 매개변수가 필요하다. 이 두 타입을 채워보자.

```
function call<T extends unknown[], R>( ❶
    f: (...args: T) => R, ❷
    ...args: T ❸
): R { ❹
    return f(...args)
}
```

이 코드는 정확히 어떻게 동작할까? 한 단계씩 살펴보자.

❶ call은 가변 인수 함수로 T와 R 두 개의 타입 매개변수를 받는다. T는 unknown[]의 서브타입, 즉 어떤 타입의 배열 또는 튜플이다.

❷ call의 첫 번째 인수는 함수 f다. f 또한 가변 인수 함수로, args와 같은 타입의 인수를 받는다. 따라서 args의 타입이 무엇이든 f 인수의 타입도 똑같다.

❸ f 함수 외에도, call은 임의의 개수의 매개변수 ...args를 추가로 받는다. args는 나머지 매개변수, 즉 임의의 개수의 인수를 받을 수 있는 매개변수다. args의 타입은 T이며 T는 배열 타입이어야 하므로(실제로 T가 배열 타입을 상속받는다고 지정하지 않으면 타입스크립트는 에러를 발생시킨다) 타입스크립트는 args용으로 전달한 인수를 보고 T에 걸맞은 튜플 타입을 추론한다.

❹ call은 R 타입(f의 반환 타입으로 한정됨)의 값을 반환한다.

이제 call을 호출하면 타입스크립트는 반환 타입이 무엇인지 알 수 있고, 인수의 개수가 잘못되었다면 에러를 발생시킨다.

```
let a = call(fill, 10, 'a')        // string[]
let b = call(fill, 10)             // 에러 TS2554: 3개의 인수가 필요하지만
                                   // 2개가 전달됨
let c = call(fill, 10, 'a', 'z')   // 에러 TS2554: 3개의 인수가 필요하지만
                                   // 4개가 전달됨
```

"6.4.1 튜플의 타입 추론 개선"에서 타입스크립트가 나머지 매개변수의 튜플 타입을 추론하는 방식의 이점을 취해 튜플의 타입을 더 잘 추론할 수 있도록 이와 비슷한 기법을 이용한다.

4.2.6 제네릭 타입 기본값

함수 매개변수에 기본값을 설정할 수 있듯이 제네릭 타입 매개변수에도 기본 타입을 지정할 수 있다. 예를 들어 "4.2.4 제네릭 타입 별칭"에서 소개한 MyEvent를 다시 확인하자. 그때 다음처럼 type을 이용하여 DOM 이벤트를 모델링했다.

```
type MyEvent<T> = {
    target: T
    type: string
}
```

새 이벤트를 만들려면 제네릭 타입을 MyEvent로 명시적으로 한정하여 이벤트가 발생한 HTML 요소를 정확하게 가리켜야 한다.

```
let buttonEvent: MyEvent<HTMLButtonElement> = {
    target: myButton,
    type: string
}
```

특정 요소 타입을 알 수 없는 때를 대비해 MyEvent의 제네릭 타입에 기본값을 추가할 수 있다.

```
type MyEvent<T = HTMLElement> = {
    target: T
    type: string
}
```

이번에는 4장에서 배운 내용을 적용해 T가 HTML 요소로 한정되도록 T에 경계를 추가해보자.

```
type MyEvent<T extends HTMLElement = HTMLElement> = {
    target: T
```

```
    type: string
}
```

이제 특정 HTML 요소 타입에 종속되지 않은 이벤트도 쉽게 만들 수 있다. 이 이벤트를 만들 때는 MyEvent의 T를 HTMLElement에 수동으로 한정하지 않아도 된다.

```
let myEvent: MyEvent = {
    target: myElement,
    type: string
}
```

함수의 선택적 매개변수처럼 기본 타입을 갖는 제네릭은 반드시 기본 타입을 갖지 않는 제네릭의 뒤에 위치해야 한다.

```
// 좋음
type MyEvent2<
    Type extends string,
    Target extends HTMLElement = HTMLElement,
    > = {
        target: Target
        type: Type
    }

// 안 좋음
type MyEvent3<
    Target extends HTMLElement = HTMLElement,
    Type extends string  // 에러 TS2706: 필수 타입 매개변수는
                         // 선택적 타입 매개변수 뒤에 올 수 없음
    > = {
        target: Target
        type: Type
    }
```

4.3 타입 주도 개발

강력한 타입 시스템은 큰 힘을 안겨준다. 그래서 타입스크립트로 코드를 구현할 때 '타입을 추종하는' 자신을 발견하게 될 것이다. 사람들은 이를 타입 주도 개발이라 부른다.

> **타입 주도 개발(type-driven development)**
>
> 타입 시그니처를 먼저 정하고 값을 나중에 채우는 프로그래밍 방식

표현식이 수용할 수 있는 값의 타입을 제한하는 것이 정적 타입 시스템의 핵심이다. 표현력이 더 풍부한 타입 시스템일수록 표현식 안의 값을 더 잘 설명할 수 있다. 표현력이 높은 타입 시스템을 함수에 적용하면 함수 타입 시그니처를 통해 함수에 관하여 원하는 거의 모든 정보를 얻을 수 있다.

이번 장의 앞에서 소개한 map 함수의 타입 시그니처를 살펴보자.

```
function map<T, U>(array: T[], f: (item: T) => U): U[] {
    // ...
}
```

이전에 map을 전혀 본 적이 없더라도 이 시그니처를 보고 map이 어떤 동작을 하는지 어느 정도는 감을 잡을 수 있을 것이다. map 함수는 T 배열, 그리고 T를 U로 매핑하는 함수를 인수로 받아 U 배열을 반환한다. 함수의 구현을 전혀 확인하지 않고도 이 정보를 알 수 있었다는 사실에 주목하자![10]

타입스크립트 프로그램을 구현할 때는 먼저 함수의 타입 시그니처를 정의한 다음(즉, 타입이 이끈다) 구현을 추가한다. 구현을 시작하기 전에 프로그램을 타입 수준에서 구상해보면 모든 것이 이치에 맞는지를 상위 수준에서 확인할 수 있다.

하지만 이 책은 지금까지 그 반대로 해왔다. 다시 말해, 먼저 구현한 다음 타입을 연역했다. 자, 타입스크립트로 함수의 타입을 정의하고 구현하는 방법을 배웠으니 다음 장부터는 타입을 먼저 정의하고 세부 사항은 나중에 채우는 전략을 이용하겠다.

---

10 개발자가 정의한 시그니처로부터 함수 바디를 자동으로 구현해주는 능력을 갖춘 해소 기능(constraint solver)을 기본으로 내장한 프로그래밍 언어도 있다(예: 하스켈(Haskell)과 유사한 언어인 이드리스(Idris)).

4.4 마치며

4장에서는 함수를 선언하고 호출하는 방법과 매개변수의 타입을 지정하는 방법을 배웠고, 매개변수 기본값, 나머지 매개변수, 제너레이터 함수 등 자바스크립트 함수의 일반적인 기능과 타입스크립트의 반복자 등을 살펴봤다. 함수의 호출 시그니처와 구현의 차이를 확인했고, 문맥적 타입화란 무엇인지와 함수를 오버로드하는 다양한 방법도 배웠다. 마지막으로 함수의 다형성과 타입 별칭을 자세히 살펴봤다. 이 기능이 얼마나 유용한지, 제네릭 타입은 어디에 선언할 수 있고 타입스크립트는 제네릭 타입을 어떻게 추론하는지, 그리고 제네릭 타입에 한계와 기본값을 설정하고 추가하는 방법도 배웠다. "4.3 타입 주도 개발"에서는 타입 주도 개발이 무엇이며 새로 배운 함수 타입 관련 지식을 타입 주도 개발에 어떻게 접목할 수 있는지도 살펴봤다.

연습 문제

1. 타입스크립트는 함수 타입 시그니처에서 어떤 부분을 추론하는가? 매개변수 타입, 반환 타입 또는 두 가지 모두?

2. 자바스크립트의 arguments 객체는 타입 안전성을 제공하는가? 그렇지 않다면 무엇으로 대체할 수 있을까?

3. 바로 시작되는, 즉 시작 날짜가 바로 지금인 휴가를 예약하는 기능을 구현하려 한다. "4.1.9 오버로드된 함수 타입"에서 소개한 오버로드된 reserve 함수에 명시적 시작 날짜 없이 목적지만 인수로 받는 세 번째 호출 시그니처를 추가하자. 또한 새로 추가한 오버로드된 시그니처를 지원하도록 reserve의 구현도 갱신하자.

4. 어려움 94쪽 "한정된 다형성으로 인수의 개수 정의하기"에서 소개한 call 함수에서 두 번째 인수가 string인 함수여야 정상 동작하도록 구현을 바꿔보자. 이를 제외한 모든 함수는 컴파일 타임에 에러를 발생시켜야 한다.

5. 타입 안전성을 지원하는 작은 어서션(assertion) 라이브러리 is를 구현해보자. 먼저 어떤 타입들을 지원할지 구상해보고, 다음처럼 사용할 수 있도록 만들어보자.

```
// string과 string 비교
is('string', 'otherstring')  // false

// boolean과 boolean 비교
is(true, false)  // false

// number와 number 비교
is(42, 42)  // true

// 서로 다른 두 타입을 비교하려 하면 컴파일 타임 에러가 발생
is(10, 'foo')  // 에러 TS2345: '"foo"' 타입의 인수를
               // 'number' 타입의 매개변수에 할당할 수 없음

// [어려움] 임의의 개수의 인수를 전달할 수 있어야 함
is([1], [1, 2], [1, 2, 3])  // false
```

5장

클래스와 인터페이스

객체 지향 프로그래밍 언어를 사용하는 대부분의 프로그래머에게 클래스란 필수 양식과도 같은 존재다. 클래스는 코드를 조직하고 이해할 수 있는 방법을 제공할 뿐 아니라 캡슐화의 주요 단위이기도 하다. 타입스크립트 클래스의 기능 대부분은 C#에서 빌려왔으며 가시성 한정자, 프로퍼티 초기자(property initializer), 다형성, 데코레이터, 인터페이스 등을 지원한다. 타입스크립트 클래스를 컴파일하면 일반 자바스크립트 클래스가 되므로 믹스인(mixin) 같은 자바스크립트 표현식도 타입 안전성을 유지하며 사용할 수 있다.

프로퍼티 초기자와 데코레이터 같은 타입스크립트 기능 일부는 자바스크립트에서도 지원하므로[1] 실제 런타임 코드를 생성한다. 반면 가시성 접근자, 인터페이스, 제네릭 등은 타입스크립트만의 고유 기능이므로 컴파일 타임에만 존재하며 응용 프로그램을 자바스크립트로 컴파일할 때는 아무 코드도 생성하지 않는다.

5장에서는 타입스크립트에서 클래스를 활용하는 방법을 광범위하게 설명할 것이다. 이를 통해 타입스크립트의 객체 지향 언어 기능이 무엇인지, 이 기능들을 왜 그리고 어떻게 사용하는지도 이해할 수 있다. 책 내용을 읽으면서 코드 편집기에 직접 코드를 입력하고 실행해보자.

---

1 또는 곧 자바스크립트 클래스에서 지원할 예정이다.

5.1 클래스와 상속

체스 엔진을 만들려고 한다. 이 엔진은 두 명이 체스를 둘 수 있는 API를 제공한다.

먼저 타입부터 정의해보자.

```
// 체스 게임
class Game {}
// 체스 말
class Piece {}
// 체스 말의 좌표 집합
class Position {}
```

체스에는 여섯 가지의 말(piece)이 있다.

```
// ...
class King extends Piece {}      // 킹
class Queen extends Piece {}     // 퀸
class Bishop extends Piece {}    // 비숍
class Knight extends Piece {}    // 나이트
class Rook extends Piece {}      // 룩
class Pawn extends Piece {}      // 폰
```

모든 말은 색과 현재 위치 정보를 갖는다. 체스에서는 좌표 쌍(문자, 숫자)으로 말의 위치를 표시한다. 문자는 x 축을 따라 왼쪽에서 오른쪽으로 증가하며 숫자는 y 축을 따라 아래에서 위로 증가한다(그림 5-1).

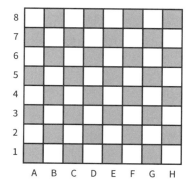

그림 5-1 체스의 표준 대수 표기법: A-H(x 축)를 '파일(file)'이라 하고
1-8(반전된 y 축)을 '랭크(rank)'라 한다

Piece 클래스에 색과 위치를 추가하자.

```
type Color = 'Black' | 'White'
type File = 'A' | 'B' | 'C' | 'D' | 'E' | 'F' | 'G' | 'H'
type Rank = 1 | 2 | 3 | 4 | 5 | 6 | 7 | 8 ❶

class Position {
    constructor(
        private file: File, ❷
        private rank: Rank
    ) { }
}

class Piece {
    protected position: Position ❸
    constructor(
        private readonly color: Color, ❹
        file: File,
        rank: Rank
    ) {
        this.position = new Position(file, rank)
    }
}
```

❶ 색, 랭크, 파일의 종류가 많지 않으므로 가질 수 있는 모든 값을 타입 리터 럴로 직접 열거할 수 있다. 모든 문자열과 숫자를 가질 수 있는 이들 타입 도메인에 특정 문자열과 숫자만 가질 수 있도록 제한을 추가함으로 타입 안전성을 어느 정도 확보할 수 있다.

❷ 생성자의 private 접근 한정자는 자동으로 매개변수를 this에 할당하며(즉, file은 this.file이 된다) 가시성은 private으로 설정한다. 즉, Position 인스턴스 안의 코드는 이 매개변수를 읽고 쓸 수 있지만 Position 인스턴스 외부에서는 접근할 수 없다. Position 인스턴스끼리는 다른 인스턴스의 비공개(private) 멤버에 접근할 수 있다(다른 클래스의 인스턴스는 심지어 Position의 서브클래스조차도 비공개 멤버에 접근할 수 없다).

❸ 인스턴스 변수 position은 protected로 선언했다. protected도 private 처럼 프로퍼티를 this에 할당하지만 private과 달리 Piece의 인스턴스와 Piece의 서브클래스 인스턴스 모두에 접근을 허용한다. position을 선언하

면서 할당은 하지 않았으므로 Piece의 생성자 함수에서 값을 할당해야 한다. 생성자에서도 값을 할당하지 않으면 타입스크립트는 변수가 명확하게 할당되지 않았다고 불평한다. 이는 변수의 타입을 T라고 선언했지만 실제로는 프로퍼티 초기자나 생성자에서 값을 할당하지 않아 T | undefined 타입으로 결정되므로 position의 타입을 Position 또는 undefined가 될 수 있도록 시그니처를 바꿔야 한다.

❹ new Piece는 color, file, rank 세 개의 매개변수를 받는다. color에 두 가지 한정자를 추가했는데 private은 color를 this로 할당해서 Piece의 인스턴스에서만 이 변수에 접근할 수 있게 만들며, readonly는 초기에 값을 할당한 다음에는 더 이상 값을 덮어쓸 수 없게 한다.

> 💡 **TSC 플래그: strictNullChecks와 strictPropertyInitialization**
> tsconfig.json의 strictNullChecks와 strictPropertyInitialization 플래그를 활성화해서 클래스 인스턴스 변수를 할당했는지 확인할 수 있다. strict 플래그를 이미 사용하고 있다면 따로 이들 플래그를 활성화할 필요가 없다.

타입스크립트는 클래스의 프로퍼티와 메서드에 세 가지 접근 한정자를 제공한다.

- public

  어디에서나 접근할 수 있다. 기본적으로 주어지는 접근 수준이다.

- protected

  이 클래스와 서브클래스의 인스턴스에서만 접근할 수 있다.

- private

  이 클래스의 인스턴스에서만 접근할 수 있다.

접근 한정자를 이용해 내부 구현 정보를 너무 많이 공개하지 않고 잘 정의된 API만 노출하도록 클래스를 설계할 수 있다.

여기서는 Piece 클래스를 정의했는데, 사용자가 Piece 인스턴스를 직접 생성하지 못하게 막고 대신 Queen이나 Bishop 등 Piece 클래스를 상속받은 클래스를 통해서만 인스턴스화할 수 있도록 허용할 것이다. abstract 키워드를 이용해 타입 시스템이 이 규칙을 강제하도록 설정할 수 있다.

```
// ...
abstract class Piece {
    constructor(
// ...
```

Piece를 직접 인스턴스화하려고 시도하면 타입스크립트가 다음과 같이 에러를 발생시킨다.

```
new Piece('White', 'E', 1)  // 에러 TS2511: 추상 클래스의 인스턴스는 생성할 수 없음
```

abstract 키워드는 해당 클래스를 바로 인스턴스화할 수 없음을 의미할 뿐 필요한 메서드를 추상 클래스에 자유롭게 추가할 수 있다.

```
// ...
abstract class Piece {
    // ...
    moveTo(position: Position) {
        this.position = position
    }
    abstract canMoveTo(position: Position): boolean
}
```

이제 Piece 클래스를 다음과 같은 의미로 해석할 수 있다.

- canMoveTo라는 메서드를 주어진 시그니처와 호환되도록 구현해야 함을 하위 클래스에 알린다. Piece를 상속받았으나 canMoveTo 메서드를 구현하지 않으면 컴파일 타임에 타입 에러가 발생한다. 추상 클래스를 구현할 때는 추상 메서드도 반드시 구현해야 한다.
- moveTo의 기본 구현을 포함한다(필요하다면 서브클래스에서 오버라이드할 수 있다). moveTo에는 아무 접근 한정자를 추가하지 않았으므로 기본적으로 public, 즉 다른 모든 코드에서 읽거나 쓰도록 허용한다.

앞의 조건을 만족하는 canMoveTo를 King 클래스에 구현해 넣어보자. 두 체스

말의 거리를 쉽게 계산하도록 distanceFrom이라는 유용한 함수도 구현할 것 이다.

```
// ...
class Position {
    // ...
    distanceFrom(position: Position) {
        return {
            rank: Math.abs(position.rank - this.rank),
            file: Math.abs(position.file.charCodeAt(0) - this.file.charCodeAt(0))
        }
    }
}

class King extends Piece {
    canMoveTo(position: Position) {
        let distance = this.position.distanceFrom(position)
        return distance.rank < 2 && distance.file < 2
    }
}
```

새 게임을 만들 때 자동으로 보드와 말을 만든다.

```
// ...
class Game {
    private pieces = Game.makePieces()
    private static makePieces() {
        return [
            // Kings
            new King('White', 'E', 1),
            new King('Black', 'E', 8),
            // Queens
            new Queen('White', 'D', 1),
            new Queen('Black', 'D', 8),
            // Bishops
            new Bishop('White', 'C', 1),
            new Bishop('White', 'F', 1),
            new Bishop('Black', 'C', 8),
            new Bishop('Black', 'F', 8),
            // ...
        ]
    }
}
```

Rank와 File의 타입을 엄격하게 설정했으므로 'J' 같은 미리 지정되지 않은 문자나 12 같이 범위를 벗어나는 숫자를 입력하면 타입스크립트가 컴파일 타임에 에러를 발생시킨다(그림 5-2).

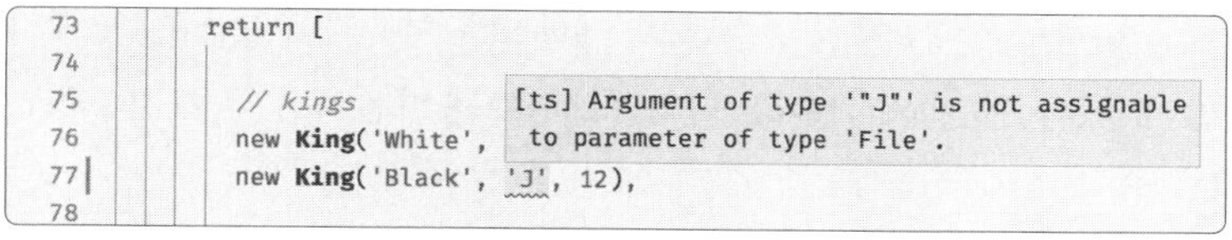

```
73    return [
74
75        // kings          [ts] Argument of type '"J"' is not assignable
76        new King('White',   to parameter of type 'File'.
77        new King('Black', 'J', 12),
78
```

그림 5-2 타입스크립트가 Rank와 File의 타입이 유효한지 확인한다.

타입스크립트 클래스가 어떻게 동작하는지 충분히 감을 잡았을 것이다. 나이트(Knight) 같은 다른 종류의 말을 어떻게 구현하며 비숍(Bishop)이 어떻게 움직이는지 등 구체적인 내용은 생략하겠다. 도전을 좋아하는 독자라면 지금까지의 내용을 시작점으로 해서 게임의 나머지 부분을 직접 구현해 보기 바란다. 요약하면 다음과 같다.

- class 키워드로 클래스를 선언한 후 extends 키워드로 다른 클래스를 상속받을 수 있다.
- 클래스는 구체 클래스와 추상 클래스로 분류된다. 추상 클래스는 추상 메서드와 추상 프로퍼티를 가질 수 있다.
- 메서드는 private, protected, public 중 한 가지 한정자를 가질 수 있고 기본값은 public이다. 메서드는 인스턴스 메서드와 정적 메서드 두 가지로 구분된다.
- 클래스는 인스턴스 프로퍼티도 가질 수 있으며 이 프로퍼티들은 private, protected, public 중 한 가지 한정자를 갖는다(마찬가지로 public이 기본값이다). 생성자의 매개변수나 프로퍼티 초기자에도 이들 한정자를 사용할 수 있다.
- 인스턴스 프로퍼티를 선언할 때 readonly를 추가할 수 있다.

5.2 super

자바스크립트처럼 타입스크립트도 super 호출을 지원한다. 자식 클래스가 부모 클래스에 정의된 메서드를 오버라이드하면(예: Queen, Piece 둘 다 take 메서드를 구현하는 상황) 자식 인스턴스는 super를 이용해 부모 버전의 메서드를 호출할 수 있다(예: super.take). 타입스크립트는 다음처럼 두 가지 super 호출을 지원한다.

- super.take 같은 메서드 호출
- 생성자 함수에서만 호출할 수 있는 super()라는 특별한 타입의 생성자 호출. 자식 클래스에 생성자 함수가 있다면 super()를 호출해야 부모 클래스와 정상적으로 연결된다(이 호출을 깜빡 잊으면 타입스크립트가 경고를 해주므로 걱정할 필요 없다).

super로 부모 클래스의 메서드에만 접근할 수 있고 프로퍼티에는 접근할 수 없다는 사실을 기억하자.

5.3 this를 반환 타입으로 사용하기

this를 값뿐 아니라 타입으로도 사용할 수 있다("4.1.4 this의 타입" 참고). 클래스를 정의할 때라면 메서드의 반환 타입을 지정할 때 this 타입을 유용하게 활용할 수 있다.

예를 들어 ES6의 Set 자료구조를 두 가지 연산(집합에 숫자 더하기, 주어진 숫자가 집합에 포함되어 있는지 확인하기)만 지원하도록 간단하게 구현해보자. 이 자료구조는 다음처럼 사용할 수 있다.

```
let set = new Set
set.add(1).add(2).add(3)
set.has(2)  // true
set.has(4)  // false
```

Set 클래스의 has 메서드부터 정의한다.

```
class Set {
    has(value: number): boolean {
        // ...
    }
}
```

add는 어떻게 구현할 수 있을까? add를 호출하면 Set 인스턴스를 반환해야 하므로 다음과 같이 정의할 수 있다.

```
class Set {
    has(value: number): boolean {
        // ...
    }
    add(value: number): Set {
        // ...
    }
}
```

지금까지는 특별한 문제가 없다. 이번엔 Set을 상속받는 서브클래스를 만들어 보자.

```
class MutableSet extends Set {
    delete(value: number): boolean {
        // ...
    }
}
```

Set의 add 메서드는 여전히 Set을 반환하므로 서브클래스에서는 MutableSet을 반환하도록 오버라이드한다.

```
class MutableSet extends Set {
    delete(value: number): boolean {
        // ...
    }
    add(value: number): MutableSet {
        // ...
    }
}
```

클래스를 상속받는 서브클래스가 해야 하는 귀찮은 작업이 생겼다. 즉, 서브클래스는 this를 반환하는 모든 메서드의 시그니처를 오버라이드해야 한다. 타입 확인자를 만족시킬 수 있도록 이런 메서드 각각을 이처럼 오버라이드해야 한다면 클래스를 상속받는 게 의미가 있을까?

다음처럼 반환 타입을 this로 지정하면 이 작업을 타입스크립트가 알아서 해준다.

```
class Set {
    has(value: number): boolean {
        // ...
    }
    add(value: number): this {
        // ...
    }
}
```

이제 Set의 this는 Set 인스턴스를, MutableSet의 this는 MutableSet 인스턴스를 자동으로 가리키므로 MutableSet에서 add 메서드를 오버라이드할 필요가 없다.

```
class MutableSet extends Set {
    delete(value: number): boolean {
        // ...
    }
}
```

"5.11.2 빌더 패턴"에서 살펴볼 연쇄(chained) API에서 이 기능을 정말 유용하게 사용한다.

5.4 인터페이스

클래스는 인터페이스를 통해 사용할 때가 많다.

타입 별칭처럼 인터페이스도 타입에 이름을 지어주는 수단이므로 인터페이스를 사용하면 타입을 더 깔끔하게 정의할 수 있다. 타입 별칭과 인터페이스는 문법만 다를 뿐 거의 같은 기능을 수행한다(마치 함수 표현식과 함수 구현의 차이와 비슷하다). 작은 몇몇 부분에서만 차이를 보인다. 먼저 둘의 공통점을 살펴보자. 다음의 타입 별칭에서 시작하자.

```
type Sushi = {
    calories: number
    salty: boolean
    tasty: boolean
}
```

이를 다음처럼 간단하게 인터페이스로 바꿀 수 있다.

```
interface Sushi {
    calories: number
    salty: boolean
    tasty: boolean
}
```

Sushi 타입 별칭을 사용한 모든 곳에 Sushi 인터페이스를 대신 사용할 수 있다. 둘 다 형태(shape)를 정의하며 두 형태 정의는 서로 할당할 수 있다(실제로 둘은 같은 존재다).

타입을 조합하기 시작하면 더 흥미로운 일이 벌어진다. Sushi 외에 다른 음식을 만들어보자.

```
type Cake = {
    calories: number
    sweet: boolean
    tasty: boolean
}
```

Sushi와 Cake뿐 아니라 많은 음식이 calories(칼로리)와 tasty(맛있음) 프로퍼티를 포함한다. 그러니 Food라는 타입을 따로 빼서 공통 정보를 정의하고 다른 음식들도 Food를 이용해 다시 정의해보자.

```
type Food = {
    calories: number
    tasty: boolean
}
type Sushi = Food & {
    salty: boolean
}
type Cake = Food & {
    sweet: boolean
}
```

이 코드를 인터페이스로 정의할 수도 있다.

```
interface Food {
    calories: number
    tasty: boolean
}
interface Sushi extends Food {
    salty: boolean
}
interface Cake extends Food {
    sweet: boolean
}
```

 인터페이스가 반드시 다른 인터페이스를 상속받아야 하는 것은 아니다. 사실 인터페이스는 객체 타입, 클래스, 다른 인터페이스 모두를 상속받을 수 있다.

타입과 인터페이스는 뭐가 다를까? 미묘하지만 세 가지 면에서 차이가 난다.

첫째, 타입 별칭은 더 일반적이어서 타입 별칭의 오른편에는 타입 표현식(타입 그리고 &, | 등의 타입 연산자)을 포함한 모든 타입이 등장할 수 있다. 반면 인스턴스의 오른편에는 반드시 형태가 나와야 한다. 예를 들어 다음과 같은 타입 별칭 코드는 인터페이스로 다시 작성할 수 없다.

```
type A = number
type B = A | string
```

둘째, 인터페이스를 상속할 때 타입스크립트는 상속받는 인터페이스의 타입에 상위 인터페이스를 할당할 수 있는지를 확인한다. 다음 예를 살펴보자.

```
interface A {
    good(x: number): string
    bad(x: number): string
}

interface B extends A {
    good(x: string | number): string
    bad(x: string): string  // 에러 TS2430: 인터페이스 'B'는
                            // 인터페이스 'A'를 올바르게 상속받지 않음
                            // 'number' 타입은
                            // 'string' 타입에 할당할 수 없음
}
```

인터섹션 타입을 사용하면 상황이 달라진다. 앞의 예에서 인터페이스는 타입 별칭으로 바꾸고 extends는 인터섹션(&)으로 바꾸면 타입스크립트는 확장하는 타입을 최대한 조합하는 방향으로 동작한다. 결과적으로 컴파일 에러가 발생하지 않고 bad를 오버로드한 시그니처가 만들어진다(코드 편집기로 확인해보자!).

객체 타입의 상속을 표현할 때 인터페이스에 제공되는 타입스크립트의 할당성 확인 기능을 이용하면 쉽게 에러를 검출할 수 있다.

셋째, 이름과 범위가 같은 인터페이스가 여러 개 있다면 이들이 자동으로 합쳐진다(같은 조건에서 타입 별칭이 여러 개라면 컴파일 타임 에러가 난다). 이를 선언 합침이라 부른다.

5.4.1 선언 합침

선언 합침(declaration merging)은 같은 이름으로 정의된 여러 정의를 자동으로 합치는 타입스크립트의 기능이다. 3.2.13절에서 열거형을 살펴볼 때 처음 등장했고, 뒤에서 네임스페이스 정의("10.3 네임스페이스" 참고) 등의 기능을 살펴볼 때도 등장한다. 이번 절에서는 인터페이스라는 맥락에서 간단하게 선언 합침을 살펴본다. 더 자세한 사항은 "10.4 선언 합치기"를 참고하자.

예를 들어 User라는 똑같은 이름의 인터페이스를 두 개 정의하면 타입스크립트는 자동으로 둘을 하나의 인터페이스로 합친다.

```
// User는 name이라는 한 개의 필드를 가짐
interface User {
    name: string
}

// 이제 User는 name, age 두 개의 필드를 가짐
interface User {
    age: number
}

let a: User = {
    name: 'Ashley',
    age: 30
}
```

이 코드를 타입 별칭으로 표현하면 다음과 같은 일이 일어난다.

```
type User = {  // 에러 TS2300: 중복된 식별자 'User'
    name: string
}

type User = {  // 에러 TS2300: 중복된 식별자 'User'
    age: number
}
```

한편 인터페이스끼리는 충돌해서는 안 된다. 한 타입의 프로퍼티는 T와 다른 타입의 프로퍼티 U가 동일하지 않다면 에러가 발생한다.

```
interface User {
    age: string
}

interface User {
    age: number  // 에러 TS2717: 다른 프로퍼티 선언도 같은 타입을 가져야 함
}  // 프로퍼티 'age'는 반드시 'string' 타입이어야 하는데 'number' 타입으로 선언됨
```

제네릭("5.7 다형성" 참고)을 선언한 인터페이스들의 경우 제네릭들의 선언 방법과 이름까지 똑같아야 합칠 수 있다.

```
interface User<Age extends number> {  // 에러 TS2428: 'User'의 모든 선언은
                                      // 같은 타입 매개변수를 가져야 함
    age: Age
}

interface User<Age extends string> {
    age: Age
}
```

이 경우는 흥미롭게도 타입스크립트가 두 타입이 서로 동일할 뿐 아니라 할당할 수 있는지까지 확인하는 보기 드문 상황이다.

5.4.2 구현

클래스를 선언할 때 implements라는 키워드를 이용해 특정 인터페이스를 만족시킴을 표현할 수 있다. 다른 명시적인 타입 어노테이션처럼 implements로 타입 수준의 제한을 추가하면 구현에 문제가 있을 때 어디가 잘못되었는지 쉽게 파악할 수 있다. 또한 어댑터(adapter), 팩토리(factory), 전략(strategy) 등 흔한

디자인 패턴을 구현하는 대표적인 방식이기도 하다(이 장의 끝부분에서 몇 개의 예제를 확인할 수 있다).

implements는 다음처럼 사용할 수 있다.

```
interface Animal {
    eat(food: string): void
    sleep(hours: number): void
}

class Cat implements Animal {
    eat(food: string) {
        console.info('Ate some', food, '. Mmm!')
    }
    sleep(hours: number) {
        console.info('Slept for', hours, 'hours')
    }
}
```

Cat은 Animal이 선언하는 모든 메서드를 구현해야 하며, 필요하다면 메서드나 프로퍼티를 추가로 구현할 수 있다.

인터페이스로 인스턴스 프로퍼티를 정의할 수 있지만 가시성 한정자 (private, protected, public)는 선언할 수 없으며 static 키워드도 사용할 수 없다. 객체 안의 객체 타입처럼(3장 참고) 인스턴스 프로퍼티를 readonly로 설정할 수 있다.

```
interface Animal {
    readonly name: string
    eat(food: string): void
    sleep(hours: number): void
}
```

한 클래스가 하나의 인터페이스만 구현할 수 있는 것은 아니며 필요하면 여러 인터페이스를 구현할 수 있다.

```
interface Animal {
    readonly name: string
    eat(food: string): void
    sleep(hours: number): void
}
```

```ts
interface Feline {
    meow(): void
}

class Cat implements Animal, Feline {
    name = 'Whiskers'
    eat(food: string) {
        console.info('Ate some', food, '. Mmm!')
    }
    sleep(hours: number) {
        console.info('Slept for', hours, 'hours')
    }
    meow() {
        console.info('Meow')
    }
}
```

이 모든 기능은 완전한 타입 안전성을 제공한다. 프로퍼티를 빼먹거나 구현에 문제가 있으면 타입스크립트가 바로 지적해준다(그림 5-3).

```
[ts]
Class 'Cat' incorrectly implements interface
 'Feline'.
  Property 'meow' is missing in type 'Cat' bu
t required in type 'Feline'. [2420]
• index.tsx(8, 3): 'meow' is declared here.

class Cat
```

```ts
class Cat implements Animal, Feline {
  name = 'Whiskers'
  eat(food: string) {
    console.info('Ate some', food, '. Mmm!')
  }
  sleep(hours: number) {
    console.info('Slept for', hours, 'hours')
  }
}
```

그림 5-3 필요 메서드 구현을 빼먹으면 타입스크립트가 에러를 발생시킨다.

5.4.3 인터페이스 구현 vs. 추상 클래스 상속

인터페이스 구현은 추상 클래스 상속과 아주 비슷하다. 하지만 인터페이스가 더 범용으로 쓰이며 가벼운 반면, 추상 클래스는 특별한 목적과 풍부한 기능을 갖는다는 점이 다르다.

인터페이스는 형태를 정의하는 수단이다. 값 수준에서 이는 객체, 배열, 함수, 클래스, 클래스 인스턴스를 정의할 수 있다는 뜻이다. 인터페이스는 아무런 자바스크립트 코드를 만들지 않으며 컴파일 타임에만 존재한다.

추상 클래스는 오직 클래스만 정의할 수 있다. 예상할 수 있겠지만 추상 클래스는 런타임의 자바스크립트 클래스 코드를 만든다. 추상 클래스는 생성자와 기본 구현을 가질 수 있으며 프로퍼티와 메서드에 접근 한정자를 지정할 수 있다. 모두 인터페이스에는 제공되지 않는 기능이다.

인터페이스와 추상 클래스 중 무엇을 사용할지는 상황에 따라 다르다. 여러 클래스에서 공유하는 구현이라면 추상 클래스를 사용하고, 가볍게 "이 클래스는 T다"라고 말하는 것이 목적이라면 인터페이스를 사용하자.

5.5 클래스는 구조 기반 타입을 지원한다

타입스크립트는 클래스를 비교할 때 다른 타입과 달리 이름이 아니라 구조를 기준으로 삼는다. 클래스는 자신과 똑같은 프로퍼티와 메서드를 정의하는 기존의 일반 객체를 포함해 클래스의 형태를 공유하는 다른 모든 타입과 호환된다. C#, 자바, 스칼라를 포함해 이름으로 클래스 타입을 지정하는 언어를 사용하던 독자라면 특히 이 부분을 주목해야 한다. 예를 들어 타입스크립트에서는 Zebra를 인수로 받는 함수에 Poodle을 전달한다고 해서 반드시 에러를 발생시키는 것은 아니기 때문이다.

```
class Zebra {
    trot() {
        // ...
    }
}

class Poodle {
    trot() {
        // ...
    }
}

function ambleAround(animal: Zebra) {
    animal.trot()
}
```

```
let zebra = new Zebra
let poodle = new Poodle

ambleAround(zebra)   // OK
ambleAround(poodle)  // OK
```

계통 유전학적으로 얼룩말(Zebra)은 푸들(Poodle)과 전혀 다른 종이지만 함수의 관점에서는 두 클래스가 .trot을 구현하며 서로 호환되므로 아무 문제가 없다. 이름으로 클래스의 타입을 구분하는 언어라면 에러를 발생시키겠지만 타입스크립트는 구조를 기준으로 삼으므로 이 코드는 정상 동작한다.

단, private이나 protected 필드를 갖는 클래스는 상황이 다르다. 클래스에 private이나 protected 필드가 있고, 할당하려는 클래스나 서브클래스의 인스턴스가 아니라면 할당할 수 없다고 판정한다.

```
class A {
    private x = 1
}
class B extends A { }
function f(a: A) { }

f(new A)  // OK
f(new B)  // OK

f({ x: 1 })  // 에러 TS2345: 인수 '{x: number}' 타입은 매개변수
             // 'A' 타입에 할당할 수 없음
             // 'A'의 'x' 프로퍼티는 private이지만
             // '{x: number}'는 private이 아님
```

5.6 클래스는 값과 타입을 모두 선언한다

타입스크립트의 거의 모든 것은 값 아니면 타입이다.

```
// 값
let a = 1999
function b() { }

// 타입
type a = number
interface b {
```

```
    (): void
}
```

값과 타입은 타입스크립트에서 별도의 네임스페이스에 존재한다. 용어(위 예제의 a나 b)를 어떻게 사용하는지를 보고 타입스크립트가 알아서 이를 값 또는 타입으로 해석한다.

```
// ...
if (a + 1 > 3)  //... // 문맥상 타입스크립트는 값 a로 추론함
let x: a = 3          // 문맥상 타입스크립트는 타입 a로 추론함
```

문맥을 파악해 해석하는 이 기능은 정말 유용하다. 덕분에 컴패니언 타입 ("6.3.4 컴패니언 객체 패턴" 참고) 같은 멋진 기능을 구현할 수 있다.

　한편 클래스와 열거형은 특별하다. 이들은 타입 네임스페이스에 타입을, 값 네임스페이스에 값을 동시에 생성한다는 점에서 특별하다.

```
class C { }
let c: C ❶
    = new C ❷

enum E { F, G }
let e: E ❸
    = E.F ❹
```

❶ 문맥상 C는 C 클래스의 인스턴스 타입을 가리킨다.

❷ 문맥상 C는 값 C를 가리킨다.

❸ 문맥상 E는 E 열거형의 타입을 가리킨다.

❹ 문맥상 E는 값 E를 가리킨다.

클래스를 다룰 때는 "이 변수는 이 클래스의 인스턴스여야 한다"라고 표현할 수 있는 방법이 필요한데, 이는 열거형도 마찬가지다("이 변수는 이 열거형의 멤버여야 한다"). 클래스와 열거형은 타입 수준에서 타입을 생성하기 때문에 이런 'is-a' 관계를 쉽게 표현할 수 있다.[2]

2　물론 타입스크립트는 구조를 기반으로 타입을 지정하기 때문에 특정 클래스가 정의한 것과 형태가 같은 모든 객체를 그 클래스의 타입에 할당할 수 있다.

런타임에 new로 클래스를 인스턴스화하거나, 클래스의 정적 메서드를 호출하거나, 메타 프로그래밍하거나, instanceof 연산을 수행하려면 클래스의 값이 필요하다.

이전 예제에서 C는 C 클래스의 인스턴스를 가리켰다. 그렇다면 C 클래스 자체는 어떻게 가리킬 수 있을까? typeof 키워드를 사용하면 된다(자바스크립트에 값 수준의 typeof가 있듯이 타입스크립트에는 타입 수준의 typeof가 있다).

세계에서 가장 단순한 데이터베이스인 StringDatabase라는 클래스를 만들어보자.

```typescript
type State = {
    [key: string]: string
}

class StringDatabase {
    state: State = {}
    get(key: string): string | null {
        return key in this.state ? this.state[key] : null
    }
    set(key: string, value: string): void {
        this.state[key] = value
    }
    static from(state: State) {
        let db = new StringDatabase
        for (let key in state) {
            db.set(key, state[key])
        }
        return db
    }
}
```

이 클래스 선언 코드는 어떤 타입을 생성할까? StringDatabase의 인스턴스 타입은 다음과 같다.

```typescript
interface StringDatabase {
    state: State
    get(key: string): string | null
    set(key: string, value: string): void
}
```

다음은 typeof StringDatabase의 생성자 타입이다.

```
interface StringDatabaseConstructor {
    new(): StringDatabase
    from(state: State): StringDatabase
}
```

StringDatabaseConstructor는 .from이라는 한 개의 메서드를 포함하며 new 는 StringDatabase 인스턴스를 반환한다. 두 인터페이스를 합치면 String Database 클래스의 생성자와 인스턴스가 완성된다.

new() 코드를 생성자 시그니처(constructor signature)라 부르며, 생성자 시 그니처는 new 연산자로 해당 타입을 인스턴스화할 수 있음을 정의하는 타입스 크립트의 방식이다. 타입스크립트는 구조를 기반으로 타입을 구분하기 때문에 이 방식('클래스란 new로 인스턴스화할 수 있는 어떤 것')이 클래스가 무엇인지 를 기술하는 최선이다.

앞의 예는 인수를 전혀 받지 않는 생성자이지만 인수를 받는 생성자도 선언 할 수 있다. 예를 들어 다음은 StringDatabase가 선택적으로 초기 상태를 받도 록 수정한 모습이다.

```
class StringDatabase {
    constructor(public state: State = {}) { }
    // ...
}
```

이 StringDatabase의 생성자 시그니처는 다음과 같다.

```
interface StringDatabaseConstructor {
    new(state?: State): StringDatabase
    from(state: State): StringDatabase
}
```

클래스 정의는 용어를 값 수준과 타입 수준으로 생성할 뿐 아니라, 타입 수준 에서는 두 개의 용어를 생성했다. 하나는 클래스의 인스턴스를 가리키며, 다른 하나는 (typeof 타입 연산자로 얻을 수 있는) 클래스 생성자 자체를 가리킨다.

5.7 다형성

함수와 타입처럼, 클래스와 인터페이스도 기본값과 상한/하한 설정을 포함한
다양한 제네릭 타입 매개변수 기능을 지원한다. 제네릭 타입의 범위는 클래
스나 인터페이스 전체가 되게 할 수도 있고 특정 메서드로 한정할 수도 있다.

```
class MyMap<K, V> { ❶
    constructor(initialKey: K, initialValue: V) { ❷
        // ...
    }
    get(key: K): V { ❸
        // ...
    }
    set(key: K, value: V): void {
        // ...
    }
    merge<K1, V1>(map: MyMap<K1, V1>): MyMap<K | K1, V | V1> { ❹
        // ...
    }
    static of<K, V>(k: K, v: V): MyMap<K, V> { ❺
        // ...
    }
}
```

❶ class와 함께 제네릭을 선언했으므로 클래스 전체에서 타입을 사용할 수
   있다. MyMap의 모든 인스턴스 메서드와 인스턴스 프로퍼티에서 K와 V를 사
   용할 수 있다.

❷ constructor에는 제네릭 타입을 선언할 수 없음을 기억하자. constructor
   대신 class 선언에 사용해야 한다.

❸ 클래스로 한정된 제네릭 타입은 클래스 내부의 어디에서나 사용할 수
   있다.

❹ 인스턴스 메서드는 클래스 수준 제네릭을 사용할 수 있으며 자신만의 제네
   릭도 추가로 선언할 수 있다. .merge는 클래스 수준 제네릭인 K와 V에 더해
   자신만의 제네릭 타입인 K1과 V1을 추가로 선언했다.

❺ 정적 메서드는 클래스의 인스턴스 변수에 값 수준에서 접근할 수 없듯이
   클래스 수준의 제네릭을 사용할 수 없다. 따라서 of는 ❶에서 선언한 K와 V

에 접근할 수 없고 자신만의 K와 V를 직접 선언했다.

인터페이스에도 제네릭을 사용할 수 있다.

```
interface MyMap<K, V> {
    get(key: K): V
    set(key: K, value: V): void
}
```

함수와 마찬가지로 제네릭에 구체 타입을 명시하거나 타입스크립트가 타입으로 추론하도록 할 수 있다.

```
let a = new MyMap<string, number>('k', 1)  // MyMap<string, number>
let b = new MyMap('k', true)               // MyMap<string, boolean>

a.get('k')
b.set('k', false)
```

5.8 믹스인

자바스크립트와 타입스크립트는 trait나 mixin 키워드를 제공하지 않지만 손쉽게 직접 구현할 수 있다. 두 키워드 모두 둘 이상의 클래스를 상속받는 다중 상속(multiple inheritance)과 관련된 기능을 제공하며, 역할 지향 프로그래밍(role-oriented programming)을 제공한다. 역할 지향 프로그래밍에서는 "이것은 Shape이에요"라고 표현하는 대신 "측정할 수 있어요", "네 개의 면을 갖고 있어요"처럼 속성을 묘사하는 방식을 사용한다. 즉, 'is-a' 관계 대신 'can', 'has-a' 관계를 사용한다.

믹스인을 구현해보자.

믹스인이란 동작과 프로퍼티를 클래스로 혼합(mix)할 수 있게 해주는 패턴으로, 다음 규칙을 따른다.

- 상태를 가질 수 있다(예: 인스턴스 프로퍼티).
- 구체 메서드만 제공할 수 있다(추상 메서드는 안됨).
- 생성자를 가질 수 있다(클래스가 혼합된 순서와 같은 순서로 호출됨).

타입스크립트는 믹스인을 내장 기능으로 제공하지 않지만 비교적 쉽게 구현할 수 있다. 예를 들어 타입스크립트 클래스의 디버깅 라이브러리를 설계한다고 가정하고 이를 EZDebug라 부르도록 하자. 이 라이브러리를 이용해 라이브러리를 사용하는 모든 클래스의 정보를 출력해서 런타임에 클래스를 검사할 수 있다. 이 라이브러리는 다음처럼 사용할 수 있다.

```
class User {
    // ...
}
User.debug()  // 'User({"id": 3, "name": "Emma Gluzman"})'로 평가
```

사용자는 표준 .debug 인터페이스를 이용해 모든 것을 디버그할 수 있다! 이제 실제로 만들어보자. withEzDebug라는 믹스인을 이용해 이 기능을 구현한다. 믹스인은 단순하게 클래스 생성자를 인수로 받아 클래스 생성자를 반환하는 함수이므로 withEzDebug는 다음처럼 구현할 수 있다.

```
type ClassConstructor = new (...args: any[]) => {} ❶

function withEZDebug<C extends ClassConstructor>(Class: C) { ❷
    return class extends Class { ❸
        constructor(...args: any[]) { ❹
            super(...args) ❺
        }
    }
}
```

❶ 먼저 모든 생성자를 표현하는 ClassConstructor 타입을 선언했다. 타입스크립트는 전적으로 구조를 기준으로 타입을 판단하므로(구조 기반 타입화) new로 만들 수 있는 모든 것을 생성자라고 규정한다. 또한 생성자에 어떤 타입의 매개변수가 올지 알 수 없으므로 임의의 개수의 any 타입 인수를 받을 수 있게 지정했다.[3]

❷ 한 개의 타입 매개변수 C만 받도록 withEZDebug 믹스인을 선언했다. extends로 강제했듯이, C는 최소한 클래스 생성자여야 한다(즉, ❶에서 정

---

3 타입스크립트는 확장성을 고려해 void나 unknown[]이 아닌 any[]를 생성자 타입의 인수로 받는다.

의한 클래스 생성자 조건을 만족해야 한다). withEZDebug의 반환 타입은 C 와 새로운 익명 클래스의 교집합이며 타입스크립트가 이를 추론하도록 했다.

❸ 믹스인은 생성자를 인수로 받아 생성자를 반환하는 함수이므로 익명 클래 스 생성자를 반환했다.

❹ 이 생성자는 최소한 우리가 전달한 클래스가 받는 인수를 받을 수 있 어야 한다. 하지만 어떤 클래스를 전달할지 아직 알 수 없으므로 Class Constructor와 마찬가지로 임의의 개수의 any 타입을 받도록 구현했다.

❺ 마지막으로 이 익명 클래스는 다른 클래스를 상속받으므로 Class의 생성자 를 호출해야 한다는 사실을 기억하자.

일반 자바스크립트 클래스처럼 constructor에 아무런 로직이 없으면 ❹, ❺의 코드를 생략할 수 있다. withEZDebug 예에서도 생성자에 아무런 로직을 넣지 않을 것이므로 이를 생략하겠다.

필요한 코드를 준비했으니 디버깅이 실제 동작하도록 만들 차례다. .debug를 호출하면 클래스의 생성자명과 인스턴스 값을 출력해야 한다.

```
type ClassConstructor = new (...args: any[]) => {}

function withEZDebug<C extends ClassConstructor>(Class: C) {
    return class extends Class {
        debug() {
            let Name = this.constructor.name
            let value = this.getDebugValue()
            return Name + '(' + JSON.stringify(value) + ')'
        }
    }
}
```

하지만 잠깐! 디버깅에 사용할 .getDebugValue 메서드를 반드시 구현하도록 강 제하려면 어떻게 해야 할까? 다음 내용을 살펴보기 전에 스스로 고민해보자.

기존의 클래스를 받지 않고 제네릭 타입을 이용하면 withEZDebug로 전달한 클래스가 .getDebugValue 메서드를 정의하게 강제할 수 있다.

```
type ClassConstructor<T> = new (...args: any[]) => T ❶

function withEZDebug<C extends ClassConstructor<{
    getDebugValue(): object ❷
}>>(Class: C) {
    // ...
}
```

❶ ClassConstructor에 제네릭 타입 매개변수를 추가했다.

❷ 형태 타입 C를 ClassConstructor에 연결함으로써 withEZDebug로 전달한 생성자가 .getDebugValue 메서드를 정의하도록 강제했다.

이제 끝났다! 이 멋진 디버깅 라이브러리를 어떻게 사용할 수 있을까? 다음처럼 사용할 수 있다.

```
class HardToDebugUser {
    constructor(
        private id: number,
        private firstName: string,
        private lastName: string
    ) { }
    getDebugValue() {
        return {
            id: this.id,
            name: this.firstName + ' ' + this.lastName
        }
    }
}

let User = withEZDebug(HardToDebugUser)
let user = new User(3, 'Emma', 'Gluzman')
user.debug()  // 'HardToDebugUser({"id": 3, "name": "Emma Gluzman"})'로 평가
```

멋지지 않은가? 필요한 수의 믹스인을 클래스에 제공함으로 더 풍부한 동작을 제공할 수 있으며 타입 안전성도 보장된다. 믹스인은 동작을 캡슐화할 뿐 아니라 동작을 재사용할 수 있도록 도와준다.[4]

---

4   스칼라(Scala), PHP, 코틀린(Kotlin), 러스트(Rust) 등 일부 언어는 트레잇(trait)이라는 비슷한 기능을 제공한다. 트레잇은 믹스인과 비슷하지만 생성자가 없으며 인스턴스 프로퍼티를 지원하지 않는다. 덕분에 여러 트레잇을 쉽게 연결할 수 있으며 이들과 베이스 클래스가 공유하는 상태에 접근할 때 발생하는 충돌도 쉽게 방지할 수 있다.

5.9 데코레이터

데코레이터(decorator)는 타입스크립트의 실험적 기능으로 클래스, 클래스 메서드, 프로퍼티, 메서드 매개변수를 활용한 메타 프로그래밍에 깔끔한 문법을 제공한다. 데코레이터는 장식하는 대상의 함수를 호출하는 기능을 제공하는 문법이다.

 TSC 플래그: experimentalDecorators
데코레이터는 아직 실험 단계의 기능이다. 즉, 미래에도 호환된다는 보장이 없고 아예 타입스크립트에서 삭제될 수도 있으므로 TSC 플래그를 따로 설정해야 사용할 수 있다. "experimentalDecorators": true를 설정한 다음 사용하면 된다.

예제를 통해 데코레이터가 어떻게 동작하는지 살펴보자.

```
@serializable
class APIPayload {
    getValue(): Payload {
        // ...
    }
}
```

클래스 데코레이터인 @serializable은 APIPayload 클래스를 감싸고 있으며 선택적으로 이를 대체하는 새 클래스를 반환한다. 데코레이터를 사용하지 않고 같은 기능을 다음처럼 구현할 수도 있다.

```
let APIPayload = serializable(class APIPayload {
    getValue(): Payload {
        // ...
    }
})
```

타입스크립트는 데코레이터 타입 각각에 대해 주어진 이름 범위에 존재하는 함수와 해당 데코레이터 타입에 요구되는 시그니처를 필요로 한다(표 5-1).

데코레이터 대상	기대하는 타입 시그니처
클래스	(Constructor: {new(...any[]) => any}) => any
메서드	Method (classPrototype: {}, methodName: string, descriptor:PropertyDescriptor) => any
정적 메서드	(Constructor: {new(...any[]) => any}, methodName: string, descriptor: PropertyDescriptor) => any
메서드 매개변수	(classPrototype: {}, paramName: string, index: number) => void
정적 메서드 매개변수	(Constructor: {new(...any[]) => any}, paramName: string, index: number) => void
프로퍼티	(classPrototype: {}, propertyName: string) => any
정적 프로퍼티	(Constructor: {new(...any[]) => any}, propertyName: string) => Any
프로퍼티 게터/세터	(classPrototype: {}, propertyName: string, descriptor:PropertyDescriptor) => any
정적 프로퍼티 게터/세터	(Constructor: {new(...any[]) => any}, propertyName: string, descriptor: PropertyDescriptor) => any

표 5-1 각 종류의 데코레이터 함수에 요구되는 타입 시그니처

타입스크립트가 기본으로 제공하는 데코레이터는 없다. 즉, 모든 데코레이터는 직접 구현하거나 NPM으로 설치해야 한다. 모든 종류(클래스, 메서드, 프로퍼티, 함수 매개변수 등)의 데코레이터는 특정 시그니처를 만족하는 일반 함수일 뿐이다(시그니처는 장식할 대상에 따라 다르다). 예를 들어 다음은 @serializable 데코레이터를 구현한 코드다.

```
type ClassConstructor<T> = new (...args: any[]) => T ❶
function serializable<
    T extends ClassConstructor<{
        getValue(): Payload ❷
    }>
>(Constructor: T) { ❸
    return class extends Constructor { ❹
        serialize() {
            return this.getValue().toString()
        }
    }
}
```

❶ new()는 타입스크립트에서 클래스 생성자를 구조 기반으로 결정하는 수단 임을 기억하자. 클래스 생성자는 extends로 확장할 수 있으며, 인수의 타입 은 any의 스프레드(new (...any[]))여야 한다.

❷ @serializable은 Payload를 반환하는 .getValue 메서드를 구현한 모든 클 래스를 장식할 수 있다.

❸ 클래스 데코레이터는 한 개의 인수(클래스)를 받는 함수다. (이 예제처럼 클래스를 반환하는 경우라면) 데코레이터 함수는 (상황에 따라) 런타임에 원본 클래스를 대체할 데코레이터를 반환하거나 원래 클래스를 그대로 반 환한다.

❹ 주어진 클래스를 상속한 다음 .serialize 메서드를 추가해서 클래스를 장 식한다.

.serialize를 호출하면 어떤 일이 일어날까?

```
let payload = new APIPayload
let serialized = payload.serialize()  // 에러 TS2339: 'serialize' 프로퍼티는
                                       // 'APIPayload' 타입에 존재하지 않음
```

타입스크립트는 데코레이터가 장식하는 대상의 형태를 바꾸지 않는다고, 즉 메서드나 프로퍼티를 추가하거나 삭제하지 않았다고 가정한다. 반환된 클래스 를 전달된 클래스에 할당할 수 있는지는 컴파일 타임에만 확인하며, 코드를 작 성할 때는 데코레이터가 어떻게 확장되는지 추적하지 않는다.

타입스크립트의 데코레이터 기능이 더 완벽해지기 전까지는 데코레이터 대 신 일반 함수를 사용할 것을 권한다.

```
let DecoratedAPIPayload = serializable(APIPayload)
let payload = new DecoratedAPIPayload
payload.serialize()  // string
```

이 책에서는 데코레이터를 더 자세히 다루지 않는다. 자세한 정보는 공식 문서[5] 에서 확인하자.

---

5 *http://bit.ly/2IDQd1U*

5.10 final 클래스 흉내내기

타입스크립트는 클래스나 메서드에 final 키워드를 지원하지 않지만 클래스에서 final의 효과를 흉내내기는 어렵지 않다. 객체 지향 언어를 많이 사용해보지 않은 독자를 위해 설명하자면 final 키워드는 클래스나 메서드를 확장하거나 오버라이드할 수 없게 만드는 기능이다.

타입스크립트에서는 비공개 생성자(private constructor)로 final 클래스를 흉내 낼 수 있다.

```
class MessageQueue {
    private constructor(private messages: string[]) { }
}
```

생성자를 private으로 선언하면 new로 인스턴스를 생성하거나 클래스를 확장할 수 없게 된다.

```
class BadQueue extends MessageQueue { }  // 에러 TS2675: 'MessageQueue'
                                         // 클래스를 확장할 수 없음
                                         // 클래스 생성자가 private으로 설정됨

new MessageQueue([])  // 에러 TS2673: 'MessageQueue' 클래스의 생성자가
                      // private이므로 클래스 내부 선언에서만 접근할 수 있음
```

클래스 상속만 막아야 하는 상황이지만 비공개 생성자를 이용하면 클래스를 인스턴스화하는 기능도 같이 사라진다. 반면, final 클래스는 상속만 막을 뿐 인스턴스는 정상적으로 만들 수 있다. 이 문제를 어떻게 해결할 수 있을까? 다음처럼 쉽게 해결할 수 있다.

```
class MessageQueue {
    private constructor(private messages: string[]) { }
    static create(messages: string[]) {
        return new MessageQueue(messages)
    }
}
```

어쩔 수 없이 MessageQueue의 API를 조금 바꿨지만 컴파일 타임에 성공적으로 확장을 막을 수 있다.

```
class BadQueue extends MessageQueue { }  // 에러 TS2675: 'MessageQueue'
                                         // 클래스를 확장할 수 없음
                                         // 클래스 생성자가 private으로 설정됨

MessageQueue.create([])  // MessageQueue
```

5.11 디자인 패턴

타입스크립트로 디자인 패턴을 구현해보지 않는다면 5장에서 객체 지향 프로
그래밍을 다뤘다고 얘기하기 어려울 것이다.

5.11.1 팩토리 패턴

팩토리 패턴(factory pattern)은 어떤 객체를 만들지를 전적으로 팩토리에 위임
한다.

예시를 위해 신발(shoe) 팩토리를 만들어보자. 먼저 Shoe라는 타입을 정의하
고 세 종류의 신발을 구현한다.

```
type Shoe = {
    purpose: string
}

class BalletFlat implements Shoe {
    purpose = 'dancing'
}

class Boot implements Shoe {
    purpose = 'woodcutting'
}

class Sneaker implements Shoe {
    purpose = 'walking'
}
```

이 예에서는 type을 사용했는데 대신 인터페이스를 사용해도 된다는 사실을
잊지 말자.

이제 신발 팩토리를 구현한다.

```
let Shoe = {
    create(type: 'balletFlat' | 'boot' | 'sneaker'): Shoe { ❶
        switch (type) { ❷
            case 'balletFlat': return new BalletFlat
            case 'boot': return new Boot
            case 'sneaker': return new Sneaker
        }
    }
}
```

❶ type을 유니온 타입으로 지정해서 컴파일 타임에 호출자가 유효하지 않은 type을 전달하지 못하도록 방지해 .create의 타입 안전성을 최대한 강화했다.

❷ switch문을 이용해 누락된 Shoe 타입이 없는지 타입스크립트가 쉽게 확인할 수 있게 한다.

이번 예에서는 컴패니언 객체 패턴("6.3.4 컴패니언 객체 패턴" 참고)으로 타입 Shoe와 값 Shoe를 같은 이름으로 선언했다(타입스크립트는 값과 타입의 네임스페이스를 따로 관리한다). 이렇게 하여 이 값이 해당(이름이 같은) 타입과 관련한 메서드를 제공한다는 정보를 드러냈다. 이 팩토리를 이용하려면 그저 .create를 호출하면 된다.

```
Shoe.create('boot')  // Shoe
```

짠! 팩토리 패턴을 완성했다. 이 코드를 발전시켜서 'boot'을 전달하면 Boot을 반환하고 'sneaker'를 전달하면 Sneaker를 반환함을 드러내게끔 Shoe.create의 타입 시그니처를 수정할 수 있다. 하지만 그러면 팩토리 패턴이 제공하는 추상화 규칙을 깨는 결과를 초래한다(호출자는 팩토리가 특정 인터페이스를 만족하는 클래스를 제공할 것이라는 사실만 알 뿐 어떤 구체 클래스가 이 일을 하는지 알 수 없어야 한다).

5.11.2 빌더 패턴

빌더 패턴(builder pattern)으로 객체의 생성과 객체 구현 방식을 분리할 수 있다. 제이쿼리(JQuery)나 ES6의 Map, Set 등의 자료구조를 사용해봤다면 빌더 패턴에 친숙할 것이다. 빌더 패턴은 다음처럼 구성된다.

```
new RequestBuilder()
    .setURL('/users')
    .setMethod('get')
    .setData({ firstName: 'Anna' })
    .send()
```

RequestBuilder는 어떻게 구현할 수 있을까? 간단하다. 우선 클래스 뼈대를 정의한다.

```
class RequestBuilder {}
```

첫 번째로 .setURL 메서드를 추가한다.

```
class RequestBuilder {
    private url: string | null = null ❶

    setURL(url: string): this { ❷
        this.url = url
        return this
    }
}
```

❶ url이라는 비공개 변수(초깃값은 null)로 사용자가 설정한 URL을 추적한다.

❷ setURL의 반환 타입은 this다("5.3 this를 반환 타입으로 사용하기" 참고). 즉, 사용자가 setURL을 호출한 특정 RequestBuilder의 인스턴스다.

이제 나머지 메서드를 차례로 추가한다.

```
class RequestBuilder {
    private data: object | null = null
    private method: 'get' | 'post' | null = null
    private url: string | null = null

    setMethod(method: 'get' | 'post'): this {
        this.method = method
        return this
    }
```

```
    setData(data: object): this {
        this.data = data
        return this
    }
    setURL(url: string): this {
        this.url = url
        return this
    }

    send() {
        // ...
    }
}
```

빌더 패턴을 완성했다.

 이런 방식의 빌더 설계는 완벽하게 안전하지는 않다. 예를 들어 method, url, data 등을
설정하지 않은 상태에서 .send를 호출할 수 있으므로 런타임 예외(아주 나쁜 종류의 예
외라는 사실을 기억하자)가 발생할 수 있다. 연습 문제 4번을 통해 이 설계를 개선할 수
있는 방법을 고민해보자.

5.12 마치며

5장에서는 타입스크립트 클래스의 모든 것을 살펴봤다. 클래스 선언 방법,
클래스 상속과 인터페이스 구현 방법, 클래스를 인스턴스화할 수 없도록
abstract를 추가하는 방법, 클래스의 필드와 메서드에 static을 추가하고 인스
턴스에는 추가하지 않는 방법, private, protected, public 가시성 한정자로 필
드와 메서드의 접근을 제어하는 방법, readonly 한정자로 필드에 값을 기록할
수 없게 만드는 법 등을 배웠다. this와 super를 안전하게 사용하는 방법을 알
아보고 이들이 클래스의 값과 클래스의 타입 모두에 어떤 의미인지 확인했다.
타입 별칭과 인터페이스의 차이, 선언 합치기 개념, 클래스에 제네릭 타입을
사용하는 방법 등을 살펴봤다. 마지막으로 믹스인, 데코레이터, final 클래스
흉내내기 등 다양한 고급 패턴도 다뤘다. 그리고 클래스를 활용한 두 가지 유
명한 디자인 패턴을 살펴보면서 5장을 마무리했다.

연습 문제

1. 클래스와 인터페이스의 차이는 무엇인가?

2. 클래스의 생성자를 private으로 선언하면 인스턴스를 만들 수 없고 클래스를 확장할 수도 없다. 생성자를 protected로 선언하면 어떻게 될까? 코드 편집기로 실험해보고 어떤 일이 일어나는지 확인하자.

3. "5.11.1 팩토리 패턴"에서 개발한 코드를 추상화 원칙을 조금 어기는 대신 안전성을 확보할 수 있도록 개선하자. 기존에는 항상 Shoe가 반환되었지만 이번에는 사용자가 Shoe.create('boot')를 호출하면 Boot를 반환하고, Shoe.create('balletFlat')를 호출하면 BalletFlat을 반환할 것임을 컴파일 타임에 알 수 있도록 바꿔보자. (힌트 "4.1.9 오버로드된 함수 타입" 참고)

4. 어려움 타입 안전성을 갖춘 빌더 패턴을 설계하는 방법을 고안해보자. "5.11.2 빌더 패턴"에서 구현한 빌더 패턴을 다음처럼 확장하자.

   a. 최소한 URL과 method를 설정한 다음에만 .send를 호출할 수 있음을 컴파일 타임에 보장한다. 메서드를 특정 순서로만 호출하도록 강제하면 이 기능을 더 쉽게 구현할 수 있을까? (힌트 this 대신 무엇을 반환할 수 있는가?)

   b. 더 어려움 a의 조건을 만족하면서도 호출자가 원하는 순서대로 메서드들을 호출하도록 허용할 수 있을까? (힌트 타입스크립트의 어떤 기능을 이용하면 각각의 메서드를 호출할 때마다 this에 반환 타입을 '추가'할 수 있을까?)

6장

고급 타입

타입스크립트는 그렇게 까다롭다는 하스켈(Haskell) 프로그래머의 부러움을 살 정도로 강력한 타입 수준 프로그래밍 기능을 갖춘, 세계 최고 수준의 타입 시스템을 자랑한다. 지금쯤 여러분도 이해했겠지만 타입스크립트의 타입 시스템은 표현력이 좋을 뿐 아니라 쉽게 사용할 수 있고 타입 제한과 관계 선언을 쉽고 간결하게 만들어주며, 심지어 타입을 명시하지 않아도 대부분 자동으로 추론해준다.

자바스크립트는 너무 동적이므로 이렇게 표현력이 좋고 훌륭한 타입 시스템이 필요하다. 프로토타입, this의 동적 연결, 함수 오버로딩, 항상 바뀌는 객체 등을 제대로 사용하려면 (배트맨도 깜짝 놀랄 정도의) 풍부한 타입 시스템과 다양한 타입 연산자 도구가 필요하다.

6장에서는 타입스크립트의 서브타입화, 할당성, 가변성(variance), 넓히기 등을 소개하면서 지금까지 살펴본 타입스크립트 개념의 통찰을 발전시킨다. 그리고 정제, 종합성(totality) 등을 포함한 타입스크립트의 제어 흐름 기반의 타입 확인 기능도 자세히 살펴본다. 객체 타입을 키로 활용하고 매핑하는 방법, 조건부 타입 사용, 자신만의 타입 안전 장치 정의, 타입 어서션(assertion), 확실한 할당 어서션 등의 고급 개념도 살펴본다. 마지막으로 타입 안전성을 더할 수 있는 컴패니언 객체 패턴, 튜플 타입의 추론 개선, 이름 기반 타입 흉내내기, 안전하게 프로토타입 확장하기 등 고급 패턴도 설명한다.

6.1 타입 간의 관계

타입스크립트에서 타입 간의 관계를 자세히 살펴보자.

6.1.1 서브타입과 슈퍼타입

"3.1 타입을 이야기하다"에서 할당성을 잠깐 살펴봤다. 지금까지 타입스크립트에서 제공하는 거의 모든 타입을 확인했으므로 이제 "서브타입이란 무엇인가?" 같은 더 깊이 있는 내용을 살펴볼 차례다.

> **서브타입**
>
> 두 개의 타입 A와 B가 있고 B가 A의 서브타입이면 A가 필요한 곳에는 어디든 B를 안전하게 사용할 수 있다(그림 6-1).

그림 6-1 B는 A의 서브타입

3장의 처음 부분에서 소개한 그림 3-1을 보면 타입스크립트에 기본적으로 어떤 서브타입들이 있는지 확인할 수 있다. 다음은 몇 가지 예다.

- 배열은 객체의 서브타입이다.
- 튜플은 배열의 서브타입이다.
- 모든 것은 any의 서브타입이다.
- never는 모든 것의 서브타입이다.
- Animal을 상속받는 Bird 클래스가 있다면 Bird는 Animal의 서브타입이다.

서브타입의 정의를 여기에 적용하면 다음과 같이 설명할 수 있다.

- 객체를 사용해야 하는 곳에 배열도 사용할 수 있다.
- 배열을 사용해야 하는 곳에 튜플도 사용할 수 있다.

- any를 사용해야 하는 곳에 객체도 사용할 수 있다.
- 어디에나 never를 사용할 수 있다.
- Animal을 사용해야 하는 곳에 Bird도 사용할 수 있다.

> **슈퍼타입**
>
> 두 개의 타입 A와 B가 있고 B가 A의 슈퍼타입이면 B가 필요한 곳에는 어디든 A를 안전하게
> 사용할 수 있다(그림 6-2).

그림 6-2 B는 A의 슈퍼타입

이번에도 그림 3-1로부터 다음의 사실을 알아낼 수 있다.

- 배열은 튜플의 슈퍼타입이다.
- 객체는 배열의 슈퍼타입이다.
- any는 모든 것의 슈퍼타입이다.
- never는 누구의 슈퍼타입도 아니다.
- Animal은 Bird의 슈퍼타입이다.

이렇듯 슈퍼타입은 서브타입과 정반대로 동작한다.

6.1.2 가변성

보통 A라는 타입이 B라는 다른 타입의 서브타입인지 아닌지 쉽게 판단할 수 있다. number, string 등의 단순 타입은 그림 3-1의 흐름도로 확인하거나 자체적으로 쉽게 추론할 수 있다(예: "number는 number | string 유니온에 포함되므로 number | string의 서브타입이다").

매개변수화된(제네릭) 타입 등 복합 타입에서는 이 문제가 더 복잡해진다. 다음 상황을 살펴보자.

- Array<A>는 어떤 상황에서 Array<B>의 서브타입이 될까?
- 형태 A는 어떤 상황에서 다른 형태 B의 서브타입이 될까?
- 함수 (a: A) => B는 어떤 상황에서 다른 함수 (c: C) => D의 서브타입이 될까?

다른 타입을 포함하는 타입(Array<A>처럼 타입 매개변수를 갖거나, {a: number} 같은 필드를 갖는 형태 혹은 (a: A) => B 같은 함수)의 서브타입 규칙은 추론하기가 어려워서 명확하게 답변을 내놓기 어렵다. 사실 이런 복합 타입의 서브타입 규칙은 프로그래밍 언어마다 다르며 같은 규칙을 가진 언어가 거의 없을 정도다!

앞으로 살펴볼 이 규칙들을 더 쉽게 읽을 수 있도록 타입을 더욱 정확하고 간단하게 설명할 수 있는 몇 가지 문법을 소개한다. 이 문법은 유효한 타입스크립트가 아니다. 단지 타입을 쉽게 설명하기 위해 여러분과 나 사이에 공유하는 약속일 뿐이다. 아주 간단하므로 걱정할 필요 없다.

- A <: B는 'A는 B와 같거나 B의 서브타입'이라는 의미다.
- A >: B는 'A는 B와 같거나 B의 슈퍼타입'이라는 의미다.

형태와 배열 가변성

복합 타입의 서브타입 규칙은 왜 언어마다 다를까? 다음에 소개하는 복잡한 타입(형태)을 예로 살펴보자. 응용 프로그램에 사용자를 묘사하는 형태가 있다고 가정하자. 그리고 다음처럼 두 가지 타입으로 표현한다고 치자.

```
// 서버로부터 받은 기존 사용자
type ExistingUser = {
    id: number
    name: string
}

// 아직 서버에 저장하지 않은 새 사용자
type NewUser = {
    name: string
}
```

어떤 회사에 인턴으로 취직했는데 사용자를 삭제하는 코드를 구현하는 업무를 맡았다. 다음처럼 구현할 수 있다.

```
function deleteUser(user: { id?: number, name: string }) {
    delete user.id
}

let existingUser: ExistingUser = {
    id: 123456,
    name: 'Ima User'
}

deleteUser(existingUser)
```

deleteUser는 {id?: number, name: string} 타입의 객체를 받도록 정의되었고 {id: number, name: string}이라는 existingUser 타입을 인수로 전달한다. id 프로퍼티의 타입(number)은 기대되는 타입(number | undefined)의 서브타입이라는 사실에 주목하자. 따라서 전체 객체 {id: number, name: string}은 {id?: number, name: string} 타입의 서브타입이므로 타입스크립트는 아무런 에러도 발생시키지 않는다.

안전성에 문제가 있음을 눈치챘는가? 작은 문제가 한 가지 있다. Existing User를 deleteUser로 전달해 삭제한 뒤에도 타입스크립트는 user의 id가 삭제된 사실을 알지 못한다. 따라서 deleteUser(existingUser)로 id를 삭제한 다음 existingUser.id를 읽으면 타입스크립트는 여전히 existingUser.id가 number 타입일 것이라 생각한다!

어떤 객체를 슈퍼타입을 기대하는 곳에 사용한다는 것은 분명 안전하지 않을 수 있다. 그런데 왜 타입스크립트는 이를 허용할까? 전반적으로 타입스크립트는 완벽한 안전성을 추구하도록 설계되지는 않았다. 완벽함보다는 실제 실수를 잡는 것과 쉬운 사용(프로그래밍 언어 이론 학위를 받지 않더라도 에러가 발생한 이유를 알 수 있도록)이라는 두 가지 목표를 균형 있게 달성하는 것이 타입스크립트 타입 시스템의 목표다. 안전성이 보장되지 않는 이 특정한 상황은 실용적인 면에서 타당성이 있다. (프로퍼티 삭제 같은) 파괴적 갱신은 실무에서 비교적 드물게 일어나므로 타입스크립트는 이를 적극 제지하지 않고 슈퍼타입이 필요한 곳에 객체를 할당할 수 있도록 허용한다.

반대 방향(서브타입이 필요한 곳에 할당)은 어떨까?

기존 사용자(legacy user)라는 새로운 타입을 추가한 다음 이 타입의 사용자를 삭제하자(타입스크립트를 도입하기 전에 동료 누군가가 작성해둔 코드에 새로운 타입을 추가하는 상황이라 가정하자).

```
type LegacyUser = {
    id?: number | string
    name: string
}

let legacyUser: LegacyUser = {
    id: '793331',
    name: 'Xin Yang'
}

deleteUser(legacyUser)   // 에러 TS2345: 'LegacyUser' 인수 타입은 '{id?: number
                         // | undefined, name: string}' 타입에 할당할 수 없음
                         // 'string' 타입은 'number | underfined' 타입에
                         // 할당할 수 없음
```

기대하는 타입의 슈퍼타입의 프로퍼티를 포함하는 형태를 전달하면 타입스크립트는 에러를 발생시킨다. 슈퍼타입의 id는 string | number | undefined인데 반해 deleteUser는 id가 number | undefined인 상황만 처리할 수 있기 때문이다.

타입스크립트는 다음처럼 동작한다. 어떤 형태를 요구할 때 건넬 수 있는 타입은, 요구되는 타입에 포함된 프로퍼티 각각에 대해 '<: 기대하는 타입'인 프로퍼티들을 가지고 있어야 한다. 기대하는 프로퍼티 타입의 슈퍼타입인 프로퍼티가 있다면 건넬 수 없다. 타입과 관련해 타입스크립트 형태(객체와 클래스)는 그들의 프로퍼티 타입에 공변(covariant)한다고 말한다. 즉, 객체 B에 할당할 수 있는 객체 A가 있다면 '객체 A의 각 프로퍼티 <: B의 대응 프로퍼티'라는 조건을 만족해야 한다.

공변은 가변성의 네 종류 중 하나다.

- 불변(invariance)

  정확히 T를 원함

- 공변(covariance)

  <:T를 원함

- 반변(contravariance)

  >:T를 원함

- 양변(bivariance)

  <:T 또는 >:T를 원함

타입스크립트에서 모든 복합 타입의 멤버(객체, 클래스, 배열, 함수, 반환 타입)는 공변이며 함수 매개변수 타입만 예외적으로 반변이다.

 모든 언어가 타입스크립트와 같은 할당 규칙을 따르지는 않는다. 어떤 언어에서는 객체 프로퍼티 타입이 불변이다. 이미 살펴봤듯이 공변 프로퍼티 타입은 불안전한 동작이 일어날 수 있기 때문이다. 수정할 수 있는 객체와 수정할 수 없는 객체를 구분해서 다른 규칙을 적용하는 언어도 있다(그 이유가 무엇일지는 스스로 추론해보자!). 스칼라(Scala), 코틀린(Kotlin), 플로우(Flow) 같은 언어는 자신의 데이터 타입에 가변성을 지정할 수 있는 명시적인 문법을 제공한다.

타입스크립트 설계자들은 쉬운 사용과 안전성이라는 두 목표 사이의 균형을 중시했다. 객체의 프로퍼티 타입을 불변으로 만들면 안전성은 강화되지만 타입 시스템이 복잡해지면서 일부 편리한 기능을 사용할 수 없는 상황이 벌어진다(예를 들어 deleteUser에서 id를 삭제하지만 않는다면 슈퍼타입이 필요한 곳에도 안전하게 객체를 할당할 수 있다).

함수 가변성

몇 가지 예를 살펴보자.

함수 A가 함수 B와 같거나 적은 수의 매개변수를 가지며 다음을 만족하면, A는 B의 서브타입이다.

1. A의 this 타입을 따로 지정하지 않으면 'A의 this 타입 >: B의 this 타입'이다.

2. 'A의 각 매개변수 >: B의 대응 매개변수'이다.

3. 'A의 반환 타입 <: B의 반환 타입'이다.

이 문장들을 여러 번 읽으면서 각각의 규칙이 무엇을 의미하는지 정확하게 이해하자. 함수 A가 함수 B의 서브타입이라면 A의 this 타입과 매개변수는 B에 대응하는 this 타입과 매개변수에 >: 관계를 만족해야 하며 반환 타입은 <: 관계가 아니어야 한다. 왜 반환 타입만 조건이 반대일까? 객체, 배열, 유니온 등과 달리 함수에서는 this, 매개변수, 반환 타입을 포함한 모든 컴포넌트가 <: 관계를 만족하지 않는 이유가 뭘까?

  직접 추론해보면서 이 질문의 답을 찾아보자. 먼저 세 개의 타입을 정의한다 (이번 예에서는 편의상 class를 사용했지만 A <: B <: C의 관계를 만족하는 어떤 타입이든 사용할 수 있다).

```
class Animal { }
class Bird extends Animal {
    chirp() { }
}
class Crow extends Bird {
    caw() { }
}
```

여기에서 Crow는 Bird의 서브타입이고, Bird는 Animal의 서브타입이다. 즉, Crow <: Bird <: Animal 조건이 성립한다.

  이제 Bird가 지저귈(chirp) 수 있도록 함수를 정의한다.

```
function chirp(bird: Bird): Bird {
    bird.chirp()
    return bird
}
```

지금까지는 아무 문제가 없다. 타입스크립트는 chirp에 어떤 타입을 전달하도록 허용할까?

```
chirp(new Animal)  // 에러 TS2345: 인수 'Animal' 타입을
                   // 매개변수 'Bird' 타입에 할당할 수 없음
chirp(new Bird)
chirp(new Crow)
```

Bird 인스턴스(chirp의 매개변수 bird의 타입이 Bird이므로) 또는 Crow 인스턴스(Crow는 Bird의 서브타입이므로)는 chirp에 전달할 수 있다. 예상대로 서브타입은 성공적으로 전달할 수 있었다.

새 함수를 만들어보자. 이번에는 매개변수가 함수 타입이다.

```
function clone(f: (b: Bird) => Bird): void {
    // ...
}
```

clone 함수는 Bird를 인수로 받아 Bird를 반환하는 함수 f를 받는다. f에는 어떤 함수를 안전하게 전달할 수 있을까? 함수 정의에 따르면 Bird를 인수로 받아 Bird를 반환하는 함수를 전달할 수 있다.

```
function birdToBird(b: Bird): Bird {
    // ...
}
clone(birdToBird)  // OK
```

Bird를 인수로 받아 Crow나 Animal을 반환하는 함수도 전달할 수 있을까?

```
function birdToCrow(d: Bird): Crow {
    // ...
}
clone(birdToCrow)  // OK

function birdToAnimal(d: Bird): Animal {
    // ...
}
clone(birdToAnimal)  // 에러 TS2345: 인수 '(d: Bird) => Animal' 타입은
                     // 매개변수 '(b: Bird) => Bird' 타입에 할당할 수 없음
                     // 'Animal' 타입은 'Bird' 타입에 할당할 수 없음
```

birdToCrow는 정상 동작하지만 birdToAnimal에서 에러가 발생한다. 왜일까? clone의 구현이 다음과 같다고 해보자.

```
function clone(f: (b: Bird) => Bird): void {
    let parent = new Bird
    let babyBird = f(parent)
    babyBird.chirp()
}
```

clone에 Animal을 반환하는 함수 f를 전달한다면 f의 반환값에 .chirp를 호출할 수 없다. 이런 이유로 타입스크립트는 우리가 전달한 함수가 적어도 Bird인지 컴파일 타임에 확인한다.

함수의 반환 타입은 공변, 즉 함수가 다른 함수의 서브타입이라면 '서브타입 함수의 반환 타입 <: 다른 함수의 반환 타입'을 만족해야 한다.

매개변수 타입의 관계는 어떨까?

```
function animalToBird(a: Animal): Bird {
    // ...
}
clone(animalToBird)  // OK

function crowToBird(c: Crow): Bird {
    // ...
}
clone(crowToBird)  // 에러 TS2345: 인수 '(c: Crow) => Bird'의 타입은
                   // 매개변수 '(b: Bird) => Bird' 타입에 할당할 수 없음
```

함수를 다른 함수에 할당하려면 'this를 포함한 매개변수 타입 >: 할당하려는 함수의 대응 매개변수 타입' 조건을 만족해야 한다. crowToBird 함수를 구현했고 clone에 전달하려 한다고 가정하면서 그 이유를 찾아보자. 이제 어떤 일이 일어날까?

```
function crowToBird(c: Crow): Bird {
    c.caw()
    return new Bird
}
```

clone에 crowToBird를 전달하면 .caw는 Crow에만 정의되어 있고 Bird에는 정의되어 있지 않으므로 예외가 발생한다.

즉 함수의 매개변수, this 타입은 반변이다. 한 함수가 다른 함수의 서브타입이라면 '서브타입 함수의 매개변수와 this 타입 >: 다른 함수의 대응하는 매개변수'라는 조건을 만족해야 한다.

다행히 이런 규칙들을 외울 필요는 없다. 코드 편집기로 코딩할 때 규칙을 어기고 잘못된 타입의 함수를 전달하면 꼬불거리는 빨간 밑줄이 그어질 것이

기 때문이다. 그리고 에러가 나타나면 타입스크립트가 왜 그런 에러를 주는지 확인하면 그만이다.

> **TSC 플래그: strictFunctionTypes**
>
> 호환성으로 인해 타입스크립트의 함수의 매개변수와 this 타입은 기본적으로 공변이다. 앞에서 살펴본, 더 안전한 공변을 사용하려면 tsconfig.json에서 {"strictFunctionTypes": true} 플래그를 설정해야 한다. strict 모드는 strictFunctionTypes를 포함하므로 이미 {"strict": true}로 설정했다면 strictFunctionTypes는 별도로 설정하지 않아도 된다.

6.1.3 할당성

서브타입과 슈퍼타입의 관계는 모든 정적 타입 언어에서 중요한 개념이다. 또한 할당성(assignability)이 어떻게 동작하는지 이해하는 데도 중요하다(참고로 할당성이란 A라는 타입을 다른 B라는 타입이 필요한 곳에 사용할 수 있는지를 결정하는 타입스크립트의 규칙을 의미한다).

"A를 B에 할당할 수 있는가?"라는 질문이 발생하면 타입스크립트는 다음과 같은 몇 가지 규칙에 따라 처리한다. 배열, 불(boolean), 숫자, 객체, 함수, 클래스, 클래스 인스턴스, 문자열, 리터럴 타입 등 열거형이 아닌 타입에서는 다음의 규칙으로 A를 B에 할당할 수 있는지 결정한다.

1. A <: B
2. A는 any

규칙 1은 서브타입이 무엇인지 정의할 뿐이다. A가 B의 서브타입이면 B가 필요한 곳에는 A를 사용할 수 있다.

규칙 2는 예외를 설명하며 자바스크립트 코드와 상호 운용할 때 유용하다.

enum이나 const enum 키워드로 만드는 열거형 타입에서는 다음 조건 중 하나를 만족해야 A 타입을 열거형 B에 할당할 수 있다.

1. A는 열거형 B의 멤버다.
2. B는 number 타입의 멤버를 최소 한 개 이상 가지고 있으며 A는 number이다.

규칙 1은 단순 타입과 내용이 같다(A가 열거형 B의 멤버면 A의 타입은 B이고 따라서 B <: B라 말할 수 있다).

규칙 2는 열거형을 처리할 때 편리하게 적용할 수 있다. 이전에 열거형을 설명하면서 규칙 2로 인해 타입스크립트의 안전성이 많이 떨어진다고 했다("3.2.13 열거형" 참고). 이런 이유로 필자는 과감하게 열거형을 코드에서 완전 없앨 것을 권장한다.

6.1.4 타입 넓히기

타입 넓히기(type widening)는 타입스크립트의 타입 추론이 어떻게 동작하는지 이해하는 데 필요한 핵심 개념이다. 타입스크립트는 타입을 정밀하게 추론하기보다는 일반적으로 추론한다. 덕분에 타입 검사기의 불평을 고치는 데 많은 시간을 낭비하지 않아서 프로그래머의 삶이 편해진다.

3장에서 타입 넓히기가 어떻게 동작하는지 이미 몇 가지 예를 살펴봤다. 추가로 몇 가지를 더 살펴보자.

(let이나 var로) 값을 바꿀 수 있는 변수를 선언하면 그 변수의 타입이 리터럴 값에서 리터럴 값이 속한 기본 타입으로 넓혀진다.

```
let a = 'x'       // string
let b = 3         // number
var c = true      // boolean
const d = {x: 3}  // {x: number}

enum E {X, Y, Z}
let e = E.X       // E
```

값을 바꿀 수 없는 변수에서는 상황이 달라진다.

```
const a = 'x'   // 'x'
const b = 3     // 3
const c = true  // true

enum E {X, Y, Z}
const e = E.X   // E.X
```

타입을 명시하면 타입이 넓어지지 않도록 막을 수 있다.

```
let a: 'x' = 'x'        // 'x'
let b: 3 = 3            // 3
var c: true = true      // true
const d: {x: 3} = {x: 3}  // {x: 3}
```

let이나 var로 선언했고 타입이 넓혀지지 않은 변수에 값을 다시 할당하면 타입스크립트는 새로운 값에 맞게 변수의 타입을 넓힌다. 변수를 선언할 때 명시적으로 타입 어노테이션을 추가하면 이러한 자동 확장이 일어나지 않는다.

```
const a = 'x'      // 'x'
let b = a          // string

const c: 'x' = 'x'  // 'x'
let d = c          // 'x'
```

null이나 undefined로 초기화된 변수는 any 타입으로 넓혀진다.

```
let a = null  // any
a = 3         // any
a = 'b'       // any
```

null이나 undefined로 초기화된 변수가 선언 범위를 벗어나면 타입스크립트는 확실한(좁은) 타입을 할당한다.

```
function x() {
    let a = null  // any
    a = 3         // any
    a = 'b'       // any
    return a
}

x()               // string
```

const 타입

타입스크립트는 타입이 넓혀지지 않도록 해주는 const라는 특별 타입을 제공한다. const를 타입 어서션("6.6.1 타입 어서션" 참고)으로 활용하자.

```
let a = {x: 3}              // {x: number}
let b: {x: 3}              // {x: 3}
let c = {x: 3} as const  // {readonly x: 3}
```

const를 사용하면 타입 넓히기가 중지되며 멤버들까지 자동으로 readonly가 된다(중첩된 자료구조에도 재귀적으로 적용한다).

```
let d = [1, {x: 2}]              // (number | {x: number})[]
let e = [1, {x: 2}] as const  // readonly [1, {readonly x: 2}]
```

타입스크립트가 변수를 가능한 한 좁은 타입으로 추론하길 원한다면 as const 를 이용하자.

초과 프로퍼티 확인

타입스크립트가 한 객체 타입을 다른 객체 타입에 할당할 수 있는지 확인할 때 도 타입 넓히기를 이용한다.

140쪽 "형태와 배열 가변성"에서 객체 타입과 그 멤버들은 공변 관계라고 설명했다. 그런데 타입스크립트가 추가 확인을 수행하지 않고 이 규칙만을 적용하면 문제가 발생할 수 있다.

예를 들어 다음처럼 클래스에 전달해 그 내부 상태를 설정하는 용도의 Options라는 객체가 있다고 해보자.

```
type Options = {
    baseURL: string
    cacheSize?: number
    tier?: 'prod' | 'dev'
}

class API {
    constructor(private options: Options) { }
}

new API({
    baseURL: 'https://api.mysite.com',
    tier: 'prod'
})
```

옵션의 철자를 틀리면 어떤 일이 일어날까?

```
new API({
    baseURL: 'https://api.mysite.com',
    tierr: 'prod'
    // 에러 TS2345: 인수 '{tierr: string}' 타입은
    // 파라미터 타입 'Options'에 할당할 수 없음
    // 객체 리터럴은 알려진 프로퍼티만 지정할 수 있는데
    // 'tierr'라는 프로퍼티는 'Options'에 존재하지 않음
    // 혹시 'tier'를 착각했는가?
})
```

자바스크립트로 작업할 때 흔히 볼 수 있는 버그라서, 개발에 큰 도움을 주는 타입스크립트의 특성이다. 하지만 객체 타입은 그 멤버와 공변이라 했는데 타입스크립트는 이를 어떻게 검출할 수 있을까?

구체적으로 지금 다음과 같은 일이 일어났다.

- {baseURL: string, cacheSize?: number, tier?:'prod' | 'dev'} 타입이 필요하다.
- {baseURL: string, tierr: string}을 전달했다.
- 필요한 타입의 서브타입을 전달했고 타입스크립트는 이를 에러로 판단했다.

타입스크립트가 이를 검출할 수 있었던 건 초과 프로퍼티 확인(excess property checking) 기능 덕분이다. 신선한(fresh) 객체 리터럴 타입 T를 다른 타입 U에 할당하려는 상황에서 T가 U에는 존재하지 않는 프로퍼티를 가지고 있다면 타입스크립트는 이를 에러로 처리한다.

여기서 '신선한 객체 리터럴 타입'이란 타입스크립트가 객체 리터럴로부터 추론한 타입을 가리킨다. 객체 리터럴이 타입 어서션("6.6.1 타입 어서션" 참고)을 사용하거나 변수로 할당되면 신선한 객체 리터럴 타입은 일반 객체 타입으로 넓혀지면서 신선함은 사라진다.

여러 내용을 축약하고 있는 설명이므로 다시 예제를 이용해 더 다양한 변형을 시도해보자.

```
type Options = {
    baseURL: string
```

```
        cacheSize?: number
        tier?: 'prod' | 'dev'
}

class API {
    constructor(private options: Options) { }
}

new API({ ❶
    baseURL: 'https://api.mysite.com',
    tier: 'prod'
})

new API({ ❷
    baseURL: 'https://api.mysite.com',
    badTier: 'prod'  // 에러 TS2345: '{baseURL: string; badTier: string}' 타입의
                     // 인수는 'Options' 타입의 매개변수에 할당할 수 없음
})

new API({ ❸
    baseURL: 'https://api.mysite.com',
    badTier: 'prod'
} as Options)

let badOptions = { ❹
    baseURL: 'https://api.mysite.com',
    badTier: 'prod'
}
new API(badOptions)

let options: Options = { ❺
    baseURL: 'https://api.mysite.com',
    badTier: 'prod'  // 에러 TS2322: '{baseURL: string; badTier: string}'
                     // 타입은 'Options' 타입에 할당할 수 없음
}
new API(options)
```

❶ baseURL 그리고 두 개의 선택형 프로퍼티 중 하나인 tier로 API를 인스턴
   스화한다. 예상대로 잘 동작한다.

❷ tier를 badTier로 잘못 입력했다. new API에 전달한 옵션 객체는 신선한 객
   체(추론된 타입이며 변수에 할당되지 않았으므로 타입 어서션이 완료되지
   않음)이므로 타입스크립트는 초과 프로퍼티 확인을 시작하며 badTier가 초

과된 프로퍼티임을 알아낸다(옵션 객체에 정의되었지만 Options 타입에는 정의되지 않았음).

❸ 유효하지 않은 옵션 객체를 Options 타입이라고 어서선했다. 타입스크립트는 더 이상 옵션 객체를 신선한 것으로 취급하지 않으므로 초과 프로퍼티 확인을 수행하지 않으며, 따라서 아무 에러도 발생하지 않는다. as T 문법이 이해되지 않는 독자는 "6.6.1 타입 어서선"을 참고하기 바란다.

❹ 옵션 객체를 변수 badOptions에 할당했다. 타입스크립트는 이 객체를 더 이상 신선한 객체로 보지 않으므로 초과 프로퍼티 확인을 수행하지 않으며, 따라서 아무 에러도 발생하지 않는다.

❺ options의 타입을 Options라고 명시하면 options에 할당된 객체는 신선한 객체로 취급한다. 따라서 타입스크립트는 초과 프로퍼티 확인을 수행하고 버그를 찾아낸다. 이 예제에서 초과 프로퍼티 확인은 options를 new API로 전달할 때가 아니라 옵션 객체를 options 변수로 할당할 때 수행된다.

이런 규칙을 모두 외울 필요는 없으니 걱정하지 말자. 이들은 실용적으로 많은 버그를 잡을 수 있도록 동작하는 타입스크립트의 내부 규칙으로, 프로그래머에게는 아무런 부담을 추가하지 않는다. 회사에서 아주 까다롭기로 유명한 코드베이스 지킴이는 물론 최고의 코드 리뷰어도 발견하지 못한 버그를 타입스크립트가 잡을 수 있는 이유가 이런 규칙들 덕분이라는 사실만 이해하고 넘어가자.

6.1.5 정제

타입스크립트는 심벌 수행(symbolic execution)의 일종인 흐름 기반 타입 추론을 수행한다. 즉, 타입 검사기는 typeof, instanceof, in 등의 타입 질의뿐 아니라, 마치 프로그래머가 코드를 읽듯 if, ?, ||, switch 같은 제어 흐름 문장까지 고려하여 타입을 정제(refinement)한다.[1] 이는 타입 검사기에 제공되는 아주 유

---

1 심벌 수행이란 '심벌 평가자'라는 특별한 프로그램을 이용하는 프로그램 분석의 한 종류다. 런타임이 프로그램을 실행하는 방법과 같은 방법으로 프로그램을 분석하며 다만 변수에 정확한 값을 할당하지는 않는다. 대신 프로그램이 실행되면서 추가되는 제한들을 기초로 심벌을 모델링한다. 심벌 수행은 '이 변수는 결코 사용되지 않음', '이 함수는 결코 반환하지 않음', '102행의 if문의 긍정 분기문에서는 변수 x가 null이 아님'과 같은 정보를 알려준다.

용한 기능으로 오직 일부의 언어에서만 지원한다.[2]

예를 살펴보자. 타입스크립트에 CSS 규칙을 정의하는 내장 API가 있고 동료 개발자가 HTML 요소의 너비(width)를 설정하려 한다고 가정해보자. 너비를 전달하면 이를 파싱하고 검증할 것이다.

먼저 CSS 문자열을 값(value)과 단위(unit)로 파싱하는 함수를 구현한다.

```
// 문자열 리터럴 유니온으로 CSS 단위가 가질 수 있는 값을 설명
type Unit = 'cm' | 'px' | '%'

// 지원하는 단위를 나열
let units: Unit[] = ['cm', 'px', '%']

// 지원하는 단위 각각을 확인하고 일치하는 값이 없으면 null 반환
function parseUnit(value: string): Unit | null {
    for (let i = 0; i < units.length; i++) {
        if (value.endsWith(units[i])) {
            return units[i]
        }
    }
    return null
}
```

parseUnit을 이용해 사용자가 전달한 width 값을 파싱할 수 있다. width는 숫자일 수도 있고(픽셀 단위라 가정) 아니면 단위가 포함된 문자열이거나 심지어 null 또는 undefined일 수도 있다.

이 예제에서는 타입 정제를 여러 번 활용한다.

```
type Width = {
    unit: Unit,
    value: number
}

function parseWidth(width: number | string | null | undefined): Width | null {
    // width가 null이거나 undefined면 일찍 반환
    if (width == null) { ❶
        return null
```

---

2 흐름 기반 타입 추론은 타입스크립트, 플로우, 코틀린, 실론(Ceylon) 등 일부 언어에서만 지원하는 기능이다. 흐름 기반 타입 추론은 코드 블록 내에서 타입을 정제하는 방식으로, C나 자바처럼 타입을 명시적으로 지정하는 방식이나, 하스켈/오캐멀/스칼라에서 쓰이는 패턴 매칭 방식의 대안으로 떠오르고 있다. 흐름 기반 타입 추론은 심벌 실행 엔진을 타입 검사기에 직접 탑재해서 타입 검사기에 피드백을 제공하고, 프로그래머가 추론하는 방식에 가까운 추론 메커니즘을 구현한다.

```
    }

    // width가 숫자면 픽셀로 취급
    if (typeof width === 'number') { ❷
        return { unit: 'px', value: width }
    }

    // width로부터 단위 파싱
    let unit = parseUnit(width)
    if (unit) { ❸
        return { unit, value: parseFloat(width) }
    }

    // 이 외의 경우엔 null 반환
    return null ❹
}
```

❶ 타입스크립트는 영리해서 자바스크립트에서 null에 느슨한 동질성 확인을 수행하면 null과 undefined 모두 true를 반환한다는 사실을 알고 있다. width가 null이나 undefined라면 이 단계에서 함수가 반환될 것이므로, 반환되지 않고 코드를 계속 실행한다는 것은 width의 타입이 number | string임을 의미한다(null이나 undefined일 수 없음).

❷ 런타임에 어떤 값의 타입을 확인할 때 typeof 검사를 사용하는데, 타입스크립트는 컴파일 타임에도 typeof를 활용한다. if문에서 이 검사가 통과되는지에 따라 타입스크립트는 width가 숫자이거나 아니면 마지막 남은 타입인 문자열인지를 알 수 있다.

❸ parseUnit은 null을 반환할 수 있으므로, 정말 null을 반환하는지 알아보기 위해 결과가 참인지 확인한다.[3] 타입스크립트는 unit이 참이라면 이 if문에 의해 Unit 타입임이 확실해지고 거짓이라면 null 타입으로 판명된다(Unit | null에서 정제됨).

❹ 마지막으로 null을 반환한다. 사용자가 width 인수로 문자열을 전달했지만 지원하지 않는 단위를 포함하고 있는 상황이다.

---

3 자바스크립트는 null, undefined, NaN, 0, -0, "" 그리고 당연하지만 false까지, 이렇게 일곱 가지 거짓값을 갖는다. 이 외에는 모두 참으로 간주한다.

지금까지 예제를 통해 타입스크립트가 각 타입 정제 단계에서 정확히 어떤 논리로 움직이는지 설명했다. 여러분, 즉 이 코드를 읽는 프로그래머에게 그렇듯 모든 과정이 직관적이고 명확하게 설명되었기를 바란다. 타입스크립트는 프로그래머가 코드를 읽고 구현하는 동안 어떤 생각을 하는지 훌륭하게 파악하며 타입 확인과 추론 규칙을 통해 이를 명확하게 드러낸다.

차별된 유니온 타입

지금까지 배운 것처럼 타입스크립트는 자바스크립트가 어떻게 동작하는지 잘 이해하며, 마치 프로그래머가 머리로 프로그램을 추적하듯이 코드로부터 타입을 정제해낼 수 있다.

예를 들어 응용 프로그램의 커스텀 이벤트 시스템을 만든다고 가정하자. 먼저 몇 가지 이벤트 타입과 이벤트들을 처리할 함수를 정의한다. UserTextEvent는 키보드 이벤트(가령 사용자가 텍스트 <input />에 무언가를 입력함)를, UserMouseEvent는 마우스 이벤트([100, 200] 같은 좌표로 마우스를 이동함)를 가리킨다.

```
type UserTextEvent = { value: string }
type UserMouseEvent = { value: [number, number] }

type UserEvent = UserTextEvent | UserMouseEvent

function handle(event: UserEvent) {
    if (typeof event.value === 'string') {
        event.value  // string
        // ...
        return
    }
    event.value      // [number, number]
}
```

if 블록 내부에서 타입스크립트는 (typeof로 확인했으므로) event.value가 문자열임을 알고 있다. 따라서 if 블록 이후의 event.value는 [number, number] 튜플이어야 한다([number, number]가 아니라면 앞의 if 블록에서 함수가 반환됐을 것이다).

조금 더 복잡해지면 무슨 일이 일어날까? 이벤트 타입에 정보를 더 추가하면서 타입을 정제할 때 타입스크립트가 어떻게 처리하는지 확인해보자.

```typescript
type UserTextEvent = { value: string, target: HTMLInputElement }
type UserMouseEvent = { value: [number, number], target: HTMLElement }

type UserEvent = UserTextEvent | UserMouseEvent

function handle(event: UserEvent) {
    if (typeof event.value === 'string') {
        event.value   // string
        event.target  // HTMLInputElement | HTMLElement (!!!)
        // ...
        return
    }
    event.value   // [number, number]
    event.target  // HTMLInputElement | HTMLElement (!!!)
}
```

event.value는 잘 정제되었지만 event.target에는 적용되지 않았다. 이유가 뭘까? handle이 UserEvent 타입의 매개변수를 받는다는 것은 UserTextEvent나 UserMouseEvent만 전달할 수 있다는 의미가 아니다. 사실 UserMouseEvent | UserTextEvent 타입의 인수를 전달할 수도 있다. 유니온의 멤버가 서로 중복될 수 있으므로 타입스크립트는 유니온의 어떤 타입에 해당하는지를 조금 더 안정적으로 파악할 수 있어야 한다.

리터럴 타입을 이용해 유니온 타입이 만들어낼 수 있는 각각의 경우를 태그(tag)하는 방식으로 이 문제를 해결할 수 있다. 다음은 좋은 태그의 조건이다.

- 유니온 타입의 각 경우와 같은 위치에 있다. 객체 타입의 유니온에서는 같은 객체 필드를 의미하고, 튜플 타입의 유니온이라면 같은 인덱스를 의미한다. 보통 태그된 유니온은 객체 타입을 사용한다.
- 리터럴 타입이다(리터럴 문자, 리터럴 숫자, 리터럴 불 등). 다양한 리터럴 타입을 혼합하고 매치할 수 있지만 한 가지 타입만 사용하는 것이 바람직하다. 보통은 문자열 리터럴 타입을 사용한다.
- 제네릭이 아니다. 태그는 제네릭 타입 인수를 받지 않아야 한다.
- 상호 배타적이다(예를 들어 유니온 타입 내에서 고유함).

이를 생각하면서 이벤트 타입을 다시 바꿔보자.

```
type UserTextEvent = {
    type: 'TextEvent', value: string,
    target: HTMLInputElement
}
type UserMouseEvent = {
    type: 'MouseEvent', value: [number, number],
    target: HTMLElement
}

type UserEvent = UserTextEvent | UserMouseEvent

function handle(event: UserEvent) {
    if (event.type === 'TextEvent') {
        event.value   // string
        event.target  // HTMLInputElement
        // ...
        return
    }
    event.value       // [number, number]
    event.target      // HTMLElement
}
```

event를 태그된 필드(event.type) 값에 따라 정제하도록 수정했으므로, 타입스크립트는 if문에서는 event가 UserTextEvent여야 하며 if문 이후로는 UserMouseEvent여야 한다는 사실을 알게 된다. 태그는 유니온 타입에서 고유하므로 타입스크립트는 둘이 상호 배타적임을 알 수 있다.

유니온 타입의 다양한 경우를 처리하는 함수를 구현해야 한다면 태그된 유니온을 사용하자. 예를 들어 플럭스 액션(Flux action), 리덕스 리듀서(Redux reducer), 리액트(React)의 useReducer에서는 태그된 유니온이 아주 중요하다.

6.2 종합성

프로그래머는 잠자리에 들기 전 머리맡에 두 개의 물컵을 놓는다. 한 개는 목마를 때 마실 수 있도록 물을 채운 잔이고 다른 하나는 목마르지 않을 때 사용할 빈 잔이다.

—아무개

철저 검사(exhaustiveness checking)라고도 불리는 종합성(totality)은 필요한 모든 상황을 제대로 처리했는지 타입 검사기가 검사하는 기능이다. 종합성은 하스켈, 오캐멀 등 패턴 매칭을 사용하는 언어에서 차용한 기능이다.

타입스크립트는 다양한 상황의 모든 가능성을 확인하며, 빠진 상황이 있다면 이를 경고한다. 실제로 일어날 버그를 방지하는 데 아주 도움되는 기능이다. 다음 예를 살펴보자.

```
type Weekday = 'Mon' | 'Tue' | 'Wed' | 'Thu' | 'Fri'
type Day = Weekday | 'Sat' | 'Sun'

function getNextDay(w: Weekday): Day {
    switch (w) {
        case 'Mon': return 'Tue'
    }
}
```

아무래도 빠진 요일이 많은 것 같다(이렇게 일주일이 빨리 갈 리가 없지 않은가). 타입스크립트는 무엇이 잘못되었는지 친절히 알려준다.

에러 TS2366: 함수에 마무리 반환문이 없으며
반환 타입은 'undefined'를 포함하지 않음

💡 **TSC 플래그: noImplicitReturns**

tsconfig.json에서 noImplicitReturns 플래그를 활성화하면 함수 코드의 모든 경로에서 값을 반환하는지 확인할 수 있다(놓친 부분이 있으면 앞의 예처럼 경고가 나타난다). 이 플래그를 활성화할지는 여러분의 결정에 달렸다. 어떤 사람들은 명시적 반환문을 되도록 적게 쓰는 반면 어떤 사람들은 타입 안전성을 향상시키고 타입 검사기가 더 많은 버그를 잡을 수 있다는 이유에서 반환문 몇 개를 더 추가하는 일을 꺼리지 않는다.

이 에러 메시지는 코드에서 처리하지 않는 상황이 있거나 어떤 상황이든 대처할 수 있는 반환문을 함수 마지막에 추가해야 한다고 말해준다. 아니면 getNextDay의 반환 타입을 Day | undefined로 바꿔야 한다. 각 요일에 해당하는 case를 빠짐없이 추가하면 에러가 사라진다(직접 확인해보자!). 앞의 경우에는 getNextDay의 반환 타입을 Day로 지정했으나 모든 경로에서 Day 타입을 반환하지 않고 있으므로 타입스크립트가 경고해준 것이다.

이 예제의 세부 구현은 중요하지 않다. switch, if, throw 등 어떤 구조를 사용하든 타입스크립트는 모든 상황을 다 고려했는지 확인한다.

다음은 또 다른 예다.

```
function isBig(n: number) {
    if (n >= 100) {
        return true
    }
}
```

아마도 고객의 재촉에 시달린 나머지 아주 중요한 **isBig** 함수에서 100 미만 숫자를 처리한다는 것을 까먹은 것 같다. 이번에도 타입스크립트가 이를 확인하고 있으니 걱정할 필요 없다.

에러 TS7030: 값을 반환하지 않는 코드 경로가 존재함

주말 덕분에 기분전환을 할 수 있었고 이제 **getNextDay**를 더 효율적으로 다시 구현하려 한다. switch 대신 상수 시간을 소비하는 객체 검색을 사용하면 어떨까?

```
let nextDay = {
    Mon: 'Tue'
}
```

```
nextDay.Mon  // 'Tue'
```

그런데 우리 개가 옆방에서 시끄럽게 짖는 바람에(이웃집 개가 거슬려서?) 새로 구현한 nextDay 객체에 다른 요일을 추가하는 걸 잊고 코드를 커밋해버렸다.

타입스크립트가 nextDay.Tue에 접근할 때 당연히 에러를 발생시키겠지만, 애초에 nextDay를 선언할 때 이 사태를 방지할 수 있다. 두 가지 방법이 있는데 다음 절에서 배울 'Record 타입'과 '매핑된 타입' 중 한 가지를 사용하면 된다. 하지만 그 전에 객체 타입의 타입 연산자에 관해 잠시 확인해보자.

6.3 고급 객체 타입

객체는 자바스크립트의 핵심이며 타입스크립트는 객체를 안전하게 표현하고 조작할 수 있는 다양한 수단을 제공한다.

6.3.1 객체 타입의 타입 연산자

유니온(|)과 인터섹션(&) 두 연산자를 37쪽의 "유니온과 인터섹션 타입"에서 이미 소개했다. 타입스크립트는 이들 외에 다른 타입 연산자도 제공한다! 형태 관련 연산을 수행하는 데 도움을 주는 다양한 연산자를 확인해보자.

키인 연산자

선택한 소셜 미디어 API에서 받은 GraphQL API[4] 응답을 모델링하는 복잡한 중첩 타입이 있다고 가정하자.

```
type APIResponse = {
    user: {
        userId: string
        friendList: {
            count: number
            friends: {
                firstName: string
                lastName: string
            }[]
        }
    }
}
```

우리는 이 API에서 응답을 받아와 보여줘야 한다.

```
function getAPIResponse(): Promise<APIResponse> {
    // ...
}
function renderFriendList(friendList: unknown) {
    // ...
}
```

---

4   (옮긴이) 자세히 공부하고 싶다면 《웹 앱 API 개발을 위한 GraphQL》(인사이트, 2019)을 참고하자.

```
let response = await getAPIResponse()
renderFriendList(response.user.friendList)
```

여기서 friendList는 어떤 타입이어야 할까(현재는 unknown으로 처리)? 다
음처럼 friendList의 타입을 따로 정의하고, 이를 반영하여 최상위 수준의
APIResponse를 다시 구현하는 방법도 있다.

```
type FriendList = {
    count: number
    friends: {
        firstName: string
        lastName: string
    }[]
}

type APIResponse = {
    user: {
        userId: string
        friendList: FriendList
    }
}

function renderFriendList(friendList: FriendList) {
    // ...
}
```

하지만 이 방식에서는 각 최상위 타입에 쓰이는 이름들을 하나하나 다 만들어
야 하는데, 매번 이렇게 하기는 귀찮을 것이다(예: GraphQL 스키마로부터 타
입스크립트 타입을 생성하는 빌드 도구를 사용). 대신 응답 타입에 키인(key
in)하는 방법이 있다.

```
type APIResponse = {
    user: {
        userId: string
        friendList: {
            count: number
            friends: {
                firstName: string
                lastName: string
            }[]
        }
    }
```

```
    }
}

type FriendList = APIResponse['user']['friendList']

function renderFriendList(friendList: FriendList) {
    // ...
}
```

모든 형태(객체, 클래스 생성자, 클래스 인스턴스)와 배열에 키인할 수 있다. 예를 들어 다음처럼 친구 한 명의 타입도 얻을 수 있다.

```
type Friend = FriendList['friends'][number]
```

number가 배열 타입에 키인을 적용하는 핵심이다. 튜플에서는 0, 1 또는 키인하려는 인덱스를 가리키는 숫자 리터럴 타입을 사용할 수 있다.

일반 자바스크립트 객체의 필드를 찾는 문법과 키인 문법은 의도적으로 비슷하게 만들어졌다(즉, 객체에서 값을 찾는 것처럼 형태에서 타입을 찾을 수 있다). 다만 키인으로 프로퍼티 타입을 찾을 때 점이 아니라 대괄호 표기법을 사용한다는 점만 주의하자.

keyof 연산자

keyof를 이용하면 객체의 모든 키를 문자열 리터럴 타입 유니온으로 얻을 수 있다. 다음은 앞의 APIResponse에 적용한 예다.

```
type ResponseKeys = keyof APIResponse        // 'user'
type UserKeys = keyof APIResponse['user']    // 'userId' | 'friendList'
type FriendListKeys = keyof APIResponse['user']['friendList']
                                             // 'count' | 'friends'
```

키인과 keyof 연산자를 혼합해 사용하면 객체에서 주어진 키에 해당하는 값을 반환하는 게터를 타입 안전한 방식으로 구현할 수 있다.

```
function get< ❶
    O extends object,
    K extends keyof O ❷
>(
```

```
    o: O,
    k: K
): O[K] { ❸
    return o[k]
}
```

❶ get은 객체 o와 키 k를 인수로 받는 함수다.

❷ keyof O는 문자열 리터럴 타입의 유니온으로 o의 모든 키를 표현한다. 제
네릭 타입 K는 그 유니온을 상속받는다(따라서 이 유니온의 서브타입이다).
예를 들어 o가 {a: number, b: string, c: boolean}이라면 keyof O는 'a'
| 'b' | 'c' 타입이 되며 (keyof O를 상속받은) K는 'a', 'b', 'a' | 'c' 등
keyof O의 서브타입이 될 수 있다.

❸ O[K]는 O에서 K를 찾을 때 얻는 타입이다. ❷에서 든 예로 계속 설명해보자
면, K가 'a'라면 컴파일 타임에 get이 number를 반환하고, K가 'b' | 'c'라
면 get은 string | boolean을 반환한다.

안전하게 타입의 형태를 묘사할 수 있다는 부분이 이 타입 연산자들의 멋진 점
이다.

```
type ActivityLog = {
    lastEvent: Date
    events: {
        id: string
        timestamp: Date
        type: 'Read' | 'Write'
    }[]
}

let activityLog: ActivityLog =           // ...
let lastEvent = get(activityLog, 'lastEvent')  // Date
```

타입스크립트는 컴파일 타임에 lastEvent의 타입이 Date라는 사실을 파악한
다. 물론 이를 확장해 객체에 더욱 깊숙이 키인할 수도 있다. 키를 세 개까지
받을 수 있도록 get을 오버로드하자.

```
type Get = { ❶
    <
```

```
        O extends object,
        K1 extends keyof O
    >(o: O, k1: K1): O[K1] ❷
    <
        O extends object,
        K1 extends keyof O,
        K2 extends keyof O[K1] ❸
    >(o: O, k1: K1, k2: K2): O[K1][K2] ❹
    <
        O extends object,
        K1 extends keyof O,
        K2 extends keyof O[K1],
        K3 extends keyof O[K1][K2]
    >(o: O, k1: K1, k2: K2, k3: K3): O[K1][K2][K3] ❺
}

let get: Get = (object: any, ...keys: string[]) => {
    let result = object
    keys.forEach(k => result = result[k])
    return result
}

get(activityLog, 'events', 0, 'type')  // 'Read' | 'Write'
get(activityLog, 'bad')  // 에러 TS2345: 인수 '"bad"' 타입은 매개변수
                          // '"lastEvent" | "events"' 타입에 할당할 수 없음
```

❶ get을 한 개, 두 개, 세 개의 키로 호출할 수 있도록 get의 함수 시그니처 선
  언을 오버로드했다.

❷ 이전 마지막 예제처럼 한 개의 키를 갖는 상황이다. 즉, O는 객체의 서브타
  입이며 K1은 객체 키의 서브타입이고, O에 K1으로 키인할 때 얻는 타입이
  반환 타입이다.

❸ 두 개의 키를 갖는 상황은 한 개의 키를 갖는 상황과 거의 같다. 다만 제네
  릭 타입 K2를 추가로 선언함으로 O에 K1으로 키인해서 얻는 중첩 객체에 존
  재할 수 있는 키를 표현한다.

❹ 키인을 두 번 수행하여 ❷를 확장한다. 먼저 O[K1]의 타입을 얻은 다음, 그
  결과에서 [K2]의 타입을 얻는다.

❺ 이 예제에서는 중첩 키를 세 개까지 처리할 수 있다. 실제 라이브러리를 구
  현할 때는 이보다 많은 키를 처리해야 할 수도 있을 것이다.

멋지지 않은가? 시간이 있다면 이 예제를 자바 개발자 친구들에게 보여주고 어떻게 동작하는지 설명하면서 의기양양해질 기회를 챙길 수 있다.

> 💡 **TSC 플래그: keyofStringsOnly**
>
> 자바스크립트에서 객체와 배열 모두 문자열과 심벌 키를 가질 수 있다. 다만 배열에는 보통 숫자 키를 쓰는 것이 규칙인데 런타임에 숫자 키는 문자열로 강제 변환된다.
>
> 이런 이유로 타입스크립트의 keyof는 기본적으로 number | string | symbol 타입의 값을 반환한다(하지만 더 구체적인 형태에 keyof를 호출하면 타입스크립트는 이 유니온보다 구체적인 서브타입을 추론할 수 있다).
>
> 올바른 동작이지만 이 때문에 타입스크립트에게 특정 키가 string이고 number나 symbol이 아니라는 사실을 증명해야 하는 귀찮은 상황에 놓일 수 있다.
>
> 타입스크립트가 (문자열 키만 지원하던) 예전처럼 동작하길 원하면 tsconfig.json에서 keyofStringsOnly 플래그를 활성화하자.

6.3.2 Record 타입

타입스크립트의 내장 Record 타입을 이용하면 무언가를 매핑하는 용도로 객체를 활용할 수 있다.

"6.2 종합성"에서 소개한 Weekday 예를 떠올려보면 객체가 특정 키 집합을 정의하도록 강제하는 방법이 두 가지 있었는데, 바로 Record 타입이 그 첫 번째 방법이다.

Record를 이용해 한 주의 각 요일을 다음 요일로 매핑하도록 만들어보자. Record를 이용하면 nextDay의 키와 값에 제한을 추가할 수 있다.

```
type Weekday = 'Mon' | 'Tue' | 'Wed' | 'Thu' | 'Fri'
type Day = Weekday | 'Sat' | 'Sun'

let nextDay: Record<Weekday, Day> = {
    Mon: 'Tue'
}
```

이제 다음과 같은 유용한 에러 메시지가 바로 나타난다.

```
에러 TS2739: '{Mon: "Tue"}' 타입에는
'Record<Weekday, Day>' 타입 중 Tue, Wed, Thu, Fri가 빠져 있음
```

물론 객체에 Weekdays에서 빠진 내용을 추가하면 에러가 사라진다.

Record는 일반 객체의 인덱스 시그니처에 비해 자유롭다. 일반 인덱스 시그니처에서는 객체 값의 타입은 제한할 수 있지만, 키는 반드시 일반 string, number, symbol이어야 한다. 하지만 Record에서는 객체의 키 타입도 string과 number의 서브타입으로 제한할 수 있다.

6.3.3 매핑된 타입

타입스크립트는 더 안전한 nextDay 타입을 선언할 수 있는 더 강력한 두 번째 방법도 제공한다. 바로 매핑된 타입(mapped type)이다. 매핑된 타입을 이용해 nextDay가 Weekday를 키로, Day를 값으로 갖는 객체라고 선언해보자.

```
let nextDay: { [K in Weekday]: Day } = {
    Mon: 'Tue'
}
```

이번에도 다음과 같은 유용한 에러 메시지를 바로 얻을 수 있다.

```
에러 TS2739: '{Mon: "Tue"}' 타입은 '{Mon: Weekday; Tue: Weekday;
Wed: Weekday; Thu: Weekday; Fri: Weekday}'타입이 정의한 프로퍼티 중
Tue, Wed, Thu, Fri를 포함하지 않음
```

매핑된 타입은 타입스크립트만의 고유한 언어 기능이다. 리터럴 타입처럼 매핑된 타입도 자바스크립트에 정적 타입을 덧씌우는 도전을 가능케 하는 유틸리티 기능이다.

살펴본 것처럼 매핑된 타입에는 고유 문법이 있다. 인덱스 시그니처와 마찬가지로 한 객체당 최대 한 개의 매핑된 타입을 가질 수 있다.

```
type MyMappedType = {
    [Key in UnionType]: ValueType
}
```

이름에서 알 수 있듯이 매핑된 타입은 객체의 키와 값 타입을 매핑하는 수단을 제공한다. 실제로 타입스크립트는 이전에 살펴본 내장 Record 타입을 구현하는 데 매핑된 타입을 이용한다.

```
type Record<K extends keyof any, T> = {
    [P in K]: T
}
```

매핑된 타입은 Record보다 강력하다. 객체의 키와 값에 타입을 제공할 뿐 아니라, 키인 타입과 조합하면 키 이름별로 매핑할 수 있는 값 타입을 제한할 수 있기 때문이다.

매핑된 타입을 어떻게 이용할 수 있는지 간단한 예를 몇 가지 살펴보자.

```
type Account = {
    id: number
    isEmployee: boolean
    notes: string[]
}

// 모든 필드를 선택형으로 만듦
type OptionalAccount = {
    [K in keyof Account]?: Account[K] ❶
}

// 모든 필드를 nullable로 만듦
type NullableAccount = {
    [K in keyof Account]: Account[K] | null ❷
}

// 모든 필드를 읽기 전용으로 만듦
type ReadonlyAccount = {
    readonly [K in keyof Account]: Account[K] ❸
}

// 모든 필드를 다시 쓸 수 있도록 만듦(Account와 같음)
type Account2 = {
    -readonly [K in keyof ReadonlyAccount]: Account[K] ❹
}

// 모든 필드를 다시 필수형으로 만듦(Account와 같음)
type Account3 = {
    [K in keyof OptionalAccount]-?: Account[K] ❺
}
```

❶ Account의 각 필드를 선택형으로 매핑하면서 새로운 객체 타입 Optional Account를 만들었다.

❷ Account의 각 필드에 null을 할당할 수 있도록 매핑하면서 새로운 객체 타입 NullableAccount를 만들었다.

❸ Account의 각 필드를 읽기 전용으로 매핑하면서 새로운 객체 타입 Readonly Account를 만들었다.

❹ 필드를 선택형(?)이나 readonly로 표시할 수 있음은 물론, 표시를 제거할 수도 있다. 매핑된 타입에서만 사용할 수 있는 특별 타입 연산자인 마이너스(-)로 ?와 readonly 표시를 제거할 수 있다. 즉, 원래처럼 필드를 필수로 그리고 쓸 수 있도록 만들 수 있다. 여기에서 ReadonlyAccount를 매핑하면서 마이너스(-) 연산자를 적용해 readonly 한정자를 제거해, 결과적으로 기존 Account 타입과 똑같은 새 객체 타입 Account2를 만들었다.

❺ OptionalAccount에서 마이너스(-) 연산자로 선택형(?) 연산자를 제거하고 원래 Account 타입과 같은 Account3라는 새 객체 타입을 만들었다.

 마이너스(-)에 대응하는 플러스(+) 타입 연산자도 있다. 매핑된 타입에서 readonly는 +readonly를 의미하며 ?는 +?를 의미하므로, 사실상 + 연산자를 직접 사용하는 상황은 없다. 단지 장식 정도로 생각할 수 있다.

내장 매핑된 타입

이전 절에서 유도한 매핑된 타입은 매우 유용하여 이 중 많은 것을 타입스크립트가 내장 타입으로 제공한다.

- Record<Keys, Values>

  Keys 타입의 키와 Values 타입의 값을 갖는 객체

- Partial<Object>

  Object의 모든 필드를 선택형으로 표시

- Required<Object>

  Object의 모든 필드를 필수형으로 표시

- Readonly<Object>

  Object의 모든 필드를 읽기 전용으로 표시

- Pick<Object, Keys>

  주어진 Keys에 대응하는 Object의 서브타입을 반환

6.3.4 컴패니언 객체 패턴

컴패니언 객체 패턴(companion object pattern)은 스칼라에서 유래한 기능으로, 같은 이름을 공유하는 객체와 클래스를 쌍으로 연결한다. 타입스크립트에는 타입과 객체를 쌍으로 묶는, 비슷한 기능의 비슷한 패턴이 존재하는데 이 역시도 컴패니언 객체 패턴이라 부르기로 하자.

다음은 컴패니언 객체 패턴의 예다.

```
type Currency = {
    unit: 'EUR' | 'GBP' | 'JPY' | 'USD'
    value: number
}

let Currency = {
    DEFAULT: 'USD',
    from(value: number, unit = Currency.DEFAULT): Currency {
        return { unit, value }
    }
}
```

타입스크립트에서 타입과 값은 별도의 네임스페이스를 갖는다는 사실을 기억하자. "10.4 선언 합치기"에서 이를 조금 더 자세히 설명한다. 따라서 같은 영역에서 하나의 이름(이 예에서는 Currency)을 타입과 값 모두에 연결할 수 있다. 한편, 컴패니언 객체 패턴을 이용하면 별도의 네임스페이스를 이용해 한 번은 타입으로, 한 번은 값으로 두 번 이름을 선언할 수 있다.

이 패턴은 유용한 특성을 제공한다. 이 패턴을 이용하면 타입과 값 정보를 Currency 같은 한 개의 이름으로 그룹화할 수 있다. 또한 호출자는 이 둘을 한 번에 임포트할 수 있다.

```
import { Currency } from './Currency'
```

```
let amountDue: Currency = { ❶
    unit: 'JPY',
    value: 83733.10
}

let otherAmountDue = Currency.from(330, 'EUR') ❷
```

❶ Currency를 타입으로 사용

❷ Currency를 값으로 사용

타입과 객체가 의미상 관련되어 있고, 이 객체가 타입을 활용하는 유틸리티 메서드를 제공한다면 컴패니언 객체 패턴을 이용하자.

6.4 고급 함수 타입들

함수 타입에서 자주 사용하는 고급 기능을 몇 가지 살펴보자.

6.4.1 튜플의 타입 추론 개선

타입스크립트는 튜플을 선언할 때 튜플의 타입에 관대한 편이다. 튜플의 길이, 그리고 어떤 위치에 어떤 타입이 들어있는지는 무시하고 주어진 상황에서 제공할 수 있는 가장 일반적인 타입으로 튜플의 타입을 추론한다.

```
let a = [1, true]  // (number | boolean)[]
```

하지만 때로는 조금 더 엄격한 추론이 필요한데, 예를 들어 앞 예에서 a를 배열이 아니라 고정된 길이의 튜플로 취급하고 싶을 수도 있다. 물론 타입 어서션을 이용해 튜플을 튜플 타입으로 형변환할 수 있다(더 자세한 내용은 "6.6.1 타입 어서션" 참고). 또는 as const 어서션(149쪽의 "const 타입" 참고)을 이용해 튜플의 타입을 가능한 한 좁게 추론하는 동시에 읽기 전용으로 만들 수 있다.

타입 어서션을 사용하지 않고 추론 범위도 좁히지도 않고, 그리고 읽기 전용 한정자를 추가하는 as const도 사용하지 않으면서 튜플을 튜플 타입으로 만들려면 어떻게 해야 할까? 타입스크립트가 나머지 매개변수(94쪽의 "한정된 다형성으로 인수의 개수 정의하기" 참고)의 타입을 추론하는 기법을 이용하면 된다.

```
function tuple< ❶
    T extends unknown[] ❷
>(
    ...ts: T ❸
): T { ❹
    return ts ❺
}

let a = tuple(1, true)  // [number, boolean]
```

❶ 튜플 타입을 만드는 데 사용할 tuple 함수를 선언한다(내장 문법 [] 대신 사용).

❷ unknown[]의 서브타입인 단일 타입 매개변수 T를 선언한다(T는 모든 종류의 타입을 담을 수 있는 배열임을 의미).

❸ tuple은 임의 개수의 매개변수 ts를 받는다. T는 나머지 매개변수를 나타내므로 타입스크립트는 이를 튜플 타입으로 추론한다.

❹ tuple 함수는 ts의 추론 타입과 같은 튜플 타입의 값을 반환한다.

❺ 함수는 우리가 전달한 인수를 그대로 반환한다. 모든 마법은 타입과 관련해서 이루어진다.

튜플 타입이 많이 등장하는 코드라면 이 기법을 활용해 타입 어서션 사용을 줄일 수 있다.

6.4.2 사용자 정의 타입 안전 장치

불(boolean)을 반환하는 함수 중 단순히 "이 함수는 boolean을 반환한다"고 하고 끝내기에는 아쉬운 게 있을 수 있다. 예를 들어 우리가 전달한 인수가 string인지 아닌지를 판단하는 함수를 구현한다고 가정하자.

```
function isString(a: unknown): boolean {
    return typeof a === 'string'
}

isString('a')  // true로 평가
isString([7])  // false로 평가
```

지금까지는 아무 문제가 없다. 하지만 isString을 실제로 호출하면 어떤 일이 일어날까?

```
function parseInput(input: string | number) {
    let formattedInput: string
    if (isString(input)) {
        formattedInput = input.toUpperCase()  // 에러 TS2339: 'number' 타입에
                                               // 'toUpperCase' 프로퍼티가
                                               // 존재하지 않음
    }
}
```

무슨 일일까? 일반 타입 정제("6.1.5 정제" 참고)에서는 typeof가 잘 동작했는데 이번 예에서는 왜 동작하지 않을까?

타입 정제는 강력하지만 현재 영역(유효범위)에 속한 변수만을 처리할 수 있다는 점이 문제다. 한 영역에서 다른 영역으로 이동하면 기존의 정제 결과물은 사라져버린다. isString 구현에서 typeof를 이용해 매개변수 타입을 string으로 정제했지만 타입 정제는 새 영역으로 전달되지 않으므로 결과가 사라진다. 결국 타입스크립트가 알고 있는 사실은 isString이 boolean을 반환한다는 것뿐이다.

따라서 타입 검사기에 isString이 boolean을 반환할 뿐 아니라 boolean이 true면 isString에 전달한 인수가 string임을 알려야 한다. 사용자 정의 타입 안전 장치(user-defined type guard)라는 기법으로 이를 해결할 수 있다.

```
function isString(a: unknown): a is string {
    return typeof a === 'string'
}
```

타입 안전 장치는 타입스크립트의 내장 기능으로 typeof와 instanceof로 타입을 정제할 수 있게 해준다. 하지만 때로는 자신만의 타입 안전 장치가 필요한데 이때는 is 연산자를 사용한다. 매개변수 타입을 정제하고 boolean을 반환하는 함수가 있다면 사용자 정의 타입 안전 장치를 이용해 함수가 제대로 동작함을 보장하도록 만들 수 있다.

사용자 정의 타입 안전 장치는 매개변수 하나에만 적용할 수 있지만 (유니온

과 인터섹션 같은) 복합 타입에도 적용할 수 있다.

```
type LegacyDialog = // ...
type Dialog = // ...

function isLegacyDialog(
    dialog: LegacyDialog | Dialog
): dialog is LegacyDialog {
    // ...
}
```

사용자 정의 타입 안전 장치를 자주 사용할 일은 없겠지만, 잘 활용하면 깨끗하고 재사용할 수 있는 코드를 구현할 수 있다. 사용자 정의 타입 안전 장치를 사용하지 않으면 isLegacyDialog와 isString 같은 잘 캡슐화되고 가독성 좋은 함수를 활용하지 못하고, 대신 typeof나 instanceof 타입 안전 장치를 코드에 일일이 추가해야 한다.

6.5 조건부 타입

조건부 타입은 타입스트립트가 제공하는 기능 중에서도 가장 독특하다고 할 수 있다. 조건부 타입의 의미를 말로 풀어보자면 "U와 V 타입에 의존하는 T 타입을 선언하라. U <: V면 T를 A에 할당하고, 그렇지 않으면 T를 B에 할당하라" 라고 할 수 있다.

코드로는 다음과 같다.

```
type IsString<T> = T extends string ❶
    ? true ❷
    : false ❸

type A = IsString<string>  // true
type B = IsString<number>  // false
```

한 줄씩 자세히 살펴보자.

❶ 제네릭 타입 T를 인수로 갖는 새로운 조건부 타입 IsString을 선언했다. 이 조건부 타입에서 '조건'은 T extends string 부분이고, "T는 string의 서브

타입인가?"라는 의미다.

❷ T가 string의 서브타입이면 true 타입으로 해석한다.

❸ 그렇지 않으면 false 타입으로 해석한다.

평범한 값 수준의 삼항 연산자처럼 보이는 문법이지만 실제로는 타입 수준의 연산이다. 일반적인 삼항 연산자처럼 중첩할 수도 있다.

조건부 타입은 타입 별칭 외에도 타입을 사용할 수 있는 거의 모든 곳(타입 별칭, 인터페이스, 클래스, 매개변수 타입, 함수와 메서드의 제네릭 기본값 등)에 사용할 수 있다.

6.5.1 분배적 조건부

타입스크립트에서는 지금까지 살펴본 예(조건부 타입, 오버로드된 함수 시그 니처, 매핑된 타입 등)에서처럼 간단한 조건을 다양한 방식으로 표현할 수 있다. 이는 분배 법칙(distributive law; 수학시간에 배운 기억이 나는가?)을 따르기 때문이다. 즉, 표 6-1에서 왼쪽의 표현식은 오른쪽의 표현식과 동일하다.

이 표현식은...	다음과 같다
string extends T ? A : B	string extends T ? A : B
(string | number) extends T ? A : B	(string extends T ? A : B) | (number extends T ? A : B)
(string | number | boolean) extends T ? A : B	(string extends T ? A : B) | (number extends T ? A : B) | (boolean extends T ? A : B)

표 6-1 조건부 타입 분배

복잡한 수학이 아니라 타입을 배우고 싶다는 독자 여러분의 마음은 충분히 이해한다. 조금 더 구체적으로 확인해보자. T라는 가변 타입의 인수를 받아 T[]과 같은 배열 타입으로 변환하는 함수가 있다고 가정하자. 이때 T에 유니온 타입을 전달하면 무슨 일이 일어날까?

```
type ToArray<T> = T[]
type A = ToArray<number>          // number[]
type B = ToArray<number | string>  // (number | string)[]
```

상당히 직관적이다. 그렇다면 조건부 타입을 추가하면 어떻게 될까? (다음 분기문의 두 조건절은 모두 같은 타입 T[]로 해석하므로 조건부는 사실 아무 일도 수행하지 않는다. 조건부는 타입스크립트에게 T를 튜플 타입에 분배하라고 말할 뿐이다). 다음을 살펴보자.

```
type ToArray2<T> = T extends unknown ? T[] : T[]
type A = ToArray2<number>              // number[]
type B = ToArray2<number | string>  // number[] | string[]
```

알아차렸는가? 조건부 타입을 사용하면 타입스크립트는 유니온 타입을 조건부의 절들로 분배한다. 조건부 타입을 가져다가 유니온의 각 요소로 매핑(분배)하는 것과 같은 결과다.

그래서 뭘 어쩌자는 걸까? 이를 이용하면 다양한 공통 연산을 안전하게 표현할 수 있다.

예를 들어 타입스크립트는 두 타입의 공통 부분을 구해주는 &와 두 타입의 유니온을 만들어주는 |를 제공한다. 이번에는 T에는 존재하지만 U에는 존재하지 않는 타입을 구하는 Without<T, U>를 구현해보자.

```
type Without<T, U> = T extends U ? never : T
```

Without은 다음처럼 사용할 수 있다.

```
type A = Without<
    boolean | number | string,
    boolean
>  // number | string
```

타입스크립트가 이 타입을 어떻게 구해내는지 따져보자.

1. 입력부터 시작하자.

```
type A = Without<boolean | number | string, boolean>
```

2. 조건을 유니온으로 분배한다.

```
type A = Without<boolean, boolean>
```

```
       | Without<number, boolean>
       | Without<string, boolean>
```

3. Without의 정의를 교체하고 T와 U를 적용한다.

```
type A = (boolean extends boolean ? never : boolean)
       | (number extends boolean ? never : number)
       | (string extends boolean ? never : string)
```

4. 조건을 평가한다.

```
type A = never
       | number
       | string
```

5. 단순화한다.

```
type A = number | string
```

조건부 타입에 분배 속성이 없었다면 얻을 수 있는 게 never뿐이었을 것이다
(원리가 이해되지 않는다면 스스로 차근히 따라 해보자).

6.5.2 infer 키워드

조건부 타입의 마지막 특성으로 조건의 일부를 제네릭 타입으로 선언할 수 있
는 기능을 꼽을 수 있다. 참고로 지금까지는 제네릭 타입 매개변수를 선언하는
방법으로 꺾쇠괄호(<T>)를 이용하는 방법 한 가지만 배웠다. 조건부 타입에서
는 제네릭 타입을 인라인으로 선언하는 전용 문법을 제공한다. 바로 infer 키
워드다.

배열의 요소 타입을 얻는 ElementType이라는 조건부 타입을 정의해보자.

```
type ElementType<T> = T extends unknown[] ? T[number] : T
type A = ElementType<number[]>  // number
```

infer를 이용하면 이 코드를 다음처럼 다시 구현할 수 있다.

```
type ElementType2<T> = T extends (infer U)[] ? U : T
type B = ElementType2<number[]>  // number
```

이상의 간단한 예에서 ElementType은 ElementType2와 같다. infer문으로 새로운 타입 변수 U를 어떻게 선언하는지 확인하자. 타입스크립트는 문맥을 살펴, 즉 ElementType2에 어떤 T를 전달했느냐를 보고 U의 타입을 추론한다.

그리고 U를 T와 함께 미리 선언하지 않고 인라인으로 선언한 이유도 확인하자. 다음처럼 미리 선언한다면 어떤 일이 일어날까?

```
type ElementUgly<T, U> = T extends U[] ? U : T
type C = ElementUgly<number[]>  // 에러 TS2314: 제네릭 타입 'ElementUgly'는
                                // 두 개의 타입 인수를 필요로 함
```

이런! ElementUgly는 T와 U 두 개의 제네릭 타입을 정의하므로 인스턴스화할 때 둘 모두를 인수로 전달해야 한다. 하지만 그렇게 되면 애초에 ElementUgly 자체를 정의할 필요가 없어진다. ElementUgly가 타입을 스스로 추론할 수 있게 하려면 호출자가 U의 타입을 알아내야 하기 때문이다.

솔직히 이미 키인 연산자([])로 배열 요소의 타입을 찾는 법을 배웠기 때문에 이번 예는 조금 빈약해 보일 수 있다. 더 복잡한 예를 확인해보자.

```
type SecondArg<F> = F extends (a: any, b: infer B) => any ? B : never

// Array.slice의 타입 얻기
type F = typeof Array['prototype']['slice']

type A = SecondArg<F>  // number | undefined
```

보다시피 [].slice의 두 번째 인수는 number | undefined이고, 이 사실을 컴파일 타임에 알 수 있다. 같은 동작을 자바로 시도해보자.

6.5.3 내장 조건부 타입들

조건부 타입을 이용하면 정말 강력한 연산자 몇 가지를 타입 수준에서 표현할 수 있다. 타입스크립트가 전역에서 바로 사용할 수 있는 여러 조건부 타입을 제공하는 이유도 바로 이 때문이다.

• Exclude<T, U>

이전에 살펴본 Without 타입처럼 T에 속하지만 U에는 없는 타입을 구한다.

```
type A = number | string
type B = string
type C = Exclude<A, B>  // number
```

- Extract<T, U>

T의 타입 중 U에 할당할 수 있는 타입을 구한다.

```
type A = number | string
type B = string
type C = Extract<A, B>  // string
```

- NonNullable<T>

T에서 null과 undefined를 제외한 버전을 구한다.

```
type A = {a?: number | null}
type B = NonNullable<A['a']>  // number
```

- ReturnType<F>

함수의 반환 타입을 구한다(제네릭과 오버로드된 함수에서는 동작하지 않는다).

```
type F = (a: number) => string
type R = ReturnType<F>  // string
```

- InstanceType<C>

클래스 생성자의 인스턴스 타입을 구한다.

```
type A = {new(): B}
type B = {b: number}
type I = InstanceType<A>  // {b: number}
```

6.6 탈출구

상황에 따라서는 타입을 완벽하게 지정하지 않고도 어떤 작업이 안전하다는 사실을 타입스크립트가 믿도록 만들고 싶을 때가 있다. 예를 들어 여러분이 사용하고 있는 서드 파티 모듈의 타입 정의가 잘못되었음을 파악한 후

DefinitelyTyped[5]에 수정 사항을 기여하기 앞서 여러분 코드에서 먼저 검증해 보려 한다거나, 아폴로(Apollo)로 타입 선언을 다시 만들지 않 은 채 API가 반환한 데이터를 사용해야 하는 상황일 수도 있다.

다행히 타입스크립트는 우리가 인간이라는 사실을 잘 이해하고 있으며, 안전한 작업임을 타입스크립트에 증명할 시간이 없을 때 활용할 수 있는 탈출구를 제공한다.

 명확하지 않다면, 다음에 나열하는 타입스크립트 기능들은 되도록 적게 사용하는 게 좋다. 이 기능들에 너무 의존하는 상황이라면 무언가 잘못된 것일 수 있다.

6.6.1 타입 어서션

타입 B가 있고 A <: B <: C를 만족하면 타입 검사기에게 B는 실제로 A거나 C라고 어서션(assertion; 단언, 확언)할 수 있다. 주의할 점은, 어떤 하나의 타입은 자신의 슈퍼타입이나 서브타입으로만 어서션할 수 있다. 예를 들어 number와 string은 서로 관련이 없으므로 number를 string이라고 어서션할 수는 없다.

타입스크립트는 두 가지의 타입 어서션 문법을 제공한다.

```
function formatInput(input: string) {
    // ...
}

function getUserInput(): string | number {
    // ...
}

let input = getUserInput()

// input이 string이라고 어서션
formatInput(input as string) ❶

// 위 코드와 같은 의미
formatInput(<string>input) ❷
```

---

5 DefinitelyTyped는 서드 파티 자바스크립트를 위한 오픈 소스 타입 선언 저장소다. 더 자세한 사항은 "11.4.2 DefinitelyTyped에서 타입 선언을 제공하는 자바스크립트"를 참고하자.

❶ 타입 어서션(as)을 이용해 타입스크립트에게 input의 타입은 (앞 줄에서 추론되었을) string | number가 아니라 string이라고 알려준다. 예를 들어 getUserInput이 string을 반환한다는 사실을 확신하는 상황에서 formatInput 함수를 빠르게 테스트하려 할 때 이 방법을 활용할 수 있다.

❷ 기존에는 꺾쇠괄호 문법으로 타입 어서션을 정의했다. 두 문법 모두 같은 의미를 갖는다.

> ✅ 타입 어서션에는 꺾쇠괄호(<>)보다는 as 문법을 추천한다. 꺾쇠괄호를 사용하면 TSX 문법(248쪽의 "TSX = JSX + 타입스크립트" 참고)과 혼동을 일으킬 수 있기 때문이다. TSLint의 noangle-bracket-type-assertion[6])을 사용하면 이 규칙을 코드베이스에 강제할 수 있다.

두 타입 사이에 연관성이 충분하지 않아서 한 타입을 다른 타입이라고 어서션할 수 없는 때도 있다. 이 문제는 단순히 any라고 어서션하여 우회할 수 있다 (any는 모든 것에 할당할 수 있기 때문이다("6.1.3 할당성" 참고). 하지만 이렇게 해버리면 어떤 일이 발생할지 조금 더 생각해보자.

```
function addToList(list: string[], item: string) {
    // ...
}
addToList('this is really,' as any, 'really unsafe')
```

언뜻 봐도 안전하지 않은 타입 어서션이므로 되도록 피해야 한다.

6.6.2 Nonnull 어서션

널이 될 수 있는 특별한 상황(T | null 또는 T | null | undefined 타입)을 대비해 타입스크립트는 어떤 값의 타입이 null이나 undefined가 아니라 T임을 단언하는 특수 문법을 제공한다. 몇 가지 상황에서 이 기능을 활용할 수 있다.

예를 들어 웹 앱에서 다이얼로그를 보여주거나 숨기는 프레임워크를 개발했다고 가정하자. 각 다이얼로그는 고유의 ID를 가지며 이 ID로 다이얼로그의

---

6 *http://bit.ly/2WEGGKe*

DOM 노드 참조를 얻을 수 있다. DOM에서 다이얼로그가 사라지면 ID를 삭제해서 DOM 안에 다이얼로그가 더 이상 존재하지 않음을 알린다.

```
type Dialog = {
    id?: string
}

function closeDialog(dialog: Dialog) {
    if (!dialog.id) { ❶
        return
    }
    setTimeout(() => ❷
        removeFromDOM(
            dialog,
            document.getElementById(dialog.id)  // 에러 TS2345:
                     // 'string | undefined' 타입의 인수는
                     // 'string' 타입의 매개변수에 할당할 수 없음 ❸
        )
    )
}

function removeFromDOM(dialog: Dialog, element: Element) {
    element.parentNode.removeChild(element)  // 에러 TS2531: 객체가
                                   // 'null'일 수 있음 ❹
    delete dialog.id
}
```

❶ 다이얼로그가 이미 삭제되어서 id가 없다면 일찍 반환한다.

❷ 이벤트 루프의 다음 차례 때 다이얼로그를 삭제하도록 하여 dialog에 의존하는 다른 코드가 마무리 작업을 실행할 수 있는 기회를 제공한다.

❸ 화살표 함수 내부이므로 유효범위가 바뀌었다. ❶과 ❸ 사이에서 어떤 코드가 dialog를 변경해도 타입스크립트는 알 수 없으므로 ❶에서 시행한 정제가 무효화된다. 또한 dialog.id가 정의되어 있으면 그 ID에 해당하는 요소가 DOM에 반드시 존재한다는 사실을 우리는 알고 있지만(프레임워크를 이렇게 설계했으므로) 타입스크립트 입장에서는 document.getElementById를 호출하면 HTMLElement | null을 반환한다는 사실만 알고 있을 뿐이다. 우리는 결괏값이 항상 널이 아닌 HTMLElement임을 알지만, 우리가 제공한 타입에만 의존하는 타입스크립트는 이 사실을 알지 못한다.

❹ 마찬가지로 우리는 DOM에 다이얼로그가 있으며 부모 DOM 노드도 있다는 사실을 알고 있지만 타입스크립트는 element.parentNode가 Node | null 이라는 사실만 알 뿐이다.

필요한 모든 곳에 if (_ === null)을 추가해 이 문제를 해결할 수 있다. 대상이 null인지 여부를 확신할 수 없다면 올바른 해법이다. 하지만 대상이 null | undefined가 아님을 확신하는 경우라면 타입스크립트가 제공하는 특별 문법을 활용할 수 있다.

```typescript
type Dialog = {
    id?: string
}

function closeDialog(dialog: Dialog) {
    if (!dialog.id) {
        return
    }
    setTimeout(() =>
        removeFromDOM(
            dialog,
            document.getElementById(dialog.id!)!
        )
    )
}

function removeFromDOM(dialog: Dialog, element: Element) {
    element.parentNode!.removeChild(element)
    delete dialog.id
}
```

간간히 보이는 nonnull 어서선 연산자(!)로 document.getElementById의 호출 결과인 dialog.id와 element.parentNode가 정의되어 있음을 타입스크립트에 알려주었다. null이거나 undefined일 수 있는 타입 뒤에 nonnull 어서선이 따라오면 타입스크립트는, 가령 T | null | undefined로 정의된 타입은 T로, number | string | null로 정의된 타입은 number | string으로 바꾼다.

nonnull 어서선을 너무 많이 사용하고 있다는 생각이 들면 코드를 리팩터링 해야 한다는 징후일 수 있다. 예를 들어 Dialog를 두 타입의 유니온으로 분리해 어서선을 제거할 수 있다.

```
type VisibleDialog = {id: string}
type DestroyedDialog = {}
type Dialog = VisibleDialog | DestroyedDialog
```

그리고 이 유니온을 이용하도록 closeDialog 코드를 수정한다.

```
function closeDialog(dialog: Dialog) {
    if (!('id' in dialog)) {
        return
    }
    setTimeout(() =>
        removeFromDOM(
            dialog,
            document.getElementById(dialog.id)!
        )
    )
}

function removeFromDOM(dialog: VisibleDialog, element: Element) {
    element.parentNode!.removeChild(element)
    delete dialog.id
}
```

dialog에 id 프로퍼티가 정의되었음을 확인한 뒤로는(VisibleDialog임을 의미) 화살표 함수 내부에서도 타입스크립트는 dialog의 참조가 바뀌지 않았음을 안다. 즉, 화살표 함수 내부의 dialog는 외부의 dialog와 같은 값이므로, 이전 예제에서 정제를 무효화했던 것과 달리 이번에는 정제 결과가 계속 이어진다.

6.6.3 확실한 할당 어서션

타입스크립트는 확실한 할당 검사(타입스크립트가 변수를 사용할 때 값이 이미 할당되어 있는지 검사하는 방법)용으로 nonnull 어서션을 적용하는 특별한 상황에 사용할 특수 문법을 제공한다.

```
let userId: string
userId.toUpperCase()   // 에러 TS2454: 할당하지 않고 'userId' 변수를 사용함
```

이 에러 검출은 타입스크립트가 제공하는 멋진 서비스라 할 수 있다. userId 변

수를 선언했지만 값을 할당하는 걸 깜빡 잊은 채 대문자 변환 작업을 수행했다. 타입스크립트가 검출해주지 않았다면 런타임 에러가 발생했을 것이다!

하지만 코드가 다음과 같다면 어떨까?

```
let userId: string
fetchUser()

userId.toUpperCase()   // 에러 TS2454: 할당하지 않고 'userId' 변수를 사용함

function fetchUser() {
    userId = globalCache.get('userId')
}
```

우연히 100퍼센트 적중하는 세계 최고의 캐시를 개발했다고 해보자. 따라서 fetchUser를 호출하면 항상 userId가 올바로 정의됨을 보장한다. 하지만 타입스크립트는 정적 검사만으로는 이 사실을 알아채지 못하므로 이전과 같은 에러를 발생시켰다. 이런 상황에서는 확실한 할당 어서션을 이용하여 userId를 사용하는 시점에는 이 변수가 반드시 할당되어 있을 것임을 타입스크립트에 알려줄 수 있다(첫 번째 줄의 느낌표에 주목).

```
let userId!: string
fetchUser()

userId.toUpperCase()   // OK

function fetchUser() {
    userId = globalCache.get('userId')
}
```

타입 어서션, nonnull 어서션과 마찬가지로 확실한 할당 어서션을 너무 자주 사용하고 있다면 무언가 잘못 되어가는 중일 수 있다.

6.7 이름 기반 타입 흉내내기

만약 필자가 어느 날 꼭두새벽에 여러분을 찾아가 "타입스크립트의 타입 시스템이 구조에 기반합니까 아니면 이름에 기반합니까?"라고 묻는다면 "물론 구

조죠! 당장 내 집에서 나가주세요. 아니면 경찰을 부를 거예요!"라고 말할 것이다. 지극히 당연한 반응이라 생각한다.

이것이 타입스크립트의 규칙이지만, 이름 기반 타입도 때로는 아주 유용하다는 사실을 기억하자. 예를 들어 몇 가지의 ID 타입이 있는데, 그 각각은 시스템에서 사용하는 서로 다른 종류의 객체를 고유한 방식으로 식별해준다고 해보자.

```
type CompanyID = string
type OrderID = string
type UserID = string
type ID = CompanyID | OrderID | UserID
```

UserID 타입의 값이 "d21b1dbf" 같은 단순 해시값이라고 해보자. 따라서 비록 UserID라는 별칭으로 사용했지만 실질적으로는 일반 string이다. UserID를 인수로 받는 함수는 다음처럼 정의할 수 있다.

```
function queryForUser(id: UserID) {
    // ...
}
```

문서화가 잘된 코드로, 다른 팀원들도 어떤 타입의 ID를 전달해야 하는지 명확하게 알 수 있다. 하지만 UserID는 string의 별칭일 뿐이므로 이 정의로는 버그를 확실하게 방지할 수 없다. 어떤 개발자가 실수로 잘못된 ID 타입을 전달하면 타입 시스템도 어쩔 도리가 없기 때문이다!

```
let id: CompanyID = 'b4843361'
queryForUser(id)  // OK (!!!)
```

이 상황이 바로 이름 기반 타입이 유용한 사례다.[7] 타입스크립트는 이름 기반 타입을 제공하지 않지만 타입 브랜딩(type branding)이라는 기법으로 이를 흉내낼 수 있다. 이름 기반 타입을 지원하는 다른 언어에 비해 타입스크립트에서 타입 브랜딩으로 이를 흉내내기는 조금 까다로우며 몇 가지 설정도 필요하다.

---

7 일부 프로그래밍 언어에서는 이를 불투명 타입(opaque type)이라 한다.

하지만 브랜디드 타입(branded type)을 이용하면 프로그램을 한층 안전하게
만들 수 있다.

 응용 프로그램과 개발팀의 규모에 따라 이 기능이 필요 없을 수도 있다(규모가 큰 팀일수
록 실수를 줄이는 데 도움이 된다).

우선 필요한 이름 기반 타입 각각에 대응하는 임의의 타입 브랜드를 만든다.

```
type CompanyID = string & { readonly brand: unique symbol }
type OrderID = string & { readonly brand: unique symbol }
type UserID = string & { readonly brand: unique symbol }
type ID = CompanyID | OrderID | UserID
```

string과 {readonly brand: unique symbol}의 인터섹션은 물론 큰 의미가 없다.
예제 코드에서 이를 사용한 이유는 이런 타입을 만드는 자연스러운 방법이 존재
하지 않으며 이 타입의 값을 만들려면 반드시 어서션을 이용해야 하기 때문이다.
이는 브랜디드 타입의 핵심적인 특징으로, 실수로 잘못된 타입을 사용하기가 아
주 어렵게 해준다. 예제에서 unique symbol을 '브랜드'로 사용했는데 이는 타입
스크립트에서 실질적으로 제공하는 두 가지 이름 기반 타입 중 하나이기 때문이
다(나머지 하나는 enum). 그런 다음 이 브랜드를 string과 인터섹션하여 주어진
문자열이 우리가 정의한 브랜디드 타입과 같다고 어서션할 수 있도록 했다.

이제 CompanyID, OrderID, UserID 타입의 값을 만드는 방법이 필요하다. 값을
만드는 데는 컴패니언 객체 패턴("6.3.4 컴패니언 객체 패턴" 참고)을 이용할
것이다. 이제 각 브랜디드 타입의 생성자를 만들어보자. 이때 주어진 값(id)을
앞서 정의한 난해한 타입들로 지정하는 데 타입 어서션(as)을 이용한다.

```
function CompanyID(id: string) {
    return id as CompanyID
}

function OrderID(id: string) {
    return id as OrderID
}

function UserID(id: string) {
```

```
    return id as UserID
}
```

마지막으로 이들 타입을 다음처럼 사용할 수 있다.

```
function queryForUser(id: UserID) {
    // ...
}
```

```
let companyId = CompanyID('8a6076cf')
let orderId = OrderID('9994acc1')
let userId = UserID('d21b1dbf')
```

```
queryForUser(userId)     // OK
queryForUser(companyId)  // 에러 TS2345: 'Company ID' 타입의 인수를
                         // 'UserID' 타입의 매개변수에 할당할 수 없음
```

런타임 오버헤드가 거의 없다는 것이 이 기법의 장점이다. ID 생성당 한 번의 함수 호출로 충분하며 아마 이 함수 호출조차 자바스크립트 VM이 인라인으로 삽입했을 것이다. 런타임에 모든 ID는 단순한 string이다. 즉, 브랜드는 순전히 컴파일 타임에만 쓰이는 구조물이다.

대부분의 응용 프로그램에선 이렇게까지 하는 건 과할 수 있다. 하지만 규모가 큰 응용 프로그램, 또는 다양한 종류의 ID를 사용해 타입이 헷갈리는 작업환경이라면 브랜디드 타입으로 안전성을 확보할 수 있다.

6.8 프로토타입 안전하게 확장하기

자바스크립트 응용 프로그램을 만들 때 내장 타입의 프로토타입을 확장하는 것은 안전하지 않다고 알려져 있다. 이 규칙은 제이쿼리(jQuery) 이전, 즉 자바스크립트 현자가 MooTools 같이 내장 프로토타입 메서드를 직접 확장하고 덮어쓴 라이브러리를 만들기 이전 시대로 거슬러 올라간다. 하지만 동시에 많은 개발자가 프로토타입을 나름의 방식으로 강화하기 시작하면서 충돌 문제가 생겼다. 정적 타입 시스템 없이는, 런타임에 발생하는 충돌로 열받은 사용자가 신고하기 전까지 문제를 알아낼 수도 없었다.

기존 자바스크립트 개발자가 아니라면 자바스크립트에서는 모든 내장 메서

드([].push, 'abc'.toUpperCase, Object.assign 등)를 런타임에 바꿀 수 있다는 사실에 놀랄 것이다. 자바스크립트는 동적 언어이므로 객체의 모든 내장 프로토타입(Array.prototype, Func tion.prototype, Object.prototype 등)에 접근할 수 있다.

예전에는 프로토타입 확장이 안전하지 않은 일이었지만 이제 타입스크립트처럼 정적 타입 시스템을 이용하면 안전하게 확장할 수 있다.[8]

예시를 위해 Array 프로토타입에 zip 메서드를 추가해보자. 프로토타입을 안전하게 확장하기 위해 두 단계로 진행할 것이다. 먼저 .ts 파일(예: zip.ts)에서 Array의 프로토타입을 확장한 다음 새로운 zip 메서드를 프로토타입에 추가한다.

```
// 타입스크립트에 zip이 무엇인지 설명
interface Array<T> { ❶
    zip<U>(list: U[]): [T, U][]
}

// .zip 구현
Array.prototype.zip = function <T, U>(
    this: T[], ❷
    list: U[]
): [T, U][] {
    return this.map((v, k) =>
        tuple(v, list[k]) ❸
    )
}
```

❶ 우선 타입스크립트에게 zip을 Array에 추가하도록 지시했다. 인터페이스 합치기("5.4.1 선언 합침" 참고) 기능을 이용해 전역 범위로 정의된 Array<T> 인터페이스에 zip 메서드를 추가했다.

파일에서 임포트(import)나 익스포트(export)를 명시하지 않았으므로 ("10.2.3 모듈 모드 vs. 스크립트 모드"에서 설명하는 스크립트 모드를 의미함) 기존의 전역 인터페이스와 같은 이름인 Array<T> 인터페이스를 직접 선

---

8 코드 이식성 높이기, 의존성 그래프를 조금 더 명시적으로 만들기, 실제 사용하는 메서드만 로딩해 성능 개선하기 등 프로토타입을 확장하지 않으려는 이유는 다양하다. 하지만 안전성은 더 이상 그 이유가 되지 못한다.

언할 수 있었고 타입스크립트는 자동으로 둘을 합쳐준다. 파일이 모듈 모드(예를 들어 zip을 구현하는데 뭔가를 import해야 하는 상황)라면 전역 확장을 declare global이라는 타입 선언("11.1 타입 선언" 참고)으로 감싸야 한다.

```
declare global {
    interface Array<T> {
        zip<U>(list: U[]): [T, U][]
    }
}
```

global은 전역으로 정의된 모든 값(import를 사용하지 않고도 모듈 모드의 파일에서 사용할 수 있는 모든 것; 10장 참고)을 포함하는 특별한 네임스페이스로, 이를 이용하면 모듈 모드의 파일에서 전역 범위에 존재하는 이름들도 확장할 수 있게 된다.

❷ 그리고 Array의 프로토타입에 zip 메서드를 구현했다. this 타입을 사용하여 타입스크립트가 .zip이 호출되는 대상 배열에서 T 타입을 올바로 추론할 수 있도록 했다.

❸ 타입스크립트는 이 매핑 함수의 반환 타입을 (T | U)[]로 추론하므로(타입스크립트는 이 반환 타입이 항상 0번째 인덱스는 T이고, 1번째 인덱스는 U인 '튜플'임을 알아낼 만큼 영리하지는 않다), 타입 어서션 없이 튜플을 만들기 위해 앞서 소개한 tuple 유틸리티("6.4.1 튜플의 타입 추론 개선"에서 만듦)를 이용했다.

interface Array<T>를 선언할 때 전역 Array 네임스페이스에 추가했다. 즉, 다른 파일에서 zip.ts를 임포트하지 않아도 [].zip을 이용할 수 있으리라 짐작된다. 하지만 Array.prototype에 기능을 추가하려면 zip을 사용하는 모든 파일이 zip.ts를 먼저 로드해야 한다. 어떻게 zip을 사용하는 모든 파일이 zip.ts를 먼저 로드하도록 할 수 있을까?

쉽다. 프로젝트에서 zip.ts를 명시적으로 제외하도록 tsconfig.json을 수정하자. 그러면 이 기능을 사용하는 쪽에서 명시적으로 임포트해야 한다.

```
{
    * exclude *: [
        "./zip.ts"
    ]
}
```

이제 다음처럼 안전하게 zip을 사용할 수 있다.

```
import './zip'
[1, 2, 3]
    .map(n => n * 2)       // number[]
    .zip(['a', 'b', 'c'])  // [number, string][]
```

이 코드를 실행하면 배열에 매핑과 압축(zip)을 차례로 실행한 결과를 얻을 수 있다.

```
[
    [2, 'a'],
    [4, 'b'],
    [6, 'c']
]
```

6.9 마치며

6장에서는 타입스크립트의 타입 시스템에서 제공하는 대부분의 고급 기능, 즉 가변성의 입출력, 흐름 기반 타입 추론, 정제, 타입 넓히기, 종합성, 매핑된 타입과 조건부 타입 등을 살펴봤다. 그리고 타입에 적용할 수 있는 고급 패턴인 이름 기반 타입을 흉내내는 타입 브랜딩, 조건부 타입의 분배 특성을 이용해 타입 수준에서 타입 운용하기, 안전하게 프로토타입 확장하기 등도 배웠다.

모든 것을 이해하지 못했거나 기억하지 못하더라도 큰 문제는 없다. 나중에라도 6장으로 돌아와서 배운 내용을 검토하고 더 안전하게 기능을 구현하는 방법을 참고할 수 있을 것이다.

연습 문제

1. 다음 각 타입 쌍에서 첫 번째 타입을 두 번째 타입에 할당할 수 있는지 정하

고, 그 이유를 설명해보자. 서브타입과 가변성 관점에서 고민해보고, 확신이 서지 않으면 이 장의 처음 부분에서 설명한 규칙들을 확인하자(그래도 잘 모르겠으면 코드 편집기에 직접 코드를 입력해서 확인해보자!).

a. 1과 number

b. number와 1

c. string과 number | string

d. Boolean과 number

e. number[]와 (number | string)[]

f. (number | string)[]과 number[]

g. {a: true}와 {a: boolean}

h. {a: {b: [string]}}과 {a: {b: [number | string]}}

i. (a: number) => string과 (b: number) => string

j. (a: number) => string과 (a: string) => string

k. (a: number | string) => string과 (a: string) => string

l. E.X (열거형 enum E {X = 'X'}에 정의됨)와 F.X (열거형 enum F {X = 'X'}에 정의됨)

2. type O = {a: {b: {c: string}}}라는 객체 타입이 있을 때 keyof O는 무슨 타입을 반환할까? O['a']['b']는 무슨 타입인가?

3. T나 U에 속하지만 둘 다에는 속하지 않는 타입을 구하는 Exclusive<T, U>를 구현하자. 예를 들어 Exclusive<1 | 2 | 3, 2 | 3 | 4>의 결과는 1 | 4다. 타입 검사기가 Exclusive<1 | 2, 2 | 4>를 어떻게 평가하는지 단계별로 서술하자.

4. "6.6.3 확실한 할당 어서션"에서 소개한 예제를 확실한 할당 어서션을 사용하지 않도록 재구현하자.

7장

에러 처리

물리학자, 구조 엔지니어, 프로그래머가 차를 타고 가파른 알프스 산길을 달리고 있는데 브레이크가 고장났다. 차의 속도가 점점 빨라져서 코너를 돌 때마다 애를 먹었고 한두 번은 허름한 충돌방지벽 덕분에 겨우 낭떠러지행을 피할 수 있었다. 그러다가 죽음을 직감할 즈음 긴급 제동 시설이 있는 지점이 나타났다. 간신히 차를 세운 그들을 다음과 같이 말했다.

물리학자: "브레이크 패드의 마찰과 그에 따른 온도 상승을 살펴보면서 이 문제가 왜 발생했는지 확인해야 합니다."

구조 엔지니어: "트렁크에 여러 종류의 스패너가 있습니다. 제가 공구를 이용해 뭐가 문제인지 확인해보겠습니다."

프로그래머: "이 문제를 재현할 수 있는지 확인해보는 게 어떨까요?"

— 익명의 프로그래머

타입스크립트는 런타임에 발생할 수 있는 예외를 컴파일 타임에 잡을 수 있도록 최선을 다한다. 이런 목표하에 강력한 정적, 기호적 분석을 수행하는 풍부한 타입 시스템을 도입한 덕분에 개발자는 변수의 철자 오류, 널 포인터 예외 등을 잡느라 금요일 밤을 허비하지 않을 수 있게 되었다.

안타깝게도, 사용하는 언어가 무엇이든 런타임 예외는 언젠가 발생하기 마련이다. 타입스크립트가 런타임 예외를 정말 잘 예방하는 것은 사실이지만 네트워크 장애, 파일시스템 장애, 사용자 입력 파싱 에러, 스택 오버플로, 메모리 부족 에러까지 모두 막을 수는 없다. 타입스크립트는 풍부한 타입 시스템을 이용해 런타임 에러에 대응할 수 있는 다양한 방법을 제공하지만 상황에 따라서는 결국 런타임 에러가 발생한다.

7장에서는 타입스크립트에서 에러를 표현하고 처리하는 가장 일반적인 패턴 네 가지를 소개한다.

- null 반환
- 예외 던지기
- 예외 반환
- Option 타입

어떤 에러 처리 기법을 사용할지는 여러분의 의도와 응용 프로그램의 종류에 따라 달라진다. 각각의 에러 처리 기법을 소개하면서 여러분이 올바른 선택을 할 수 있도록 장점과 단점을 모두 설명할 것이다.

7.1 null 반환

사용자의 생일을 입력 받아 Date 객체로 파싱하는 프로그램을 구현해보자.

```
function ask() {
    return prompt('When is your birthday?')
}

function parse(birthday: string): Date {
    return new Date(birthday)
}

let date = parse(ask())
console.info('Date is', date.toISOString())
```

단순한 텍스트 입력창을 사용했으므로 사용자가 입력한 내용을 검증해야 한다.

```
// ...
function parse(birthday: string): Date | null {
    let date = new Date(birthday)
    if (!isValid(date)) {
        return null
    }
    return date
}

// 입력한 날짜가 유효한지 검사
function isValid(date: Date) {
    return Object.prototype.toString.call(date) === '[object Date]'
        && !Number.isNaN(date.getTime())
}
```

입력한 내용을 사용하기 전에 가장 먼저 결과가 null인지 확인한다.

```
// ..
let date = parse(ask())
if (date) {
    console.info('Date is', date.toISOString())
} else {
    console.error('Error parsing date for some reason')
}
```

타입 안전성을 유지하면서 에러를 처리하는 가장 간단한 방법은 null을 반환하는 것이다. 사용자가 유효한 내용을 입력하면 Date가 반환되고 그렇지 않으면 null이 반환되는데 이때 타입 시스템은 코드가 두 가지 상황을 모두 처리하는지를 확인한다.

하지만 parse에서 발생하는 에러를 이 방식으로 처리하면 문제가 생긴 원인을 알 수가 없다. 결국 개발자는 로그를 일일이 확인해가며 디버깅을 해야 하고, 사용자 역시 "YYYY/MM/DD 형식으로 날짜를 입력하세요" 같은 자세한 오류 메시지 대신 "알 수 없는 오류가 발생했습니다" 같은 모호한 에러 메시지를 보게 될 것이다.

null을 반환하면 조합이 어려워진다는 점도 문제다. 모든 연산에서 null을 확인해야 하므로 연산을 중첩하거나 연결할 때 코드가 지저분해진다.

7.2 예외 던지기

문제가 발생하면 null 반환 대신 예외를 던지자. 그러면 어떤 문제냐에 따라 대처가 가능할 수 있고, 디버깅에 도움되는 메타데이터도 얻을 수 있다.

```
// ...
function parse(birthday: string): Date {
    let date = new Date(birthday)
    if (!isValid(date)) {
        throw new RangeError('Enter a date in the form YYYY/MM/DD')
    }
    return date
}
```

이제 이 코드를 사용할 때 전체 응용 프로그램이 크래시되지 않도록 매끄럽게 처리하기 위해 주의해서 예외를 잡아야 한다.

```
// ...
try {
    let date = parse(ask())
    console.info('Date is', date.toISOString())
} catch (e) {
    console.error(e.message)
}
```

다른 에러가 발생했을 때 무시하지 않도록, 처리하지 않은 에러는 다시 던지는 것이 좋다.

```
// ...
try {
    let date = parse(ask())
    console.info('Date is', date.toISOString())
} catch (e) {
    if (e instanceof RangeError) {
        console.error(e.message)
    } else {
        throw e
    }
}
```

나중에 다른 개발자가 parse나 ask에서 또 다른 형태의 RangeError를 던질 수 있게 하려면 에러를 서브클래싱하여 더 구체적으로 표현하면 된다. 이런 방식으로 내가 만든 에러와 다른 개발자가 추가한 에러를 구분할 수 있다.

```
// ...
// 커스텀 에러 타입
class InvalidDateFormatError extends RangeError { }
class DateIsInTheFutureError extends RangeError { }

function parse(birthday: string): Date {
    let date = new Date(birthday)
    if (!isValid(date)) {
        throw new InvalidDateFormatError('Enter a date in the form YYYY/MM/DD')
    }
    if (date.getTime() > Date.now()) {
        throw new DateIsInTheFutureError('Are you a timelord?')
    }
    return date
}

try {
    let date = parse(ask())
    console.info('Date is', date.toISOString())
} catch (e) {
    if (e instanceof InvalidDateFormatError) {
        console.error(e.message)
    } else if (e instanceof DateIsInTheFutureError) {
        console.info(e.message)
    } else {
        throw e
    }
}
```

좋아 보인다. 이제 커스텀 에러를 이용하면 어떤 문제가 생겼는지 알려줄 수 있을 뿐 아니라 문제가 생긴 이유도 설명할 수 있다. 문제를 디버깅할 때 서버 로그를 함께 확인하거나, 사용자가 어떤 실수를 했으며 어떻게 문제를 해결할 수 있는지 알려주는 커스텀 에러 다이얼로그 등을 구현할 때 이런 구체적인 에러가 도움이 된다. 여러 동작을 하나의 try/catch 구문으로 감싸는 형태로, 연쇄적이고 중첩된 동작을 효율적으로 만들 수 있다(null을 반환하는 예제에서처럼 연산 하나하나가 실패했는지 확인할 필요가 없다).

이 코드는 어떻게 사용할 수 있을까? 큰 try/catch 구문 안의 코드가 하나의 파일에 담겨 있고, 나머지 코드는 다른 라이브러리에서 임포트된 코드라고 가정하자. 그렇다면 개발자는 특정 타입의 에러(InvalidDateFormatError와 DateIsInTheFutureError) 또는 기존의 RangeError가 던져질 수 있다는 사실을 어떻게 알고 잡아서 처리할 수 있을까? (타입스크립트는 예외를 함수의 시그니처로 취급하지 않는다는 사실을 기억하자.) 그러려면 (parseThrows처럼) 함수 이름에 명시하거나 문서화 주석(docblock)에 정보를 추가해야 한다.

```
/**
 * @throws {InvalidDateFormatError} 사용자가 생일을 잘못 입력함
 * @throws {DateIsInTheFutureError} 사용자가 생일을 미래 날짜로 입력함
 */
function parse(birthday: string): Date {
    // ...
```

하지만 개발자는 보통 게으르기 때문에 현실에서는 이 코드를 try/catch로 감싸서 예외가 발생했는지 확인하지 않을 것이다. 그리고 타입 시스템도 여러분이 특정 예외 상황을 놓쳤으니 처리해야 한다고 알려주지 않을 것이다. 하지만 이 예제에서처럼 에러가 발생할 가능성이 아주 높고 제대로 처리하지 않으면 프로그램이 크래시될 수 있는 API라면 이를 사용하는 코드 어딘가에서 반드시 처리해줘야 한다.

코드를 사용하는 개발자에게 성공과 에러 상황을 모두 처리하도록 알려주려면 어떻게 해야 할까?

7.3 예외 반환

타입스크립트는 자바가 아니며 throws문을 지원하지 않는다.[1] 하지만 유니온 타입을 이용해 비슷하게 흉내낼 수 있다.

```
// ...
function parse(
    birthday: string
): Date | InvalidDateFormatError | DateIsInTheFutureError {
```

---

1 참고로 throws문은 메서드가 어떤 종류의 런타임 예외를 발생시킬 수 있는지 알려주어서 해당 메서드의 사용자가 발생 가능한 에러를 적절하게 처리할 수 있도록 도와준다.

```
    let date = new Date(birthday)
    if (!isValid(date)) {
        return new InvalidDateFormatError('Enter a date in the form YYYY/MM/DD')
    }
    if (date.getTime() > Date.now()) {
        return new DateIsInTheFutureError('Are you a timelord?')
    }
    return date
}
```

이제 이 메서드 사용자는 모든 세 가지의 상황(InvalidDateFormatError, Date
IsInTheFutureError, 파싱 성공)을 처리해야 하며 그렇지 않으면 컴파일 타임
에 TypeError가 발생한다.

```
// ...
let result = parse(ask()) // 날짜 또는 에러
if (result instanceof InvalidDateFormatError) {
    console.error(result.message)
} else if (result instanceof DateIsInTheFutureError) {
    console.info(result.message)
} else {
    console.info('Date is', result.toISOString())
}
```

이상으로 타입스크립트의 타입 시스템을 활용하여 다음을 수행했다.

- parse의 시그니처에 발생할 수 있는 예외를 나열했다.
- 메서드 사용자에게 어떤 에러가 발생할 수 있는지를 전달했다.
- 메서드 사용자가 각각의 에러를 모두 처리하거나 다시 던지도록 강제했다.

게으른 개발자는 에러들을 개별적으로 처리하는 것을 귀찮아할 수 있는데, 그
렇다면 다음처럼 명시적으로 한번에 처리할 수도 있다.

```
// ...
let result = parse(ask())  // 날짜 또는 에러
if (result instanceof Error) {
    console.error(result.message)
} else {
    console.info('Date is', result.toISOString())
}
```

물론 메모리 부족 에러나 스택 오버플로 예외 등으로 프로그램이 여전히 크래시될 가능성은 남아있지만 현실적으로 이런 에러에는 개발자가 대응할 수 있는 여지가 별로 없다.

이 방식은 상당히 단순하고 대단한 자료구조도 사용하지 않는다. 하지만 API 사용자에게 실패 유형과 추가 정보를 얻을 수 있는 길을 알려주기에 충분하다.

한편 에러를 던지는 연산을 연쇄적으로 호출하거나 중첩하면 코드가 지저분해진다는 단점이 있다. 예를 들어 T | Error1을 반환하는 함수를 이용하는 모든 호출자 함수는 두 가지 선택지 중 하나를 고를 수 있다.

1. 명시적으로 Error1을 처리한다.
2. T(성공 상황)를 처리하고 Error1은 호출자 함수의 사용자가 처리하도록 전달한다. 하지만 이 방법을 너무 자주 사용하면 최종 사용자가 처리해야 할 에러의 종류가 크게 늘어날 수 있다.

```
function x(): T | Error1 {
    // ...
}

function y(): U | Error1 | Error2 {
    let a = x()
    if (a instanceof Error) {
        return a
    }
    // a로 어떤 동작을 수행함
}

function z(): U | Error1 | Error2 | Error3 {
    let a = y()
    if (a instanceof Error) {
        return a
    }
    // a로 어떤 동작을 수행함
}
```

이 방식은 조금 복잡한 대신 안전성이 뛰어나다.

7.4 Option 타입

특수 목적 데이터 타입을 사용해 예외를 표현하는 방법도 있다. 이 방식은 값과 에러의 유니온을 반환하는 방법에 비해 단점이 있지만(이런 데이터 타입을 사용하지 않는 다른 코드와는 호환되지 않는다) 에러가 발생할 수 있는 계산에 여러 연산을 연쇄적으로 수행할 수 있게 된다. 가장 많이 사용되는 세 가지로 Try, Option[2], Either 타입을 꼽을 수 있다. 7장에서는 Option 타입[3]만 살펴본다 (나머지 두 연산의 활용법은 크게 다르지 않다).

 Try, Option, Either 데이터 타입은 Array, Error, Map, Promise 등과는 달리 자바스크립트가 기본으로 제공하지 않는다. 따라서 이 타입들을 사용하려면 NPM에서 찾아 설치하거나 직접 구현해야 한다.

Option 타입은 하스켈, 오캐멀, 스칼라, 러스트(Rust) 등의 언어에서 가져온 개념이다. 어떤 특정 값을 반환하는 대신 값을 포함하거나 포함하지 않을 수도 있는 컨테이너를 반환한다는 것이 Option 타입의 핵심이다. 컨테이너는 자체적으로 몇 가지 메서드를 제공하며, 개발자는 이를 이용해 설혹 안에 값이 없을지라도 여러 가지 연산을 연쇄적으로 수행할 수 있다. 값을 포함할 수 있다면 어떤 자료구조로도 컨테이너를 구현할 수 있다. 예를 들어 다음은 배열로 구현한 모습이다.

```
// ...
function parse(birthday: string): Date[] {
    let date = new Date(birthday)
    if (!isValid(date)) {
        return []
    }
    return [date]
}

let date = parse(ask())
date
```

---

2 Maybe 타입이라고 부르기도 한다.
3 구글에서 "try type"이나 "either type"을 검색하면 더 자세한 정보를 얻을 수 있다.

```
    .map(_ => _.toISOString())
    .forEach(_ => console.info('Date is', _))
```

 이미 눈치챘을 수도 있겠지만 기존의 null 반환 방법처럼 Option도 에러가 발생한 이유를 사용자에게 알려주지 않는다. 단지 무엇인가가 잘못되었다는 사실만 알려줄 뿐이다.

언제든 실패할 수 있는 여러 동작을 연쇄적으로 수행할 때 Option의 진가가 발휘된다.

예를 들어 prompt는 항상 성공하고, parse는 실패할 수 있다고 가정했다고 해보자. 그런데 사실은 prompt도 실패할 수 있다면 어떻게 될까? 사용자가 생일 입력을 취소하면 에러가 발생할 것이고 프로그램은 계산을 이어갈 수 없게 된다. 이때 또 다른 Option을 이용해 이 상황을 처리할 수 있다!

```
function ask() {
    let result = prompt('When is your birthday?')
    if (result === null) {
        return []
    }
    return [result]
}
// ...
ask()
    .map(parse)
    .map(date => date.toISOString())
    // 에러 TS2339: 속성 'toISOString'는 'Date[]' 타입에 존재하지 않음
    .forEach(date => console.info('Date is', date))
```

뭔가 잘못되었다. Date의 배열(Date[])을 Date의 배열의 배열(Date[][])로 매핑했기 때문인데, 이 문제는 Date의 배열로 평탄화(flatten)해서 해결할 수 있다.

```
flatten(ask()
    .map(parse))
    .map(date => date.toISOString())
    .forEach(date => console.info('Date is', date))

// 배열의 배열을 배열로 평탄화
function flatten<T>(array: T[][]): T[] {
    return Array.prototype.concat.apply([], array)
}
```

통제하기가 조금 힘들어졌다. 이 코드에서는 타입이 많은 정보를 제공하지 않으므로(단순 배열이므로) 무슨 일이 벌어지고 있는지를 한눈에 파악하기 어렵다. 이쯤에서 우리가 하려는 작업을 컨테이너라는 특수한 데이터 타입에 담아서 상황을 개선해보자. 이때 컨테이너는 대상 값을 이용해 연산을 수행하는 방법과 그 결과를 얻어내는 방법을 드러내는 역할을 한다. 컨테이너를 다 구현하고 나면 다음 코드처럼 사용할 수 있게 된다.

```
ask()
    .flatMap(parse)
    .flatMap(date => new Some(date.toISOString()))
    .flatMap(date => new Some('Date is ' + date))
    .getOrElse('Error parsing date for some reason')
```

우리의 Option 타입은 다음처럼 정의할 것이다.

- Option은 Some<T>와 None이 구현하게 될 인터페이스다(그림 7-1). 이 두 클래스는 모두 Option의 한 형태가 된다. Some<T>는 T라는 값을 포함하는 Option이고 None은 값이 없는, 즉 실패한 상황의 Option을 가리킨다.
- Option은 타입이기도 하고 함수이기도 하다. 타입 관점에서는 단순히 Some과 None의 슈퍼타입을 뜻한다. 함수 관점에서는 Option 타입의 새 값을 만드는 기능을 뜻한다.

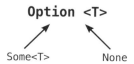

Option <T>

Some<T>   None

그림 7-1 Option<T>는 Some<T> 혹은 None이 될 수 있다

먼저 타입들의 밑그림을 그려보자.

```
interface Option<T> { } ❶
class Some<T> implements Option<T> { ❷
    constructor(private value: T) { }
}
class None implements Option<never> { } ❸
```

❶ Option<T>는 Some<T>와 None이 공유하는 인터페이스다.

❷ Some<T>는 연산에 성공하여 값이 만들어진 상황을 나타낸다. 앞서 사용했던 배열처럼 Some<T>는 결괏값을 포함한다.

❸ None은 연산이 실패한 상황을 나타내면, 따라서 값을 담고 있지 않다.

이상을 앞서의 배열 기반 구현과 비교하면 다음과 같다.

- Option<T>는 [T] | []
- Some<T>는 [T]
- None은 []

이 Option으로 무얼 할 수 있을까? 활용법을 간단히 보여주기 위해 두 가지 연산만 정의해보겠다.

- flatMap

  비어있을 수도 있는 Option에 연산을 연쇄적으로 수행하는 수단

- getOrElse

  Option에서 값을 가져옴

Option 인터페이스에 이들 연산을 정의하자. 그러려면 Some<T>와 None에서 구체적인 코드를 구현해야 한다.

```
interface Option<T> {
    flatMap<U>(f: (value: T) => Option<U>): Option<U>
    getOrElse(value: T): T
}
class Some<T> extends Option<T> {
    constructor(private value: T) { }
}
class None extends Option<never> { }
```

이어서 코드의 의미를 살펴보자.

- flatMap은 T 타입(Option이 포함하는 값의 타입)의 값을 받는 f 함수를 인수로 받아 U 타입의 값을 포함하는 Option을 반환한다. flatMap은 Option의 값

을 인수로 건네 f를 호출한 다음 새로운 Option<U>를 반환한다.

- getOrElse는 Option이 포함하는 값과 같은 타입인 T 타입의 값을 기본값으로 받은 다음, Option이 빈 None이면 기본값을 반환하고, Option이 Some<T>이면 Option 안의 값을 반환한다.

이상의 동작을 고려해 Some<T>와 None에 메서드를 구현해 넣어보자.

```
interface Option<T> {
    flatMap<U>(f: (value: T) => Option<U>): Option<U>
    getOrElse(value: T): T
}
class Some<T> implements Option<T> {
    constructor(private value: T) { }
    flatMap<U>(f: (value: T) => Option<U>): Option<U> { ❶
        return f(this.value)
    }
    getOrElse(): T { ❷
        return this.value
    }
}
class None implements Option<never> {
    flatMap<U>(): Option<U> { ❸
        return this
    }
    getOrElse<U>(value: U): U { ❹
        return value
    }
}
```

❶ Some<T>에 flatMap을 호출하면 인수로 전달된 f를 호출해(Some<T>의 값을 인수로 사용) 새로운 타입의 새 Option을 만들어 반환한다.

❷ Some<T>에 getOrElse를 호출하면 Some<T>의 값을 반환한다.

❸ None은 계산 실패를 의미하므로 flatMap을 호출하면 항상 None을 반환한다. 계산이 한 번 실패하면 (현재의 Option 구현을 개선하지 않는 한) 회복될 수 없기 때문이다.

❹ None에 getOrElse를 호출하면 항상 기본값으로 제공한 값을 그대로 반환한다.

이 코드는 기본적인 구현일 뿐이므로 조금 더 개선할 수 있다. T를 Option<U>로 바꿔 반환하는 함수와 Option이 갖고 있는 전부라면 Option<T>의 flatMap은 항상 Option<U>를 반환할 것이다. 하지만 Some<T>와 None까지 준비되면 더 구체적으로 표현할 수 있다.

표 7-1은 Option의 두 타입에 flatMap을 호출했을 때 결과 타입을 보여준다.

	Some<T>로부터	None으로부터
Some<U>로	Some<U>	None
None으로	None	None

표 7-1 Some<T>와 None에 .flatMap(f)을 호출한 결과

None의 매핑 결과는 항상 None이며 Some<T>의 매핑 결과는 f 호출 결과에 따라 Some<T>나 None이 된다는 사실을 알 수 있다. 이 사실을 이용해 flatMap이 조금 더 구체적인 타입을 제공하도록 시그니처를 오버로드할 수 있다.

```
interface Option<T> {
    flatMap<U>(f: (value: T) => None): None
    flatMap<U>(f: (value: T) => Option<U>): Option<U>
    getOrElse(value: T): T
}
class Some<T> implements Option<T> {
    constructor(private value: T) { }
    flatMap<U>(f: (value: T) => None): None
    flatMap<U>(f: (value: T) => Some<U>): Some<U>
    flatMap<U>(f: (value: T) => Option<U>): Option<U> {
        return f(this.value)
    }
    getOrElse(): T {
        return this.value
    }
}
class None implements Option<never> {
    flatMap(): None {
        return this
    }
    getOrElse<U>(value: U): U {
        return value
    }
}
```

필요한 기능을 거의 다 구현했다. 이제 새 Option을 만드는 데 사용할 함수를 구현하는 일만 남았다. Option 타입을 인터페이스로 정의했으므로 이 함수의 이름도 똑같이 지을 것이다(타입스크립트가 타입과 값을 별도의 네임스페이스로 관리한다는 사실을 기억하자). "6.3.4 컴패니언 객체 패턴"에서와 비슷한 방식이다. 사용자가 null이나 undefined를 전달하면 None을 반환하고 그렇지 않으면 Some을 반환한다. 이번에도 시그니처를 오버로드한다.

```
function Option<T>(value: null | undefined): None ❶
function Option<T>(value: T): Some<T> ❷
function Option<T>(value: T): Option<T> { ❸
    if (value == null) {
        return new None
    }
    return new Some(value)
}
```

❶ 사용자가 Option에 null이나 undefined를 전달하면 None을 반환한다.

❷ 그렇지 않으면 Some<T>를 반환한다. T는 사용자가 전달한 값의 타입이다.

❸ 마지막으로 오버로드된 두 시그니처의 상위 경계를 직접 계산한다. null | undefined와 T의 상위 경계는 T | null | undefined이고, 간소화하면 T가 된다. None과 Some<T>의 상위 경계는 None | Some<T>이므로 이미 정의한 Option<T>로 표현할 수 있다.

드디어 끝이다. null일 수도 있는 값에도 안심하고 연산을 수행할 수 있는 간소한 Option 타입이 만들어졌다. 다음은 이 타입을 사용하는 예다.

```
let result = Option(6)                    // Some<number>
    .flatMap(n => Option(n * 3))          // Some<number>
    .flatMap(n => new None)               // None
    .getOrElse(7)                         // 7
```

앞서의 생일 입력 예에 적용해보니 코드가 기대한 대로 잘 동작한다.

```
ask()                                              // Option<string>
    .flatMap(parse)                                // Option<Date>
    .flatMap(date => new Some(date.toISOString()))  // Option<string>
```

```
.flatMap(date => new Some('Date is ' + date))    // Option<string>
.getOrElse('Error parsing date for some reason')  // string
```

성공하거나 실패할 수 있는 연산을 연달아 수행할 때 Option을 유용하게 사용할 수 있다. Option을 사용하면 타입 안전성을 제공할 뿐 아니라 타입 시스템을 통해 해당 연산이 실패할 수 있음을 사용자에게 알려줄 수 있다.

하지만 Option에도 단점이 있다. 이 기능은 None으로 실패를 표현하기 때문에 무엇이 왜 실패했는지는 자세히 알려주지 못한다. 또한 Option을 사용하지 않는 다른 코드와는 호환되지 않는다는 것도 단점이다(호환되지 않는 API는 Option을 반환하도록 직접 감싸야 한다).

그럼에도 Option은 멋진 기능이다. 오버로드로 기능을 추가하면 Option을 기본 지원하는 언어를 포함한 대부분의 언어로는 표현할 수 없는 일도 해낼 수 있다. 오버로드된 호출 시그니처를 활용하여 다시 말해, Option을 Some과 None으로만 제한하여 코드를 훨씬 안전하게 만들 수 있다. 이는 하스켈 프로그래머들의 질투를 자아낼 만한 일이다. 이제 시원한 음료 한잔을 즐기러 가보자(우리는 충분히 그럴 자격이 있다).

7.5 마치며

7장에서는 타입스크립트에서 에러 신호를 보내고 이로부터 회복할 수 있는 여러 방법을 살펴봤다(null 반환, 예외 던지기, 예외 반환하기, Option 타입). 덕분에 여러분은 작업이 실패했을 때 안전하게 대응할 수 있는 여러 무기를 갖출 수 있었다. 어떤 방법을 사용할지는 다음을 기준으로 여러분이 정하면 된다.

- 어떤 작업이 실패했음을 단순하게 알리거나(null, Option) 실패한 이유와 관련된 정보를 제공(예외를 던지거나 반환)
- 가능한 모든 예외를 사용자가 명시적으로 처리하도록 강제하거나(예외 반환) 에러 처리 관련 코드를 더 적게 구현(예외 던지기)
- 에러를 만드는 방법이 필요하거나(Option) 아니면 단순히 에러가 발생했을 때 처리(null, 예외)

연습 문제

1. 7장에서 배운 패턴 중 하나로 다음 API의 에러를 처리하는 방법을 설계하자. 이 API에서 모든 동작은 실패할 수 있으며 API의 메서드 시그니처는 자유롭게 바꿀 수 있다(필요 없으면 바꾸지 않아도 됨). 일련의 동작을 수행하면서 발생할 수 있는 에러를 어떻게 처리할 수 있는지 생각해보자(예: 사용자의 ID로 로그인한 다음 친구 목록을 가져오고 각 친구의 이름을 얻음).

```
class API {
    getLoggedInUserID(): UserID
    getFriendIDs(userID: UserID): UserID[]
    getUserName(userID: UserID): string
}
```

8장

비동기 프로그래밍, 동시성과 병렬성

지금까지는 동기 프로그래밍, 즉 어떤 입력을 받아 이를 처리하고 완료하는 단계를 차례로 수행하는 종류의 프로그램만 다뤘다. 하지만 실무의 응용 프로그램에서는 네트워크 요청을 보내고 데이터베이스 및 파일시스템과 상호작용하며, 사용자의 동작에 응답하고, CPU를 많이 소비하는 작업을 별도의 스레드에서 수행해야 하므로 콜백(callback), 프로미스(promise), 스트림(stream) 등 다양한 비동기 API를 이용하게 된다.

자바스크립트는 이런 비동기 작업을 처리할 때 위력을 발휘하며, 멀티스레드를 지원하는 자바나 C++ 등의 다른 주류 언어와 비교하기 어려울 정도의 차별성을 보인다. V8, 스파이더몽키(SpiderMonkey) 같은 유명한 자바스크립트 엔진은 태스크 멀티플렉싱 기법을 영리하게 이용하여, 여러 스레드를 이용하던 기존 방식과 달리 스레드 하나로 비동기 작업을 처리한다. 스레드 하나로 비동기 작업을 처리하는 이벤트 루프가 바로 자바스크립트 엔진의 표준 모델이며 여러분이 사용할 기능이다. 최종 사용자 입장에서는 엔진이 이벤트 루프 모델을 사용하든 멀티스레드 모델을 사용하든 별로 상관이 없지만, 개발자 입장에서는 작업 처리 방식과 설계 방식에 많은 영향을 받는다.

자바스크립트는 이벤트 루프 기반의 동시성 모델을 이용해 멀티스레드 기반 프로그래밍에서 공통적으로 나타나는 문제점을 해결한다(동기화된 데이터 타입의 오버헤드, 뮤텍스(mutex), 세마포어(semaphore), 기타 멀티스레딩의 골

칫거리 등). 공유 메모리는 스레드 간에 메시지를 보내거나 데이터를 직렬화해서 보낼 때 활용하는 일반적인 패턴이지만, 자바스크립트를 여러 스레드에서 실행하더라도 공유 메모리는 거의 사용하지 않는다. 이는 얼랭(Erlang), 액터 시스템, 다른 순수 함수형 동시성 모델을 연상시키는 기능이며 자바스크립트 멀티스레드 프로그래밍을 안전하게 해주는 핵심이다.

비동기 프로그래밍은 코드를 한 줄씩 머리로 따라가면서 추적할 수 없는 구조이므로 프로그램을 이해하기 어렵다. 언제 실행이 멈추고 다른 곳의 실행이 진행되며, 멈추었던 실행이 언제 재개되는지 파악해야 하기 때문이다.

타입스크립트는 비동기 프로그램을 더 잘 이해할 수 있는 도구를 제공한다. 타입을 이용하면 비동기 작업을 추적할 수 있으며 async/await 내장 기능을 이용해 비동기 프로그래밍을 동기 프로그래밍과 비슷한 관점에서 접근할 수 있다. 또한 멀티스레드 프로그램에서 엄격한 메시지 전달 프로토콜을 지정하도록 할 수 있다(보기보다 간단하다). 그밖에도 타입스크립트는 동료 개발자의 비동기 코드가 너무 복잡해서 저녁 늦게까지 디버깅하지 않도록 도와줄 수 있다(물론 컴파일러 플래그를 이용한 덕분이다).

비동기 프로그래밍을 본격적으로 살펴보기 전에 비동기라는 기능이 최신 자바스크립트 엔진에서 어떻게 동작하는지, 그리고 단일 스레드에서 어떻게 실행을 정지하고 재개할 수 있는지 살펴보자.

8.1 자바스크립트의 이벤트 루프

예제를 이용해 이 문제를 풀어보자. 각각 1밀리초와 2밀리초 후에 실행되는 두 개의 타이머를 설정했다.

```
setTimeout(() => console.info('A'), 1)
setTimeout(() => console.info('B'), 2)
console.info('C')
```

콘솔에는 결과가 어떻게 출력될까? A, B, C일까?

자바스크립트 프로그래머라면 A, B, C가 아니라 C, A, B가 된다는 사실을 알고 있을 것이다. 자바스크립트나 타입스크립트를 사용해본 적이 없는 독자라면

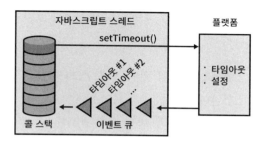

그림 8-1 자바스크립트의 이벤트 루프: 비동기 API를 호출할 때 일어나는 일

이 결과가 직관적이지 않고 이상해 보일 것이다. 사실 동작 원리는 간단하다. 자바스크립트의 동시성 모델이 C 언어의 sleep이나 자바 같은 다른 스레드 기반 작업 스케줄링 언어와는 다르기 때문에 이런 현상이 발생한다.

거시적으로 보면 자바스크립트 VM은 다음처럼 동시성을 흉내낸다(그림 8-1).

- 메인 자바스크립트 스레드는 XMLHTTPRequest(AJAX 요청), setTimeout(잠자기), readFile(디스크에서 파일 읽기) 등의 네이티브 비동기 API를 호출한다. 이들 API는 자바스크립트 플랫폼에서 제공하며 직접 만들 수 없다.[1]
- 네이티브 비동기 API를 호출한 이후에 다시 메인 스레드로 제어가 반환되며 아무 일도 없었던 것처럼 코드를 계속 실행한다.
- 비동기 작업이 완료되면 플랫폼은 태스크(task)를 이벤트 큐에 추가한다. 각 스레드가 자신만의 큐를 가지고 있으며 이를 이용해 비동기 연산 결과를 메인 스레드로 전달한다. 태스크에는 호출 자체와 관련한 메타 정보 일부와 메인 스레드와 연결된 콜백 함수의 참조가 들어 있다.
- 메인 스레드의 콜 스택이 비면 플랫폼은 이벤트 큐에 남아 있는 태스크가 있는지 확인한다. 대기 중인 태스크가 있으면 플랫폼은 그 태스크를 실행한다. 이때 함수 호출이 일어나며 제어는 메인 스레드 함수로 반환된다. 함수 호출이 끝나고 콜 스택이 다시 비면 플랫폼은 다시 기다리는 태스크가 있는지 이벤트 큐에서 확인한다. 콜 스택과 이벤트 큐가 모두 비고, 모든 비동기 네이티브 API 호출이 완료될 때까지 이 과정을 반복한다.

---

1 브라우저 플랫폼을 포크(fork)하거나 C++용 NodeJS 확장을 이용하면 직접 만들 수 있다.

이 사실을 기억해두고 setTimeout 예제로 다시 돌아가 보자. 예제에서는 다음과 같은 일이 일어난다.

1. setTimeout을 호출하면 우리가 건넨 콜백 참조와 1을 인수로 네이티브 타임아웃 API를 호출한다.
2. setTimeout을 다시 호출하면 두 번째 콜백 참조와 2를 인수로 네이티브 타임아웃 API를 다시 호출한다.
3. C를 콘솔에 출력한다.
4. 백그라운드에서 1밀리초가 지난 다음 자바스크립트 플랫폼이 태스크를 이벤트 큐에 추가하여, 첫 번째 setTimeout에서 지정한 시간이 만료되었고 콜백을 호출할 수 있음을 알린다.
5. 다시 1밀리초가 지난 다음 플랫폼이 두 번째 setTimeout의 콜백을 호출할 수 있도록 두 번째 태스크를 이벤트 큐에 추가한다.
6. 콜 스택이 비었으므로 3번 과정을 완료한 플랫폼은 이벤트 큐에 태스크가 있는지 확인한다. 4, 5번 과정 중 하나라도 완료되었다면 태스크가 존재할 것이다. 발견한 각 태스크에서 관련 콜백 함수를 호출한다.
7. 설정한 두 타임아웃이 모두 지났고 이벤트 큐와 콜 스택이 모두 비었다면 프로그램이 종료된다.

이런 방식으로 A, B, C가 아니라 C, A, B가 출력된다. 지금까지의 내용을 바탕으로 타입을 활용해 비동기 코드를 어떻게 안전하게 만들 수 있는지 살펴보자.

8.2 콜백 사용하기

비동기 자바스크립트 프로그램의 기본 단위는 콜백(callback)이다. 콜백은 평범한 함수이며 다른 함수에 인수 형태로 전달된다. 동기 프로그램처럼 특정 함수가 고유한 동작(네트워크 요청 등)을 완료하면 호출자가 건넨 콜백 함수를 호출한다. 비동기 코드가 호출하는 콜백은 보통의 함수라서 비동기로 호출됨을 알리는 전용 타입 시그니처는 존재하지 않는다.

  fs.readFile(디스크의 파일 내용을 비동기로 읽을 때 사용-), dns.resolve

Cname (비동기적으로 CNAME 레코드를 해석할 때 사용) 같은 NodeJS 네이티브 API는 콜백의 첫 번째 매개변수는 에러 또는 null이고 두 번째 매개변수는 결과 또는 null이라는 규칙을 사용한다.

다음은 readFile의 타입 시그니처다.

```
function readFile(
    path: string,
    options: { encoding: string, flag?: string },
    callback: (err: Error | null, data: string | null) => void
): void
```

readFile이나 callback은 모두 일반 자바스크립트 함수일 뿐 특별한 타입을 갖고 있지 않음에 주목하자. 시그니처만 봐서는 readFile이 비동기로 동작하며 readFile을 호출한 다음(결과를 기다리지 않고) 제어가 바로 다음 행으로 넘어 간다는 사실을 알 수 없다.

 이어지는 예제 코드를 실행하려면 NodeJS용의 타입 선언을 설치해야 한다. 설치 방법은 다음과 같다.

```
npm install @types/node --save-dev
```

서드 파티 타입 선언과 관련된 내용은 "11.4.2 DefinitelyTyped에서 타입 선언을 제공하는 자바스크립트"를 참고하자.

예를 들어 아파치(Apache) 접근 로그를 읽고 쓰는 NodeJS 프로그램을 구현한 다고 해보자.

```
import * as fs from 'fs'

// 아파치 서버의 접근 로그에서 데이터 읽기
fs.readFile(
    '/var/log/apache2/access_log',
    { encoding: 'utf8' },
    (error, data) => {
        if (error) {
            console.error('error reading!', error)
            return
        }
```

```
        console.info('success reading!', data)
    }
)

// 동시에 같은 접근 로그에 기록하기
fs.appendFile(
    '/var/log/apache2/access_log',
    'New access log entry',
    error => {
        if (error) {
            console.error('error writing!', error)
        }
    })
```

여러분이 타입스크립트나 자바스크립트 엔지니어이면서 NodeJS의 내장 API의 동작 방식에 익숙하지 않다면 그래서 이들 호출이 비동기로 일어나기 때문에 API 호출 순서로는 파일시스템에서 실행할 동작 순서를 결정할 수 없다는 사실을 알만큼 고수가 아니라면, 먼저 호출한 readFile이 읽어 들인 데이터에 나중에 호출한 appendFile에서 새로 추가한 접근 로그를 들어 있을 수도, 아닐 수도 있다는 사실을 눈치채기는 쉽지 않다(코드를 실행하는 시점에 파일시스템이 얼마나 바쁘냐에 따라 결과가 달라진다).

readFile이 비동기로 동작한다는 사실을 경험한 적이 있거나, NodeJS 문서를 통해 이 사실을 발견했거나, 두 개의 인수(Error | null과 T | null을 차례로)를 받는 함수를 마지막 인수로 받는 함수는 보통 비동기로 동작한다는 사실을 알고 있었거나, 동료와 우연히 NodeJS의 비동기 프로그래밍을 주제로 담소를 나누다가 이런 문제를 경험했고 해결했다는 정보를 들었을 수도 있을 것이다.

어찌되었든 여기서 타입이 해줄 수 있는 것은 없다.

타입만으로 함수가 비동기인지 여부를 알려줄 수 없다는 문제와 별개로, 콜백 방식은 연달아 수행되는 작업을 코드로 표현하기 어렵다는 문제도 있다(이를 '콜백 피라미드'라 부르기도 한다).

```
async1((err1, res1) => {
    if (res1) {
        async2(res1, (err2, res2) => {
            if (res2) {
                async3(res2, (err3, res3) => {
```

```
                    // ...
                })
            }
        })
    }
})
```

여러 동작을 연달아 실행할 때 보통 한 동작이 성공했을 때만 다음 동작으로 이어가고, 에러가 발생하면 즉시 빠져나와야 할 때가 많다. 콜백을 이용하면 이런 제어를 수동으로 처리해야 한다. 특히 동기 방식의 에러까지 관여되기 시작하면(예: 규약에 따라 NodeJS는 입력받은 인수의 타입이 잘못되었다면 여러분이 제공한 콜백에 Error 객체를 담아 호출하기보다는 예외를 던진다) 연이은 콜백을 올바로 처리하기가 상당히 어려워진다.

비동기 동작 여러 개를 이어 붙이는 것도 유용하지만, 때로는 함수들을 병렬로 실행시킨 후 모두가 완료됐을 때 통지하도록 하거나, 서로 경쟁시켜서 가장 먼저 끝난 작업 결과를 이용하는 등의 방식으로 활용할 수도 있다.

평범한 콜백 방식으로는 불가능한 일이다. 비동기 동작을 정교하게 추상화하지 않는다면 서로의 결과에 의존하는 콜백이 여러 개 등장하면 문제가 금방 복잡해지기 때문이다.

다음처럼 요약할 수 있다.

- 간단한 비동기 작업에는 콜백을 사용한다.
- 간단한 동작에는 콜백이 적합할 수 있지만, 비동기 작업이 여러 개로 늘어나면 문제가 금방 복잡해진다.

8.3 프로미스로 정상 회복하기

다행히 이런 문제를 겪은 게 우리가 처음은 아니다. 이 절에서는 비동기 작업을 추상화하여 서로 조합하거나 연결하는 등의 일을 할 수 있는 길을 열어주는 프로미스(promise) 개념을 설명한다. 기존에 프로미스나 퓨처(future)를 사용해본 적이 있는 독자라도 이 절의 내용이 프로미스를 더 잘 이해하는 데 도움을 줄 것이다.

대부분의 최신 자바스크립트 플랫폼은 프로미스를 기본으로 지원한다. 이번 절에서는 연습 삼아 promise의 기능 일부를 직접 구현할 것이다. 실무에서는 이번 절에서 개발하는 기능 대신 내장 기능을 사용해야 한다. 여러분의 플랫폼이 프로미스를 지원하는지는 *http://bit.ly/2uMxkk5*에서 확인하고, 지원하지 않을 때의 대처법은 311쪽의 "lib"을 참고하자.

먼저 Promise로 파일에 내용을 추가하고 결과를 다시 읽어오는 예를 살펴보자.

```
function appendAndReadPromise(path: string, data: string): Promise<string> {
    return appendPromise(path, data)
        .then(() => readPromise(path))
        .catch(error => console.error(error))
}
```

이 코드는 원하는 일을 완수하는 데 필요한 비동기 작업들을 직관적인 체인 (chain) 하나로 엮은 결과, 콜백 피라미드는 전혀 등장하지 않는다는 점에 주목하자. 한 작업이 성공하면 다음 작업을 실행하며, 그중 하나가 실패하면 catch 절로 직행한다. 같은 기능을 콜백으로 구현하려면 다음처럼 해야 한다.

```
function appendAndRead(
    path: string,
    data: string
    cb: (error: Error | null, result: string | null) => void
) {
    appendFile(path, data, error => {
        if (error) {
            return cb(error, null)
        }
        readFile(path, (error, result) => {
            if (error) {
                return cb(error, null)
            }
            cb(null, result)
        })
    })
}
```

이제부터 이 기능을 제공하는 Promise API를 설계할 것이다.

가볍게 시작해보자.

```
class Promise {
}
```

이어서 new Promise는 실행자(executor)라고 부르는 함수를 인수로 받으며, Promise 구현에서 resolve 함수와 reject 함수를 인수로 건네 이 함수를 호출할 것이다.

```
type Executor = (
    resolve: Function,
    reject: Function
) => void
class Promise {
    constructor(f: Executor) { }
}
```

resolve와 reject는 어떻게 동작할까? 다음 코드를 보면서 fs.readFile 같은 콜백 기반의 NodeJS API를 Promise 기반의 API에서 어떻게 수동으로 감쌀 수 있는지 생각해보자.

```
import { readFile } from 'fs'
readFile(path, (error, result) => {
    // ...
})
```

우리의 Promise 구현에서 이 API를 감싸면 다음과 같은 모습이 된다.

```
import { readFile } from 'fs'
function readFilePromise(path: string): Promise<string> {
    return new Promise((resolve, reject) => {
        readFile(path, (error, result) => {
            if (error) {
                reject(error)
            } else {
                resolve(result)
            }
        })
    })
}
```

resolve의 매개변수 타입은 우리가 어떤 API를 사용하는지에 따라 달라지며 (지금 예에서는 result 타입이 매개변수 타입이 된다) reject의 매개변수 타입은 항상 Error 유형이 된다. 구현으로 돌아와서, 안전하지 않았던 Function 타입을 더 구체적인 타입으로 교체해 개선해보자.

```
type Executor<T, E extends Error> = (
    resolve: (result: T) => void,
    reject: (error: E) => void
) => void
    // ...
```

우리는 Promise만 보고도 Promise가 어떤 타입으로 해석(resolve)될지를 알고자 하므로(예: Promise<number>는 비동기 작업 결과로 number 타입을 내놓음), Promise를 제네릭으로 만들고 그 생성자에서 자신의 타입 매개변수들을 Executor 타입에 전달할 것이다.

```
// ...
class Promise<T, E extends Error> {
    constructor(f: Executor<T, E>) { }
}
```

잘 진행되고 있다. Promise의 생성자 API를 정의했고 어떤 타입을 다룰 것인지도 이해했다. 이제 API 연쇄에 관해 생각해보자. 즉, Promise를 통해 연이어 실행하면서 결과를 전달하고 예외를 잡게끔 하고 싶은 연산들은 무엇인가? 이 절의 처음 부분에 등장한 코드의 then과 catch가 이런 연산에 해당한다. Promise 타입에 이들을 추가하자.

```
// ...
class Promise<T, E extends Error> {
    constructor(f: Executor<T, E>) { }
    then<U, F extends Error>(g: (result: T) => Promise<U, F>): Promise<U, F>
    catch<U, F extends Error>(g: (error: E) => Promise<U, F>): Promise<U, F>
}
```

그러면 이 then과 catch를 이용해 Promise 여러 개를 연쇄적으로 호출할 수 있다. then은 성공한 Promise의 결과를 새 Promise로 매핑하며[2], catch는 거부 (reject) 시 에러를 새 Promise로 매핑한다.

다음으로 then을 활용하는 모습을 살펴보자.

```
let a: () => Promise<string, TypeError> = // ...
let b: (s: string) => Promise<number, never> = // ...
let c: () => Promise<boolean, RangeError> = // ...

a()
    .then(b)
    .catch(e => c())  // b는 에러가 아니므로 a가 에러일 때 호출됨
    .then(result => console.info('Done', result))
    .catch(e => console.error('Error', e))
```

타입 b의 두 번째 타입 인수는 never이므로(b는 절대 에러를 던지지 않음을 의미) 첫 번째 catch 구문은 a가 에러일 때만 호출된다. 하지만 Promise를 이용하면 a가 에러를 던질 수 있지만 b는 그렇지 않을 것이라는 사실을 신경 쓸 필요가 없다. a가 성공하면 Promise를 b로 매핑하고, 그렇지 않으면 첫 번째 catch 구문을 실행하면서 Promise를 c로 매핑하기 때문이다. c가 성공하면 "Done"을 기록하고 거절되면 다시 마지막 catch를 실행한다. 기존의 try/catch 구문의 동작을 흉내낸 것으로 마치 동기식 동작에 적용되는 try/catch를 비동기 동작에 적용하는 것과 같은 효과를 제공한다(그림 8-2).

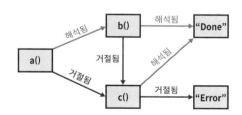

그림 8-2 Promise 상태 머신

Promise가 실제 예외를 던지는 상황(throw Error('foo') 같은 상황)도 처리해

---

2 매의 눈을 가진 독자라면 이 API가 "7.4 Option 타입"에서 개발한 flatMap API와 얼마나 비슷한지 눈치챘을 것이다. 이 둘이 비슷한 것은 절대 우연이 아니다! Promise와 Option은 모두 함수형 프로그래밍 언어 하스켈 때문에 유명해진 모나드 디자인 패턴(Monad design pattern)에 기반한다.

야 한다. then과 catch를 구현할 때 코드를 try/catch로 감싸고 catch 구문에서 거절하는 식으로 처리하면 된다. 함축적으로 설명했는데, 구체적인 의미는 다음과 같다.

1. 모든 Promise는 거절될 수 있는 위험이 있으며, 정적으로 이를 확인할 수 없다(타입스크립트는 함수 시그니처로 어떤 예외가 발생할 수 있는지 알려주는 기능을 지원하지 않기 때문이다).
2. Promise가 거부되었다고 항상 Error인 것은 아니다. 타입스크립트는 어쩔 수 없이 자바스크립트의 동작을 상속받는데 자바스크립트는 throw로 모든 것(에러뿐 아니라 문자열, 함수, 배열, Promise 등)을 던질 수 있기 때문이다. 따라서 거부된 결과가 Error의 서브타입이라고 간주할 수 없다. 안타까운 일이지만 사용자가 모든 프로미스 체인에 try/catch를 적용하지 않도록 하는 과정에서 생기는 어쩔 수 없는 희생이다(그렇지 않으면 여러 파일과 모듈에 try/catch가 우후죽순 등장할 것이다!).

이를 감안하여, 에러 타입을 지정하지 않아도 되게끔 Promise 타입을 조금 느슨하게 풀어준다.

```
type Executor<T> = (
    resolve: (result: T) => void,
    reject: (error: unknown) => void
) => void

class Promise<T> {
    constructor(f: Executor<T>) { }
    then<U>(g: (result: T) => Promise<U>): Promise<U> {
        // ...
    }
    catch<U>(g: (error: unknown) => Promise<U>): Promise<U> {
        // ...
    }
}
```

이렇게 Promise 인터페이스를 완성했다.

then과 catch 구현을 마무리하는 일은 숙제로 남겨두겠다. Promise를 올바르게 구현하기는 까다롭기로 악명이 높다. 하지만 시간과 야망이 있는 독자라면

ES2015 규격 명세[3]에서 프로미스의 상태 머신이 내부적으로 어떻게 동작하는 지 확인해볼 것을 권한다.

8.4 async와 await

프로미스는 비동기 코드를 다루는 강력한 추상 개념이다. 이 패턴이 유명세를 떨치면서 결국 자바스크립트도 async와 await라는 형태로 이를 지원하기 시작 했다(따라서 자연스럽게 타입스크립트도 지원한다). 이 문법을 이용하면 마치 동기 작업을 다루듯이 비동기 작업을 처리할 수 있다.

 await는 .then에 해당하는 언어 수준 문법으로 생각할 수 있다. 프로미스에 await하 려면 반드시 async 블록 안에 있어야 한다. .catch 대신에는 await를 일반적인 try/ catch 블록으로 감싸면 된다.

다음과 같은 프로미스가 있다고 해보자(앞서 finally는 살펴보지 않았는데, finally는 then과 catch를 실행한 다음 최후로 실행되는 구문으로 이해하자).

```
function getUser() {
    getUserID(18)
        .then(user => getLocation(user))
        .then(location => console.info('got location', location))
        .catch(error => console.error(error))
        .finally(() => console.info('done getting location'))
}
```

이 코드를 async와 await를 이용하도록 수정하려면, 먼저 함수 앞에 async를 추 가한 다음 await로 프로미스의 결과를 기다리면 된다.

```
async function getUser() {
    try {
        let user = await getUserID(18)
        let location = await getLocation(user)
        console.info('got location', user)
    } catch (error) {
```

---

3 *http://bit.ly/2JT3KUh*

```
        console.error(error)
    } finally {
        console.info('done getting location')
    }
}
```

async와 await는 자바스크립트 기능이므로 여기서는 깊이 다루지 않겠다. 다만 타입스크립트가 이들 기능을 완벽히 지원하며 아주 강력한 타입 안전성을 제공한다는 사실만 강조해둔다. 프로미스가 필요한 곳에는 언제든 이들을 이용할 수 있으며 연결된 여러 동작을 쉽게 이해할 수 있게 해주고 then을 여러 번 사용할 필요가 없어진다. async, await와 관련한 자세한 내용은 MDN[4]을 참고하자.

8.5 비동기 스트림

프로미스를 이용하면 얼마나 멋지게 미래의 값을 설계하고, 연결하고, 조합할 수 있는지 확인했다. 그런데 미래의 서로 다른 시점에 이용할 수 있게 될 값이 여러 개라면 어떻게 처리해야 할까? 이런 상황은 생각보다 자주 발생한다. 예를 들어 파일시스템에서 파일의 일부를 읽는 상황, 넷플릭스 서버로부터 비디오 스트리밍의 픽셀들을 받는 상황, 폼을 작성하느라 여러 키를 입력하는 상황, 저녁 파티에 여러 명의 친구가 오는 상황, 선거 시 부재자 투표가 이루어지는 상황 등이 모두 이에 해당한다고 볼 수 있다. 각각의 이벤트가 서로 관련이 없어 보이겠지만 비동기 스트림 관점으로 보면 다들 비슷하다. 이들은 모두 여러 개의 데이터로 이루어지며, 각각의 데이터를 미래의 어떤 시점에 받게 된다는 점에서 똑같다.

　몇 가지 방법으로 이런 상황을 설계할 수 있는데 가장 흔히 NodeJS의 Event Emitter 같은 이벤트 방출기(event emitter)를 이용하거나 RxJS 같은 리액티브 프로그래밍 라이브러리를 이용한다.[5] 두 방식의 차이는 콜백과 프로미스의 관

4　*https://mzl.la/2TJLFYt*
5　Observable은 리액티브 프로그래밍에서 시간에 따라 값을 방출하는 기본 빌딩 블록이다. Observable 제안 사이트 (*https://tc39.github.io/proposal-observable/*)에서 Observable을 표준화하려는 노력이 진행되고 있다. 나중에 자바스크립트 엔진에서 광범위하게 이 제안을 채택한다면 이 책의 개정판에서는 Observable을 더 자세히 다룰 것이다.

계와 비슷하다. 이벤트는 빠르고 가벼운 반면 리액티브 프로그래밍 라이브러리는 더 강력하며 이벤트 스트림을 조합하고 연결하는 기능을 제공한다.

이벤트 방출기는 다음 절에서 설명할 것이다. 리액티브 프로그래밍과 관련한 자세한 정보는 RxJS[6], MostJS[7], xtream[8] 등 유명한 리액티브 프로그래밍 라이브러리에서 제공하는 문서를 참고하자.

8.5.1 이벤트 방출기

간단히 요약하자면 이벤트 방출기는 채널로 이벤트를 방출하고 채널에서 발생하는 이벤트를 리스닝하는 API를 제공한다.

```
interface Emitter {
    // 이벤트 방출
    emit(channel: string, value: unknown): void
    // 이벤트가 방출되었을 때 어떤 작업을 수행
    on(channel: string, f: (value: unknown) => void): void
}
```

이벤트 방출기는 자바스크립트에서 자주 사용하는 디자인 패턴이다. DOM 이벤트, 제이쿼리 이벤트, NodeJS의 EventEmitter 등을 사용하면서 이미 이벤트 방출기를 사용해본 적이 있는 독자도 있을 것이다.

대부분의 언어에서 이런 형태의 이벤트 방출기는 안전하지 않다. value의 타입이 특정 channel에 의존하는데 대부분의 언어에서는 이런 관계를 타입으로 표현할 수 없기 때문이다. 언어에서 오버로드된 함수 시그니처와 리터럴 타입을 모두 지원하지 않으면 "이 채널에서는 이런 타입의 이벤트를 방출한다"라고 표현하는 데 문제가 생긴다. 이벤트를 방출하고 각 채널에 리스닝하는 메서드를 생성하는 매크로로 이 문제를 해결할 수 있다. 하지만 타입스크립트에서는 이런 기법을 사용하지 않아도 타입 시스템을 이용해 자연스럽고 안전하게 표현할 수 있다.

---

6   https://www.npmjs.com/package/@reactivex/rxjs
7   https://github.com/mostjs/core
8   https://www.npmjs.com/package/xstream

예를 들어 NodeRedis 클라이언트[9](유명한 Redis 인메모리 데이터베이스용 Node API)를 사용한다고 가정하자. 다음은 이 클라이언트를 사용하는 예다.

```
import Redis from 'redis'

// 새로운 Redis 클라이언트 인스턴스 생성
let client = redis.createClient()

// 클라이언트가 방출하는 몇 가지 이벤트 리스닝
client.on('ready', () => console.info('Client is ready'))
client.on('error', e => console.error('An error occurred!', e))
client.on('reconnecting', params => console.info('Reconnecting...', params))
```

나는 Redis 라이브러리를 사용하는 프로그래머로서 on API를 사용할 때 콜백의 인수 타입이 무엇인지 궁금해졌다. 하지만 인수의 타입은 Redis가 방출하는 채널에 따라 달라질 수 있으므로 한 가지 타입으로는 표현할 수 없다. 만약 내가 라이브러리의 저자였다면 오버로드된 타입을 사용하는 것이 가장 안전하고 구현하기도 간단한 방법이라고 생각했을 것이다.

```
type RedisClient = {
    on(event: 'ready', f: () => void): void
    on(event: 'error', f: (e: Error) => void): void
    on(event: 'reconnecting',
        f: (params: { attempt: number, delay: number }) => void): void
}
```

이 코드는 잘 동작한다. 하지만 뭔가 장황하니 이벤트 정의를 Events라는 별도 타입으로 뽑아내보자. 즉, 매핑된 타입을 이용해보자("6.3.3 매핑된 타입" 참고).

```
type Events = { ❶
    ready: void
    error: Error
    reconnecting: { attempt: number, delay: number }
}

type RedisClient = { ❷
```

---

9 *https://github.com/NodeRedis/node_redis*

```
    on<E extends keyof Events>(
        event: E,
        Async Streams | 185
        f: (arg: Events[E]) => void
    ): void
}
```

❶ 우선 Redis 클라이언트가 방출할 수 있는 모든 이벤트의 타입(이벤트의 인
   수 포함)을 나열하는 객체 타입을 하나 정의했다.

❷ Events 타입을 매핑하면서 여기서 정의한 모든 이벤트에서 on을 호출할 수
   있음을 타입스크립트에 알려줬다.

이어서 emit과 on 두 메서드의 타입을 가능한 한 안전하게 정의해서 Node-
Redis 라이브러리를 더 안전하게 사용할 수 있도록 만들어보자.

```
// ...
type RedisClient = {
    on<E extends keyof Events>(
        event: E,
        f: (arg: Events[E]) => void
    ): void
    emit<E extends keyof Events>(
        event: E,
        arg: Events[E]
    ): void
}
```

이벤트 이름과 인수를 하나의 형태로 따로 빼내고, 리스너와 방출기를 생성하
는 데 이 형태에 매핑하는 패턴은 실무의 타입스크립트 코드에서 자주 볼 수
있다. 이 기법은 간결할 뿐 아니라 매우 안전하다. 이런 식으로 방출기의 타입
을 지정하면 키의 철자가 틀리거나 인수 타입을 잘못 사용하거나 인수 전달을
빼먹는 실수를 방지할 수 있다. 또한 코드 편집기가 리스닝할 수 있는 이벤트
와 이벤트의 콜백 매개변수 타입을 제시해주게 되므로 다른 개발자에게 코드
가 하는 일을 설명하는 문서화 역할도 제공한다.

> **야생의 방출기**
>
> 타입 안전성을 제공하는 이벤트 방출기를 만들기 위해 매핑된 타입을 활용하는 방식은 흔히 쓰이는 패턴이다. 예를 들어 타입스크립트의 표준 라이브러리에서 DOM 이벤트의 타입도 이렇게 정해진다. WindowEventMap은 이벤트 이름에서 이벤트 타입으로의 매핑을 제공하며, 이때 .addEventListener와 .removeEventListener API는 기본 Event 타입보다 더 구체적으로 타입을 결정할 수 있도록 만들어준다.
>
> ```
> // lib.dom.ts
> interface WindowEventMap extends GlobalEventHandlersEventMap {
>     // ...
>     contextmenu: PointerEvent
>     dblclick: MouseEvent
>     devicelight: DeviceLightEvent
>     devicemotion: DeviceMotionEvent
>     deviceorientation: DeviceOrientationEvent
>     drag: DragEvent
>     // ...
> }
>
> interface Window extends EventTarget, WindowTimers,
>     WindowSessionStorage, WindowLocalStorage, WindowConsole,
>     GlobalEventHandlers, IDBEnvironment, WindowBase64,
>     GlobalFetch {
>     // ...
>     addEventListener<K extends keyof WindowEventMap>(
>         type: K,
>         listener: (this: Window, ev: WindowEventMap[K]) => any,
>         options?: boolean | AddEventListenerOptions
>     ): void
>     removeEventListener<K extends keyof WindowEventMap>(
>         type: K,
>         listener: (this: Window, ev: WindowEventMap[K]) => any,
>         options?: boolean | EventListenerOptions
>     ): void
> }
> ```

8.6 타입 안전 멀티스레딩

지금까지 한 개의 CPU 스레드에서 실행하는 상황의 비동기 프로그래밍을 살퍼봤는데 독자 여러분이 구현하는 자바스크립트와 타입스크립트 프로그램 대부분이 이 유형에 속할 것이다. 하지만 때로 CPU를 많이 사용하는 작업에서는 진정한 병렬성, 즉 작업을 여러 개의 스레드로 분리해서 속도를 높이거나 메인 스레드의 부하를 줄여 반응성을 높여야 할 때가 있다. 그래서 이번에는 브라우저와 서버에서 안전하게 병렬 프로그램을 구현하는 패턴을 몇 가지 살펴보겠다.

8.6.1 브라우저에서 웹 워커 활용하기

웹 워커(Web Worker)는 브라우저에서의 멀티스레딩 작업을 폭넓게 지원하는 기능이다. 메인 자바스크립트 스레드가 블록되고 UI가 반응하지 않는 사태(예: 태스크가 CPU를 완전히 점유하는 상황)를 막기 위해 워커 스레드(특별한 제한을 갖는 백그라운드 스레드)를 만들기도 한다. 한편 웹 워커를 이용하면 브라우저에서 진정한 병렬 실행을 실현할 수 있다. Promise, setTimeout 같은 비동기 API는 동시성을 제공하는 반면 워커는 코드를 다른 CPU 스레드에서 병렬로 실행하도록 해준다. 약간의 제한만 준수한다면 웹 워커로 네트워크 요청을 전송하거나 파일시스템에 데이터를 기록하는 등의 작업을 수행할 수 있다.

웹 워커는 브라우저에서 제공하는 API이므로 설계자들은 안전성에 주안점을 두었다(이 책에서 설명하는 타입 안전성이 아니라 메모리 안전성을 말한다). C, C++, 오브젝티브 C, 자바, 스칼라를 이용해본 사람이라면 공유 메모리를 사용하는 동시성의 약점을 잘 알고 있을 것이다. 같은 영역의 메모리를 여러 스레드에서 동시에 읽고 쓰려 하면 비결정성(nondeterminism)이나 데드록(deadlock) 등 온갖 병렬성 관련 문제에 직면하게 된다.

브라우저 코드는 특히 안전해야 하고 브라우저가 크래시되거나 사용자 경험을 악화시키는 요인을 최소화해야 하므로 웹 워커가 메인 스레드나 다른 웹 워커와 통신하는 주된 수단은 메시지 전달(message passing)이 되어야 한다.

 이 절의 예제를 따라하려면 tsconfig.json에서 dom 라이브러리를 활성화하여 이 코드가 브라우저에서 실행될 것임을 TSC에 알려줘야 한다.

```
{
    "compilerOptions": {
        "lib": ["dom", "es2015"]
    }
}
```

또한 코드를 웹 워커에서 실행하려면 webworker 라이브러리가 필요하다.

```
{
    "compilerOptions": {
        "lib": ["webworker", "es2015"]
    }
}
```

웹 워커 스크립트와 메인 스레드 스크립트가 같은 tsconfig.json을 사용한다면 둘 모두를 활성화하자.

메시지 전달 API는 다음처럼 동작한다. 우선 스레드에서 웹 워커를 만든다.

```
// MainThread.ts
let worker = new Worker('WorkerScript.js')
```

이 워커에 메시지를 전달한다.

```
// MainThread.ts
let worker = new Worker('WorkerScript.js')
worker.postMessage('some data')
```

postMessage API를 이용하면 다른 스레드에 거의 모든 종류의 데이터를 전달할 수 있다.[10]

　메인 스레드는 워커 스레드로 실행을 전환하기 전에, 전달한 데이터를 복제할 것이다.[11] 한편 웹 워커에서는 전역적으로 이용할 수 있는 onmessage API로들어오는 이벤트를 리스닝한다.

---

[10] 함수, 에러, DOM 노드, 프로퍼티 디스크립터, 게터와 세터, 프로토타입 메서드와 프로퍼티는 예외다. 자세한 정보는 HTML 5 명세를 참고하자(*http://w3c.github.io/html/infrastructure.html#safe-passing-of-structured-data*).

[11] Transferable API를 이용하면 스레드 간에 특정 타입의 데이터(예: ArrayBffer)를 참조 방식으로 전달할 수 있다. 이 절에서는 스레드 간에 객체 소유권을 명시적으로 넘길 것이므로 Transferable API를 사용하지 않지만, 두 방식은 단지 구현 방법만 다를 뿐이다. Transferable을 사용하더라도 타입 안전성 측면에서는 다른 점이 없다.

```
// WorkerScript.ts
onmessage = e => {
    console.log(e.data)  // 'some data' 기록
}
```

반대 방향으로 통신할 때, 즉 워커에서 메인 스레드로 실행이 바뀔 때는 전역
으로 이용할 수 있는 postMessage를 이용해 메인 스레드로 메시지를 전달하고,
.onmessage 메서드로 들어오는 메시지를 리스닝한다. 이를 합쳐 다음처럼 코
드를 완성할 수 있다.

```
// MainThread.ts
let worker = new Worker('WorkerScript.js')
worker.onmessage = e => {
    console.log(e.data)  // 'Ack: "some data"' 기록
}
worker.postMessage('some data')

// WorkerScript.ts
onmessage = e => {
    console.log(e.data)  // 'some data' 기록
    postMessage(Ack: "${e.data}")
}
```

이 API는 "8.5.1 이벤트 방출기"에서 살펴본 이벤트 방출기 API와 많이 비슷하
다. 메시지를 편리하게 전달할 수 있다는 장점이 있지만, 타입 정보가 없다면
메시지로 전송될 수 있는 온갖 종류의 타입을 모두 올바로 처리했는지 알 수가
없다.

　이 API는 사실상 이벤트 방출기이므로 이벤트 방출기에 타입을 이용했던 것
과 같은 기법을 그대로 적용할 수 있다. 예를 들어 채팅 클라이언트용의 간단
한 메시징 계층을 구현해보자. 이 클라이언트를 워커 스레드에서 실행할 계획
이다. 메시징 계층이 갱신된 데이터를 메인 스레드로 푸시하게 되며 에러 처리
와 권한 등은 신경쓰지 않을 것이다. 먼저 들어오는 메시지와 전송하는 메시지
의 타입을 정의하자(메인 스레드는 Commands를 워커 스레드를 보내고, 워커 스
레드는 메인 스레드로 Events를 돌려보낸다).

```
// MainThread.ts
type Message = string
type ThreadID = number
type UserID = number
type Participants = UserID[]

type Commands = {
    sendMessageToThread: [ThreadID, Message]
    createThread: [Participants]
    addUserToThread: [ThreadID, UserID]
    removeUserFromThread: [ThreadID, UserID]
}

type Events = {
    receivedMessage: [ThreadID, UserID, Message]
    createdThread: [ThreadID, Participants]
    addedUserToThread: [ThreadID, UserID]
    removedUserFromThread: [ThreadID, UserID]
}
```

이들 타입을 어떻게 웹 워커 메시징 API에 적용할 수 있을까? 가장 간단한 방법
은 모든 가능한 메시지 타입의 유니온을 정의한 다음 switch문에서 Message 타
입을 기준으로 분기하는 것이다. 제법 따분한 방식이긴 한데, 어쨌든 Command
타입은 다음처럼 구현할 수 있다.

```
// WorkerScript.ts
type Command = ❶
    | { type: 'sendMessageToThread', data: [ThreadID, Message] } ❷
    | { type: 'createThread', data: [Participants] }
    | { type: 'addUserToThread', data: [ThreadID, UserID] }
    | { type: 'removeUserFromThread', data: [ThreadID, UserID] }

onmessage = e => ❸
    processCommandFromMainThread(e.data)

function processCommandFromMainThread( ❹
    command: Command
) {
    switch (command.type) { ❺
        case 'sendMessageToThread':
            let [threadID, message] = command.data
            console.log(message)
        // ...
```

```
        }
    }
```

❶ 메인 스레드가 워커 스레드로 보낼 수 있는 모든 명령(command)의 유니온 (각 명령의 인수 포함)을 정의했다.

❷ 평범한 유니온 타입이다. 긴 유니온 타입을 정의할 때는 파이프(|)를 앞에 붙여서 가독성을 높일 수 있다.

❸ 타입을 지정하지 않은 onmessage API로 메시지를 받은 다음 타입을 지정한 processCommandFromMainThread API에서 처리하도록 위임한다.

❹ 메인 스레드에서 들어오는 모든 메시지를 처리한다. 이 함수는 타입을 지정하지 않은 onmessage API를 타입을 지정해 감싸주는 안전한 래퍼 역할을 해준다.

❺ Command 타입은 차별된 유니온 타입(156쪽의 "차별된 유니온 타입" 참고)이므로 switch문을 이용하여 메인 스레드가 발송할 수 있는 모든 메시지 타입을 처리한다.

웹 워커의 자잘한 API를 익숙한 EventEmitter 기반의 API로 추상화하자. 이런 식으로 수신하거나 발송하는 메시지 타입의 다양성을 줄일 수 있다.

NodeJS의 EventEmitter API(브라우저용은 NPM의 events 패키지[12]에 들어 있다)의 타입 안전 래퍼부터 만든다.

```
import EventEmitter from 'events'

class SafeEmitter<
    Events extends Record<PropertyKey, unknown[]> ❶
> {
    private emitter = new EventEmitter ❷
    emit<K extends keyof Events>( ❸
        channel: K,
        ...data: Events[K]
    ) {
        return this.emitter.emit(channel, ...data)
    }
    on<K extends keyof Events>( ❹
```

---

12 *https://www.npmjs.com/package/events*

```
        channel: K,
        listener: (...data: Events[K]) => void
    ) {
        return this.emitter.on(channel, listener)
    }
}
```

❶ SafeEmitter는 제네릭 타입 Events를 선언한다. Events는 (타입스크립트에 내장된 유효한 객체 키인 string, number, Symbol을 뜻하는) PropertyKey를 매개변수 목록에 매핑하는 Record다.

❷ SafeEmitter에서 emitter를 비공개 멤버로 선언했다. SafeEmitter를 상속 받지 않은 이유는 emit과 on의 시그니처가 EventEmitter에서 오버로드한 대응 부분보다 더 제한적인데, 타입스크립트에서 함수의 매개변수는 반변이므로 이 함수들을 오버로드할 수 없기 때문이다(함수 a를 함수 b에 할당할 수 있으려면 함수 a의 매개변수는 함수 b의 대응하는 매개변수의 슈퍼타입이어야 한다).

❸ emit의 첫 번째 인수는 channel이고, 이어서 우리가 Events 타입에 정의한 매개변수 목록에 대응하는 인수들을 받는다.

❹ 비슷하게 on은 channel과 listener를 받는다. listener가 받는 인수의 수는 가변적인데, 바로 우리가 Events 타입에 정의한 매개변수 목록에 대응하는 값들이다.

SafeEmitter를 이용하면 리스닝 계층을 안전하게 구현하는 데 필요한 많은 코드를 극적으로 줄일 수 있다. 워커 쪽에서는 모든 onmessage 호출을 방출기로 위임하여 사용자에게 편리하고 안전한 리스너 API를 제공할 수 있게 되었다.

```
// WorkerScript.ts
type Commands = {
    sendMessageToThread: [ThreadID, Message]
    createThread: [Participants]
    addUserToThread: [ThreadID, UserID]
    removeUserFromThread: [ThreadID, UserID]
}

type Events = {
    receivedMessage: [ThreadID, UserID, Message]
```

```
    createdThread: [ThreadID, Participants]
    addedUserToThread: [ThreadID, UserID]
    removedUserFromThread: [ThreadID, UserID]
}

// 메인 스레드로부터 들어오는 이벤트를 리스닝
let commandEmitter = new SafeEmitter<Commands>()

// 이벤트를 메인 스레드로 다시 방출
let eventEmitter = new SafeEmitter<Events>()

// 메인 스레드로부터 받은 명령을 타입 안전한
// 이벤트 방출기로 감쌈
onmessage = command =>
    commandEmitter.emit(
        command.data.type,
        ...command.data.data
    )

// 워커가 발생시킨 이벤트를 리스닝하면서 이를 메인 스레드로 전송
eventEmitter.on('receivedMessage', data =>
    postMessage({ type: 'receivedMessage', data })
)
eventEmitter.on('createdThread', data =>
    postMessage({ type: 'createdThread', data })
)
// 기타

// 메인 스레드가 보낸 sendMessageToThread 명령에 응답
commandEmitter.on('sendMessageToThread', (threadID, message) =>
    console.log(OK, I will send a message to threadID ${ threadID })
)

// 이벤트를 메인 스레드로 다시 방출
eventEmitter.emit('createdThread', 123, [456, 789])
```

물론 EventEmitter 기반 API를 이용해서도 메인 스레드에서 워커 스레드로 명령을 보낼 수 있다. 만약 이 패턴으로 코딩하고자 한다면, 이벤트 타입에 따른 리스너를 수동으로 추가하지 않게끔 와일드카드 리스너 등 기능이 더 풍부한 방출기를 사용하는 걸 고민해보자(예: Paolo Fragomeni의 멋진 Event Emitter2[13]).

---

13 *https://www.npmjs.com/package/eventemitter2*

```
// MainThread.ts
type Commands = {
    sendMessageToThread: [ThreadID, Message]
    createThread: [Participants]
    addUserToThread: [ThreadID, UserID]
    removeUserFromThread: [ThreadID, UserID]
}

type Events = {
    receivedMessage: [ThreadID, UserID, Message]
    createdThread: [ThreadID, Participants]
    addedUserToThread: [ThreadID, UserID]
    removedUserFromThread: [ThreadID, UserID]
}

let commandEmitter = new SafeEmitter<Commands>()
let eventEmitter = new SafeEmitter<Events>()
let worker = new Worker('WorkerScript.js')

// 워커로 들어오는 이벤트를 리스닝하여,
// 타입 안전한 이벤트 방출기로 다시 방출
worker.onmessage = event =>
    eventEmitter.emit(
        event.data.type,
        ...event.data.data
    )

// 이 스레드가 발행하는 명령을 리스닝하여 워커로 전송
commandEmitter.on('sendMessageToThread', data =>
    worker.postMessage({ type: 'sendMessageToThread', data })
)
commandEmitter.on('createThread', data =>
    worker.postMessage({ type: 'createThread', data })
)
// 기타

// 새 스레드가 생성되었음을 워커가 알려주면 작업을 수행
eventEmitter.on('createdThread', (threadID, participants) =>
    console.log('Created a new chat thread!', threadID, participants)
)

// 명령을 워커로 전송
commandEmitter.emit('createThread', [123, 456])
```

드디어 완성했다. 익숙한 이벤트 방출 추상화를 제공하는, 간단하면서도 타입

안전한 래퍼를 만들었다. 이제 이 래퍼를 다양한 설정에 활용할 수 있다. 즉, 브라우저 안에서의 커서 이벤트부터 스레드 간 커뮤니케이션까지, 스레드 사이의 메시지 전달을 안전하게 수행할 수 있다. 타입스크립트에서는 이 패턴은 흔히 사용한다. 심지어 안전하지 않은 동작들도 타입 안전한 API로 감쌀 수 있는 경우가 많다.

타입 안전 프로토콜

지금까지 두 스레드 사이에 메시지를 주고 받는 기능을 살펴봤다. 이 기술을 확장하여 특정 명령이 특정한 한 가지 이벤트만 받도록 제한하려면 어떻게 해야 할까?

함수 실행을 다른 스레드에 맡길 수 있는 간단한 호출/응답 프로토콜을 만들자. 함수 자체를 다른 스레드로 전달하기는 어렵지만, 워커 스레드에서 함수를 정의하고 인수를 전달해 실행 결과를 돌려받을 수는 있다. 예를 들어 행렬의 계수 찾기, 두 행렬의 내적 계산하기, 역행렬 구하기라는 세 가지 기능을 제공하는 행렬 수학 엔진을 개발한다고 해보자.

이번에도 이 세 가지 연산의 타입부터 정의해보자.

```typescript
type Matrix = number[][]

type MatrixProtocol = {
    determinant: {
        in: [Matrix]
        out: number
    }
    'dot-product': {
        in: [Matrix, Matrix]
        out: Matrix
    }
    invert: {

        in: [Matrix]
        out: Matrix
    }
}
```

행렬은 메인 스레드에서 정의하고 모든 계산은 워커에서 실행한다. 이번에도

안전하지 않은 동작(타입이 정의되지 않은 메시지를 워커와 주고 받기)을 안
전한 동작으로 감싸면서 사용자에게는 잘 정의된, 타입이 명시된 API만 제공
할 생각이다. 초안으로 간단한 호출/응답 프로토콜인 Protocol을 정의해보자.
Protocol은 워커가 수행할 수 있는 연산들과 각 연산의 입출력 타입들을 담게
된다.[14] 그런 다음 이 프로토콜과 함께 워커에 제공할 파일 경로를 받아 함수를
반환하는 제네릭 함수인 createProtocol을 정의한다. createProtocol이 반환
하는 함수는 프로토콜 안의 command를 입력받아 또 다른 함수를 반환한다. 그
리고 이 마지막 함수가 바로 특정 인수들에 관한 command를 실제로 평가(실행)
할 때 호출할 함수다. 다음 구현을 확인하자.

```
type Protocol = { ❶
    [command: string]: {
        in: unknown[]
        out: unknown
    }
}

function createProtocol<P extends Protocol>(script: string) { ❷
    return <K extends keyof P>(command: K) => ❸
        (...args: P[K]['in']) => ❹
            new Promise<P[K]['out']>((resolve, reject) => { ❺
                let worker = new Worker(script)
                worker.onerror = reject
                worker.onmessage = event => resolve(event.data.data)
                worker.postMessage({ command, args })
            })
}
```

❶ 먼저 MatrixProtocol에 한정되지 않는 범용 Protocol 타입을 정의한다.

❷ createProtocol을 호출할 때는 워커 스크립트(script)의 파일 경로와 구체
적인 Protocol을 인수로 전달한다.

❸ createProtocol은 command를 인수로 받는 익명 함수를 반환한다. 이 command
는 ❷에서 설정한 Protocol의 키다.

---

14 이 예제는 명령을 보낼 때마다 새로운 워커를 생성하므로 효율적인 구현이라 할 수 없다. 실전에서는 풀링(pooling)
메커니즘을 활용하여 여러 개의 워커를 준비해놓고 다 쓴 워커는 재활용하는 게 좋을 것이다.

❹ ❸에서 전달한 command의 in 타입에 따라 이 익명 함수를 호출한다.

❺ 구체적인 프로토콜에서 정의한 대로 command에서 지정한 out 타입의
Promise를 반환한다. 여기에서는 타입 매개변수가 Promise라고 명시했는
데, 명시하지 않았다면 기본값으로 {}가 사용된다.

이제 MatrixProtocol 타입과 웹 워커 스크립트 경로를 건네 createProtocol
을 실제로 사용해보자(행렬식을 계산법은 따로 설명하지 않을 것이며 Matrix
WorkerScript.ts에 이미 구현했다고 가정함). 프로토콜의 특정 명령을 실행하
는 데 사용할 함수는 나중에 살펴볼 것이다.

```
let runWithMatrixProtocol = createProtocol<MatrixProtocol>(
    'MatrixWorkerScript.js'
)
let parallelDeterminant = runWithMatrixProtocol('determinant')

parallelDeterminant([[1, 2], [3, 4]])
    .then(determinant =>
        console.log(determinant)  // -2
    )
```

멋지지 않은가? 아무런 타입 정보 없이 스레드 사이를 오가는, 즉 전혀 안전
하지 않은 메시지를 완벽하게 안전한 요청/응답 프로토콜로 추상화했다. 프
로토콜에서 사용할 수 있는 모든 명령은 한곳(MatrixProtocol)에 정의되어 있
으며 핵심 로직(createProtocol)은 구체적인 프로토콜 구현(runWithMatrix
Protocol)과는 별개로 존재한다.

 (같은 기기 또는 네트워크로 연결된 다른 컴퓨터에 존재하는) 두 프로세스
간에 통신을 해야 하는 상황에서 타입 안전 프로토콜은 안전한 통신을 보장하
는 훌륭한 도구다. 이번 절에서는 프로토콜이 어떤 문제들을 해결해줄 수 있는
지를 알아보았다. 실전에서는 Swagger, gRPC, Thrift, GraphQL 등 이미 존재
하는 도구를 사용해볼 수 있다. 더 자세한 내용은 "9.2 타입 안전 API"를 참고
하자.

8.6.2 NodeJS에서 자식 프로세스 이용하기

 이 절에서 소개하는 예시를 확인하려면 NPM을 통해 NodeJS 타입 선언을 설치해야 한다.

```
npm install @types/node --save-dev
```

타입 선언과 관련한 더 자세한 내용은 "11.4.2 DefinitelyTyped에서 타입 선언을 제공하는 자바스크립트"를 참고하자.

NodeJS에서 병렬 실행의 타입 안전성을 보장하는 원리는 브라우저에서 웹 워커 스레드가 동작하는 원리와 같다(237쪽의 "타입 안전 프로토콜" 참고). 메시지 전달 계층 자체는 안전하지 않더라도 그 위를 타입 안전 API로 덮는 일은 어렵지 않다. 다음은 NodeJS의 자식 프로세스 API 모습이다.

```
// MainThread.ts
import { fork } from 'child_process'

let child = fork('./ChildThread.js') ❶

child.on('message', data => ❷
    console.info('Child process sent a message', data)
)

child.send({ type: 'syn', data: [3] }) ❸
```

❶ NodeJS의 fork API로 새 자식 프로세스를 만든다.

❷ on API로 자식 프로세스로에서 들어오는 메시지를 리스닝한다. NodeJS 자식 프로세스가 부모로 전송할 수 있는 메시지는 몇 가지가 있지만, 이 예에서는 'message'라는 메시지만 확인한다.

❸ send API로 메시지를 자식 프로세스로 전송한다.

다음의 자식 스레드에서는 process.on API를 이용해 메인 스레드가 전송한 메시지를 리스닝하며, 메인 스레드로 전송할 때는 process.send를 이용한다.

```
// ChildThread.ts
process.on('message', data => ❶
```

```
    console.info('Parent process sent a message', data)
)
process.send({ type: 'ack', data: [3] }) ❷
```

❶ process에 전역으로 정의된 on API를 사용해 부모 스레드가 전송한 메시지를 리스닝한다.

❷ process의 send API를 이용해 부모 프로세스로 메시지를 전송한다.

웹 워커의 동작 방식과 비슷하므로, NodeJS의 프로세스 간 통신을 추상화하여 타입 안전 프로토콜을 구현하는 문제는 여러분께 숙제로 남겨둔다.

8.7 마치며

8장에서는 자바스크립트의 이벤트 루프라는 기본 개념에서 시작하여, 자바스크립트에서 비동기 코드 블록을 만드는 방법과 이를 타입스크립트의 여러 기능(콜백, 프로미스, async/await, 이벤트 방출기 등)을 활용해 안전하게 표현하는 방법을 살펴봤다. 그리고 멀티스레딩, (브라우저 안과 서버에서 동작하는) 스레드 간 메시지 전달, 스레드 간 통신용 프로토콜 제작이라는 주제를 다뤘다.

7장에서처럼 어떤 기법을 사용할지는 각자가 결정할 문제다.

- 간단한 비동기 작업에는 콜백이 직관적이다.
- 연이은 혹은 병렬 실행이 필요한 더 복잡한 작업에는 프로미스와 async/await를 이용할 수 있다.
- 프로미스로 해결하기 어려운 문제(예: 이벤트를 여러 번 발생시킴)는 이벤트 방출기나 RxJS 같은 리액티브 스트림 라이브러리 사용을 고려해보자.
- 이 방법들을 멀티 스레드로 확장하려면 이벤트 방출기, 타입 안전 프로토콜, 타입 안전 API("9.2 타입 안전 API" 참고)를 사용하자.

연습 문제

1. 인수 하나와 콜백 함수 하나를 취하는 함수를 인수로 받아서 프로미스를

반환하는 함수로 래핑해주는 범용 promisify 함수를 구현하자. 제대로 구현했다면 다음처럼 사용할 수 있어야 한다. (먼저 npm install @types/node --save-dev로 NodeJS용 타입 선언을 설치해야 한다.)

```
import { readFile } from 'fs'

let readFilePromise = promisify(readFile)
readFilePromise('./myfile.ts')
    .then(result => console.log('success reading file', result.toString()))
    .catch(error => console.error('error reading file', error))
```

2. 237쪽의 "타입 안전 프로토콜"에서는 타입 안전 형렬 계산 프로토콜 절반을 구현했다. 메인 스레드에서 실행되는 이 절반을 기초로, 웹 워커 스레드에서 실행되는 나머지 절반을 구현하자.

3. 매핑된 타입("8.6.1 브라우저에서 웹 워커 활용하기" 참고)을 이용해 NodeJS의 child_process에 사용할 수 있는 타입 안전 메시지 전달 프로토콜을 구현하자.

9장

프론트엔드 프레임워크와
백엔드 프레임워크

서버의 네트워킹과 데이터베이스 계층, 그리고 프론트엔드의 사용자 인터페이스 프레임워크와 상태 관리 솔루션 등, 우리는 응용 프로그램의 모든 부분을 직접 만들 수 있지만 실제로 그렇게 하는 일은 드물다. 각자에게 필요한 맞춤 해결책을 갖추긴 힘들지만 다행히도 프론트엔드와 백엔드에서 해결해야 할 어려운 문제들은 이미 다른 개발자들이 해결해뒀기 때문이다. 그래서 이들이 개발해둔 도구, 라이브러리, 프레임워크를 이용해 프론트엔드와 백엔드를 개발한다면 응용 프로그램을 더 빠르고 안정적으로 만들 수 있다.

9장에서는 클라이언트와 서버에서 자주 발생하는 공통 문제를 해결하는 여러 도구와 프레임워크 중 가장 인기 있는 몇 가지를 살펴본다. 각 프레임워크로 무엇을 할 수 있는지, 어떻게 안전하게 타입스크립트 응용 프로그램에 통합할 수 있는지 살펴본다.

9.1 프론트엔드 프레임워크

타입스크립트는 프론트엔드 응용 프로그램 개발에 아주 적합하다. 풍부한 JSX 지원과 변경에 안전하게 대응할 수 있는 능력으로 무장한 타입스크립트는 여러분의 응용 프로그램에 안전성과 멋진 구조를 선사하고, 빠르게 변화하는 프론트엔드 개발 환경에 적합한 정확하면서도 유지보수하기 쉬운 코드를 쉽게 작성할 수 있도록 도와줄 것이다.

물론 모든 내장 DOM API는 타입 안전하다. 타입스크립트에서 이 API를 사용하려면 간단히 프로젝트의 tsconfig.json에 필요한 타입 선언을 추가하기만 하면 된다.

```
{
    "compilerOptions": {
        "lib": ["dom", "es2015"]
    }
}
```

이 설정은 타입스크립트가 코드에서 타입을 검사할 때 lib.dom.d.ts(브라우저와 DOM 타입 내장 선언) 파일에 선언된 타입들을 포함하도록 한다.

 lib이라는 tsconfig.json 옵션은 프로젝트의 코드를 처리할 때 특정 타입들을 선언에 포함하도록 타입스크립트에 지시한다. 이 설정은 아무런 코드도 추가하지 않으므로 런타임에 추가되는 자바스크립트 코드도 없다. 예를 들어 이 설정으로 NodeJS 환경에서 DOM이 동작하는 마법은 부릴 수 없다(코드가 컴파일은 되겠지만 런타임에 실패할 것이다). 결국 본인이 사용하는 타입 선언이 실제 자바스크립트 환경의 런타임과 호환되도록 하는 일은 직접 책임져야 한다. 더 자세한 사항은 "12.1 타입스크립트 프로젝트 빌드하기"를 참고하자.

DOM 타입 선언을 활성화했으면 다음처럼 안전하게 DOM과 브라우저 API를 사용할 수 있다.

```
// 전역 window 객체에서 프로퍼티 읽기
let model = {
    url: window.location.href
}

// <input /> 요소 만들기
let input = document.createElement('input')

// <input /> 요소에 CSS 클래스 추가
input.classList.add('Input', 'URLInput')

// 사용자가 내용을 입력하면 모델 갱신
input.addEventListener('change', () =>
```

```
    model.url = input.value.toUpperCase()
)
```

```
// <input />을 DOM에 주입
document.body.appendChild(input)
```

모든 코드의 타입은 자동으로 검사되며 편집기 자동완성 등의 기능도 제공된다. 예를 들어 다음과 같은 코드가 있다고 가정하자.

```
document.querySelector('.Element').innerHTML  // 에러 TS2531: 객체가
                                              // 'null'일 수 있음
```

querySelector의 반환 타입이 null일 수 있으므로 타입스크립트는 에러를 발생시킨다.

간단한 프론트엔드 응용 프로그램이라면 이런 저수준 DOM API로도 충분하며, 브라우저에서 동작하는 안전하고 타입의 보호를 받는 프로그래밍을 가능하게 해줄 것이다. 하지만 실무에서의 프론트엔드 응용 프로그램 대부분은 DOM 렌더링, 데이터 바인딩, 이벤트 처리 등을 추상화하는 데 프레임워크를 이용한다. 이어지는 절들에서는 타입스크립트에서 가장 인기 있는 브라우저 프레임워크를 효과적으로 활용하는 방법을 몇 가지 알려줄 것이다.

9.1.1 리액트

리액트(React)는 오늘날 가장 인기 있는 프론트엔드 프레임워크 중 하나로, 타입 안전성과 관련해서는 탁월한 선택이라 할 수 있다.

리액트 응용 프로그램의 기본 빌딩 블록인 리액트 컴포넌트는 타입스크립트로 정의되고 소비되므로 안전하다. 이는 다른 프론트엔드 프레임워크에서는 찾아보기 힘든 특징으로, 컴포넌트 정의와 소비자 모두 타입을 검사함을 의미한다. 덕분에 타입을 이용하여 "이 컴포넌트는 사용자 ID와 색을 인수로 받는다" 또는 "이 컴포넌트는 리스트 항목만을 자식으로 가질 수 있다"라고 표현할 수 있다. 타입으로 표현한 이러한 제한을 타입스크립트가 강제하며 사용자의 컴포넌트가 이에 부합하는지 확인한다.

그중에서도 컴포넌트 정의와 소비자(프론트엔드의 뷰 계층)에 제공하는 안

전성은 독보적이라 할 수 있다. 보통 뷰에서 오타, 속성 누락, 잘못된 타입의 매개변수, 부적절한 요소 중첩 등의 문제가 자주 발생한다. 이로 인해 프로그래머들은 머리를 쥐어짜고 브라우저에서 페이지 새로고침을 수없이 눌러가며 수많은 시간을 들여 해결해야 했다. 타입스크립트와 리액트로 뷰의 타입을 지정한다면 프론트엔드 개발팀의 생산성은 즉각 두 배로 증가할 것이다.

JSX 입문

리액트에서는 자바스크립트 XML(JavaScript XML, JSX)이라는 특별한 DSL을 이용해 뷰를 정의하고 자바스크립트 코드에 바로 삽입할 수 있다. 그러면 마치 자바스크립트 코드 안에 삽입된 HTML 코드처럼 보일 것이다. 그리고 이 자바스크립트를 JSX 컴파일러로 컴파일하면 신기한 JSX 문법을 일반적인 자바스크립트 함수 호출로 변환해준다.

이 과정은 대략 다음과 같다. 친구가 운영하는 식당의 메뉴 앱을 만드는데 다음의 JSX로 브런치 메뉴 목록을 보여준다고 해보자.

```html
<ul class='list'>
    <li>Homemade granola with yogurt</li>
    <li>Fantastic french toast with fruit</li>
    <li>Tortilla Espanola with salad</li>
</ul>
```

바벨(Babel)의 transform-react-jsx 플러그인[1] 같은 JSX 컴파일러로 코드를 실행하면 다음의 결과를 얻는다.

```
React.createElement(
    'ul',
    { 'class': 'list' },
    React.createElement(
        'li',
        null,
        'Homemade granola with yogurt'
    ),
    React.createElement(
        'li',
```

---

1 *http://bit.ly/2uENY4M*

```
    Frontend Frameworks | 201
  null,
      'Fantastic French toast with fruit'
  ),
  React.createElement(
      'li',
      null,
      'Tortilla Espanola with salad'
  )
);
```

> **TSC 플래그: esModuleInterop**
>
> JSX는 호출을 React.createElement로 컴파일하므로 React라는 변수명을 사용할 수
> 있도록 JSX를 사용하는 각 파일에서 리액트 라이브러리를 임포트해야 한다.
>
> ```
> import React from 'react'
> ```
>
> 이를 깜빡 잊으면 타입스크립트가 경고해주므로 크게 걱정할 필요는 없다.
>
> ```
> <ul /> // 에러 TS2304: 'React'라는 이름을 찾을 수 없음
> ```
>
> 참고로 나는 와일드카드(*) 임포트를 사용하지 않고도 React를 임포트할 수 있도록
> tsconfig.json 파일에서 {"esModuleInterop": true}를 활성화했다. 이어지는 예제를
> 따라 해보려면 여러분의 tsconfig.json 파일에서도 esModuleInterop를 활성화하거나
> 와일드카드 임포트를 사용해야 한다.
>
> ```
> import * as React from 'react'
> ```

JSX를 이용하면 일반 HTML처럼 보이는 코드를 구현할 수 있고, 이렇게 구현한
코드는 자동으로 자바스크립트 엔진에서 실행할 수 있는 타입으로 컴파일된다
는 것이 장점이다. 개발자는 익숙한, 고수준의 선언형 DSL을 이용할 수 있으며
내부 구현에 관해서는 알 필요가 없다.

리액트를 이용할 때 꼭 JSX가 필요한 것은 아니며(컴파일로 생성될 코드를
직접 구현해도 아무 문제없이 동작한다), 반대로 리액트 없이도 JSX를 사용할
수 있다(앞의 예에서 JSX로 태그된 함수 호출이 React.createElement로 컴파일
되었는데 이를 설정할 수 있음). 하지만 JSX와 리액트를 조합하면 마법 같은 일

이 일어나며, 재미있으면서도 정말 안전한 뷰를 만들 수 있다.

TSX = JSX + 타입스크립트

JSX 파일의 확장자는 보통 .jsx이고 JSX를 포함하는 타입스크립트 파일의 확장자는 .tsx다. TSX는 타입스크립트가 자바스크립트에 제공하는 것과 같은 기능을 제공한다. 즉, 컴파일 타임 안전성은 물론 실수를 줄이면서 더 생산적인 코드를 만들 수 있도록 도와준다. 여러분의 프로젝트가 TSX를 지원하도록 하려면 tsconfig.json에 다음 내용을 추가하면 된다.

```
{
    "compilerOptions": {
        "jsx": "react"
    }
}
```

jsx 지시어는 세 가지 모드를 지원한다.

- react
  JSX 지시문(pragma)에 따라 JSX를 .js 파일로 컴파일한다(기본값은 React.createElement).

- react-native
  컴파일하지 않고 JSX를 보존하며 .js 확장자의 파일을 생성한다.

- preserve
  JSX의 타입을 검사하지만 컴파일하지는 않으며 .jsx 확장자의 파일을 생성한다.

내부적으로 타입스크립트는 TSX 타입을 넣고 뺄 수 있는 몇 가지 후크(hook)를 제공한다. TSX 타입들은 global.JSX 네임스페이스에 존재하는 특별한 타입으로, 타입스크립트는 이 네임스페이스를 참고하여 프로그램에 쓰인 TSX 타입들이 올바른지를 판단한다. 리액트만 사용한다면 이 정도로 저수준을 사용할 필요가 없지만 (리액트를 사용하지 않고) TSX를 사용하는 타입스크립트 라이브러리를 직접 구현하거나 리액트 타입 선언이 어떻게 동작하는지 궁금하다면 부록 G를 참고하자.

리액트에서 TSX 사용하기

리액트를 이용하면 함수 컴포넌트와 클래스 컴포넌트라는 두 가지 컴포넌트를 선언할 수 있다. 두 가지 컴포넌트 모두 프로퍼티 몇 개를 입력받아 TSX를 렌더링한다. 소비자 입장에서는 두 컴포넌트가 같다.

다음은 함수 컴포넌트를 선언하고 렌더링하는 모습이다.

```
import React from 'react' ❶

type Props = { ❷
    isDisabled?: boolean
    size: 'Big' | 'Small'
    text: string
    onClick(event: React.MouseEvent<HTMLButtonElement>): void ❸
}

export function FancyButton(props: Props) { ❹
    const [toggled, setToggled] = React.useState(false) ❺
    return <button
        className={'Size-' + props.size}
        disabled={props.isDisabled || false}
        onClick={event => {
            setToggled(!toggled)
            props.onClick(event)
        }}
    > {props.text} < /button>
}

let button = <FancyButton ❻
    size='Big'
    text='Sign Up Now'
    onClick={() => console.log('Clicked!')}
/>
```

❶ 리액트에서 TSX를 사용하려면 현재 유효범위에서 React 변수를 사용할 수 있도록 가져와야 한다. TSX는 React.createElement 함수 호출로 컴파일될 것이므로 React를 임포트해 런타임에 정의되도록 한다.

❷ FancyButton 컴포넌트에 전달할 수 있는 프로퍼티 집합을 선언한다. Props

는 항상 객체 타입이며 이름은 Props로 짓는 것이 규칙이다. FancyButton 컴포넌트에서 isDisabled만 선택형이며 나머지는 필수다.

❸ 리액트는 DOM 이벤트들을 위한 고유의 래퍼 타입 집합을 제공한다. 리액트 이벤트를 사용할 때 일반 DOM 이벤트 타입 대신 리액트의 이벤트 타입을 사용해야 한다.

❹ 함수 컴포넌트는 일반 함수로, 최대 한 개의 매개변수(props 객체)를 받으며 리액트가 렌더링할 수 있는 타입을 반환한다. 리액트는 관대하게 TSX, 문자열, 숫자, 불, null, undefined 등 다양한 타입을 렌더링할 수 있다.

❺ 리액트의 useState 후크를 이용해 함수 컴포넌트의 로컬 상태를 선언한다. useState는 리액트에서 제공하는 여러 후크 중 하나로, 이를 이용해 자신의 커스텀 후크를 만들 수 있다. useState에 초깃값 false를 전달했으므로 타입스크립트는 상태 정보가 boolean이라는 사실을 추론할 수 있다. 만약 타입스크립트가 추론할 수 없는 타입(배열 같은)을 사용한다면 타입을 명시해야 한다(예: useState<number[]>([])).

❻ TSX 문법으로 FancyButton의 인스턴스를 만든다. <FancyButton /> 문법은 FancyButton을 호출하는 것과 기능은 거의 같지만 FancyButton의 생명주기를 리액트가 관리하게 된다는 점이 다르다.

이렇게 렌더링 함수 컴포넌트를 살펴봤다. 여기서 타입스크립트는 다음을 강제한다.

- JSX는 문법을 잘 지켜야(well formed) 한다. 즉, 태그는 꼭 닫아야 하고, 올바르게 중첩해야 하며, 태그명에 오타가 있으면 안 된다.
- <FancyButton />을 인스턴스화할 때 필요한 모든 프로퍼티(size, text, onClick 및 선택형)를 FancyButton에 전달해야 하며 프로퍼티는 모두 올바른 타입을 가져야 한다.
- FancyButton에 필요한 프로퍼티만 전달하고 그 외의 프로퍼티는 전달하지 않는다.

클래스 컴포넌트도 이와 비슷하다.

```
import React from 'react' ❶
import { FancyButton } from './FancyButton'

type Props = { ❷
    firstName: string
    userId: string
}

type State = { ❸
    isLoading: boolean
}

class SignupForm extends React.Component<Props, State> { ❹
    state = { ❺
        isLoading: false
    }
    render() { ❻
        return <> ❼
            <h2>Sign up for a 7-day supply of our tasty
                toothpaste now, {this.props.firstName}.</h2>
            <FancyButton
                isDisabled={this.state.isLoading}
                size='Big'
                text='Sign Up Now'
                onClick={this.signUp}
            />
        </>
    }
    private signUp = async () => { ❽
        this.setState({ isLoading: true })
        try {
            await fetch('/api/signup?userId=' + this.props.userId)
        } finally {
            this.setState({ isLoading: false })
        }
    }
}

let form = <SignupForm firstName='Albert' userId='13ab9g3' /> ❾
```

❶ 이전처럼 React를 임포트한다.

❷ 이전처럼 Props 타입을 선언해서 <SignupForm /> 인스턴스를 만들 때 어떤 데이터를 전달해야 하는지 정의한다.

❸ 컴포넌트의 로컬 상태를 가리킬 State 타입을 선언한다.

❹ React.Component 베이스 클래스를 상속받아 클래스 컴포넌트를 선언한다.

❺ 프로퍼티 초기화 과정에서 로컬 상태에 기본값을 선언한다.

❻ 함수 컴포넌트처럼 클래스 컴포넌트의 render 메서드도 리액트가 렌더링할 수 있는 TSX, 문자열, 숫자, 불, null, undefined 등을 반환한다.

❼ TSX는 특별한 <>...</> 문법을 사용하는 프래그먼트(fragment)를 지원한다. 프래그먼트는 다른 TSX 요소를 감싸는 이름없는 TSX 요소로, 한 개의 TSX 요소를 반환해야 하는 곳에서 추가적인 DOM 요소 렌더링을 피할 수 있게 해준다. 예를 들어 리액트 컴포넌트의 render 메서드는 한 개의 TSX 요소를 반환해야 하는데, 이렇게 하려면 코드를 <div>나 다른 요소로 감싸야 한다. 하지만 이는 렌더링에 불필요한 오버헤드를 초래한다.

❽ 함수 안의 this가 다시 한정(bind)되지 않도록 화살표 함수로 signUp을 정의한다.

❾ 마지막으로 SignupForm을 인스턴스화한다. 함수 컴포넌트를 인스턴스화할 때처럼 new SignupForm({firstName: 'Albert', userId: '13ab9g3'})으로 직접 인스턴스화할 수도 있지만 그러면 리액트가 SignupForm 인스턴스의 생명주기를 관리할 수 없게 된다.

이 예제에서 어떻게 값 기반 컴포넌트(FancyButton, SignupForm)와 기존의 컴포넌트(section, h2)를 조합하고 매치했는지 주목하자. 우리는 타입스크립트가 다음을 확인하도록 지시한 것이다.

• 필요한 모든 상태 필드를 state 초기자(initializer)나 생성자에서 정의했는가?
• props와 state에 접근한 값이 실제 존재하며 의도한 타입을 갖고 있는가?
• this.state에 값을 직접 쓰지는 않는가? (리액트에서는 상태 갱신 시 반드시 setState API를 이용해야 한다.)
• render를 호출하면 JSX를 반환하는가?

이처럼 타입스크립트를 이용하면 리액트 코드를 더 안전하게 만들 수 있다.

리액트에서 props의 타입을 런타임에 선언하고 검사하는 기능인 PropTypes는 사용하지 않았다. 타입스크립트가 컴파일 타임에 이미 타입을 확인했으니 굳이 런타임에 다시 확인할 필요가 없기 때문이다.

9.1.2 앵귤러

샤이암 세샤드리(Shyam Seshadri) 기고

앵귤러(Angular)는 리액트보다 기능이 풍부한 프론트엔드 프레임워크로, 뷰 렌더링뿐 아니라 네트워크 요청 전송/관리, 라우팅, 의존성 주입 등의 기능도 제공한다. 앵귤러는 태생적으로 타입스크립트로 동작하도록 만들어졌다(타입스크립트로 구현된 프레임워크다!).

앵귤러 명령행 유틸리티인 앵귤러 CLI의 일부로 제공되는 선행(Ahead-of-Time, AoT) 컴파일러는 앵귤러의 핵심으로, 타입스크립트 어노테이션으로 제공한 타입 정보를 이용해 코드를 일반 자바스크립트로 컴파일한다. 앵귤러는 타입스크립트를 직접 호출하지 않고 전반적인 최적화 및 변형을 가한 다음 이를 궁극적으로 타입스크립트에 위임해 자바스크립트로 컴파일한다.

앵귤러는 타입스크립트를 어떻게 이용하는지, AoT 컴파일러는 어떻게 프론트엔드 응용 프로그램의 안전성에 기여하는지 살펴보자.

준비 작업

앵귤러 프로젝트를 만들려면 먼저 NPM으로 앵귤러 CLI를 전역으로 설치해야 한다.

```
npm install @angular/cli --global
```

이제 앵귤러 CLI로 새 앵귤러 응용 프로그램을 초기화할 수 있다.

```
ng new my-angular-app
```

이 명령어를 실행하면 앵귤러 CLI가 기본 골격을 갖춘 앵귤러 응용 프로그램을 생성해준다.

이 책에서는 앵귤러 응용 프로그램의 구조나 설정 방법을 자세히 다루지 않는다. 더 자세한 정보는 앵귤러 문서[2]를 참고하자.

컴포넌트

앵귤러 컴포넌트를 만들어보자. 앵귤러 컴포넌트는 리액트 컴포넌트와 비슷하며 컴포넌트의 DOM 구조, 스타일, 컨트롤러를 묘사할 수 있는 수단을 포함한다. 앵귤러에서는 앵귤러 CLI를 이용해 기본 컴포넌트 코드를 생성한 다음 나머지 필요한 내용을 직접 채워 넣으면 된다. 앵귤러 컴포넌트는 다음과 같이 여러 개의 파일로 구성된다.

- 컴포넌트가 렌더링하는 DOM을 묘사하는 템플릿
- CSS 스타일 모음
- 컴포넌트의 비즈니스 로직을 구현하는 컴포넌트 클래스(타입스크립트 클래스)

컴포넌트 클래스부터 구현하자.

```
import { Component, OnInit } from '@angular/core'

@Component({
    selector: 'simple-message',
    styleUrls: ['./simple-message.component.css'],
    templateUrl: './simple-message.component.html'
})
export class SimpleMessageComponent implements OnInit {
    message: string
    ngOnInit() {
        this.message = 'No messages, yet'
    }
}
```

앵귤러와 타입스크립트를 이어주는 부분을 제외하면 일반적인 타입스크립트 클래스 코드다. 앵귤러가 타입스크립트를 활용하는 방식은 다음과 같다.

---

2 *https://angular.io/docs*

- 앵귤러의 생명주기 후크는 타입스크립트 인터페이스로 제공되므로 어느 것을 구현할지만 선언하면 된다(ngOnChanges, ngOnInit 등). 그러면 타입스크립트는 선택한 생명주기 후크에 요구되는 메서드를 구현했는지 확인한다. 이번 예제에서는 OnInit 인터페이스를 선택했으므로 ngOnInit 메서드를 구현해야 한다.

- 앵귤러는 여러분이 만든 앵귤러 컴포넌트, 서비스, 모듈과 관련한 메타데이터를 선언하기 위해 타입스크립트 데코레이터("5.9 데코레이터" 참고)를 많이 활용한다. 예제에서는 selector를 이용해 사람들이 컴포넌트를 어떻게 소비할 수 있는지 선언했으며, templateUrl과 styleUrls로 HTML 템플릿과 CSS 스타일시트를 컴포넌트와 연결했다.

> **TSC 플래그: fullTemplateTypeCheck**
>
> tsconfig.json에서 fullTemplateTypeCheck를 true로 설정해서 앵귤러 템플릿의 타입 확인을 활성화하자(이 기능은 활성화하는 것이 좋다!).
>
> ```
> {
>     "angularCompilerOptions": {
>         "fullTemplateTypeCheck": true
>     }
> }
> ```
>
> angularCompilerOptions는 TSC의 옵션이 아니라 앵귤러의 AoT 컴파일러가 사용할 플래그를 정의한다.

서비스

앵귤러는 의존성 주입(Dependency Injection, DI) 기능을 기본으로 제공한다. 의존성 주입은 프레임워크가 서비스를 인스턴스화하고 이 서비스를 필요로 하는 컴포넌트와 서비스에 인수로 제공하는 기능이다. 덕분에 서비스와 컴포넌트를 인스턴스화하고 테스트하기가 쉬워진다.

SimpleMessageComponent가 (서버로부터 메시지를 가져오는 기능인) MessageService를 의존성 형태로 주입받도록 코드를 바꿔보자.

```
import { Component, OnInit } from '@angular/core'
import { MessageService } from '../services/message.service'

@Component({
    selector: 'simple-message',
    templateUrl: './simple-message.component.html',
    styleUrls: ['./simple-message.component.css']
})
export class SimpleMessageComponent implements OnInit {
    message: string
    constructor(
        private messageService: MessageService
    ) { }
    ngOnInit() {
        this.messageService.getMessage().subscribe(response =>
            this.message = response.message
        )
    }
}
```

앵귤러의 AoT 컴파일러는 컴포넌트의 constructor가 받는 매개변수를 살펴 타입을 알아낸 다음(예: MessageService), 관련 의존성 주입기의 의존성 지도를 검색하여 해당 타입의 의존성을 찾는다. 그리고 해당 의존성이 인스턴스화되지 않았으면 인스턴스화(new)하고, SimpleMessageComponent 인스턴스의 생성자로 전달한다. 의존성 주입 작업은 제법 복잡해 보이지만 응용 프로그램이 커지고 앱을 설정(예: ProductionAPIService를 사용할지 아니면 DevelopmentAPIService를 사용할지)하거나 테스트(MockAPIService)할 때 필요한 의존성이 많아질수록 유용한 기능이 되기도 한다.

이제 서비스를 정의하는 방법을 간단히 살펴보자.

```
import { Injectable } from '@angular/core'
import { HttpClient } from '@angular/common/http'

@Injectable({
    providedIn: 'root'
})
export class MessageService {
    constructor(private http: HttpClient) { }
    getMessage() {
        return this.http.get('/api/message')
```

```
    }
}
```

앵귤러에서 서비스를 만들 때는 타입스크립트의 데코레이터를 이용하여 그 서비스를 Injectable로 등록하고, 응용 프로그램의 루트 수준으로 제공할지 서브모듈에만 제공할지 정의한다. 이 예제에서는 응용 프로그램의 어디에서나 MessageService 서비스를 주입할 수 있도록 했다(즉, 루트 수준으로 제공했다). 따라서 모든 컴포넌트와 서비스의 생성자에서 MessageService를 요청할 수 있으며, 그러면 앵귤러가 알아서 메시지를 전달해준다.

지금까지 유명한 두 프론트엔드 프레임워크를 안전하게 사용하는 방법을 살펴봤으니 이제 프론트엔드와 백엔드 사이의 인터페이스에서 타입을 지정하는 방법을 살펴보자.

9.2 타입 안전 API

닉 낸스(Nick Nance) 기고

어떤 프론트엔드/백엔드 프레임워크를 선택했든 여러분은 클라이언트와 서버, 서버와 서버, 클라이언트 기기 간의 통신이 안전하게 이루어지기를 바랄 것이다.

안전한 통신과 관련해 몇 가지 도구와 표준이 서로 경쟁하는 중이다. 이들이 무엇이고 어떻게 동작하는지 살펴보기 전에 직접 해결책을 구현할 수 있는지, 그리고 직접 해결한다면 어떤 단점이 있는지 살펴보자.

예를 들어 현재의 클라이언트와 서버는 100% 타입 안전하지만 언젠가는 HTTP, TCP, 소켓 기반 프로토콜처럼 타입을 사용하지 않는 네트워크 프로토콜로 통신해야 할 수도 있을 것이다. 그렇다면 어떻게 해야 그 상황에서도 타입 안전성을 유지할 수 있을까?

237쪽의 "타입 안전 프로토콜"에서 개발한 것처럼 타입 안전성을 제공하는 프로토콜을 직접 개발하는 방법이 있다. 다음은 직접 구현한 프로토콜의 예다.

```
type Request =
    | { entity: 'user', data: User }
    | { entity: 'location', data: Location }

// client.ts
async function get<R extends Request>(entity: R['entity']): Promise<R['data']> {
    let res = await fetch(/api/${ entity })
    let json = await res.json()
    if (!json) {
        throw ReferenceError('Empty response')
    }
    return json
}

// app.ts
async function startApp() {
    let user = await get('user')  // 사용자
}
```

그리고 대응하는 post, put 함수를 구현하여 REST API에 응답하도록 하고, 서버가 지원하는 각 엔티티에 타입을 추가한다. 백엔드에서는 각각의 엔티티 타입에 대응하는 핸들러들을 구현한다. 핸들러들은 클라이언트가 요구한 엔티티를 데이터베이스에서 읽어 클라이언트로 전송해주면 된다.

하지만 서버 코드가 타입스크립트로 구현되지 않았거나, Request 타입을 클라이언트와 서버가 공유할 수 없는 상황이거나(그러면 시간이 흐르면서 서로 다른 버전의 Request를 사용하게 될 수도 있다), REST를 사용하지 않는다면(예: GraphQL을 사용한다면) 어떻게 될까? iOS용의 스위프트 클라이언트나 안드로이드용의 자바 클라이언트 등 다른 클라이언트도 지원해야 한다면 어떨까?

이럴 때 바로 타입을 지원하는 코드 생성 API가 필요하다. 시중에는 다양한 코드 생성 API가 존재하며, 각각은 타입스크립트를 포함하여 수많은 언어를 지원한다. 다음은 몇 가지 예다.

- RESTful API용 스웨거(Swagger)[3]
- GraphQL용 아폴로(Apollo)[4]와 릴레이(Relay)[5]

---

[3] *https://github.com/swagger-api/swagger-codegen*
[4] *https://www.npmjs.com/package/apollo*
[5] *https://facebook.github.io/relay/*

- RPC용 gRPC[6]와 아파치 스리프트(Apache Thrift)[7]

이들 도구는 서버와 클라이언트가 동일한 프로토콜을 사용하도록 하며(스웨거는 데이터 모델, 아폴로는 GraphQL 스키마, gRPC는 ProtocolBuffers), 이를 특정 언어(우리 예제에서는 타입스크립트)에 맞는 구조로 컴파일한다.

코드 생성 기술 덕분에 클라이언트와 서버(또는 여러 클라이언트) 간의 동기화가 깨지는 문제를 피할 수 있다. 모든 플랫폼이 같은 스키마를 공유할 뿐 세부적인 구현은 신경 쓰지 않아도 되기 때문이다.

이 책에서는 프레임워크 각각을 자세히 살펴보지는 않겠다. 여러분 각자가 한 가지 프레임워크를 신중히 선택한 다음 관련 문서 사이트에서 더 자세한 정보를 확인하기 바란다.

9.3 백엔드 프레임워크

데이터베이스와 상호작용하는 응용 프로그램을 만들 때 처음에는 타입을 갖지 않는 SQL 또는 API 호출을 그대로 사용했을 것이다.

```
// node-postgres를 이용한 PostgreSQL
let client = new Client
let res = await client.query(
    'SELECT name FROM users where id = $1',
    [739311]
)  // any

// node-mongodb-native를 이용한 MongoDB
db.collection('users')
    .find({ id: 739311 })
    .toArray((err, user) =>
    // user는 any
)
```

수동으로 타입을 추가하면 대부분의 any를 제거하면서 더 안전한 API로 개선할 수 있다.

---

6 *https://grpc.io*
7 *https://thrift.apache.org/*

```
db.collection('users')
    .find({ id: 739311 })
    .toArray((err, user: User) =>
    // user는 any
)
```

하지만 SQL API 자체는 여전히 상당히 저수준이므로 순식간에 잘못된 타입을 사용하거나 타입 지정을 깜빡해서 any로 귀결되기 십상이다.

객체 관계 매퍼(object-relational mapper, ORM)를 사용하면 이 문제를 말끔히 해결할 수 있다. ORM은 데이터베이스 스키마로부터 코드를 만들어 질의, 갱신, 삭제 등의 작업을 할 수 있는 고수준의 API를 제공한다. 정적 타입 언어를 사용한다면 ORM API가 타입 안전성을 제공해주므로 타입을 잘못 지정하거나 제네릭 타입 매개변수를 수동으로 한정할 걱정을 할 필요가 없다.

타입스크립트로 데이터베이스를 처리할 때는 ORM을 사용할 것을 권한다. 현재 이 책을 집필하는 시점에서는 우메드 쿠도이베르디에프(Umed Khudoi-berdiev)의 TypeORM이 가장 완성도 높은 타입스크립트용 ORM으로 각광받고 있으며 MySQL, PostgreSQL, MS SQL 서버, 오라클, MongoDB 등 다양한 제품을 지원한다. 다음은 TypeORM을 이용하여 사용자의 이름을 얻는 모습이다.

```
let user = await UserRepository
    .findOne({ id: 739311 })  // User | undefined
```

ORM은 일반적인 안전성(SQL 주입 공격 등을 방지할 수 있음)과 타입 안전성(예: 수동으로 타입을 지정하지 않아도 findOne이 어떤 타입을 반환할지 알 수 있음)을 기본으로 제공하는 고수준 API라는 사실에 주목하자. 그러니 데이터베이스를 사용할 때는 항상 ORM을 사용하자. ORM은 더 편리하며 새벽 4시에 일어나야 하는 일이 더 이상 없도록 해줄 것이다. 실제로 필자의 친구는 새벽 4시에 전화를 받고 깼는데, saleAmount 필드가 갑자기 null이 되었기 때문이었다. 그 원인은 전날 밤에 그 친구가 orderAmount를 갱신했기 때문이었고, 같은 날 친구의 동료는 orderAmount를 갱신한 코드의 pull 요청이 성공했다고 생각하고 데이터베이스를 마이그레이션했기 때문이었다. 하지만 불행하게도 자정

즈음에 pull 요청이 실패해버렸고, 그 결과 뉴욕에 있는 영업팀에서 고객의 주문이 정확하게 null 달러라는 사실을 발견한 것이다.

9.4 마치며

9장에서는 DOM을 직접 다루는 법, 리액트와 앵귤러 사용 방법, 스웨거, gRPC, GraphQL 등의 도구로 API에 타입 안전성을 추가하는 법, TypeORM으로 데이터베이스와 안전하게 상호작용하는 방법 등 여러 가지를 살펴봤다.

자바스크립트 프레임워크는 빠르게 변화하고 있으며 여러분이 이 책을 읽을 때는 책에서 설명한 API와 프레임워크 일부는 이미 박물관 전시품 신세로 전락해 있을 수도 있다. 따라서 여러분이 얻은 직관력을 응용하여 타입 안전 프레임워크로 어떤 문제를 해결하는지 파악하고 어떤 프레임워크를 정확히 어디에 접목하여 코드를 더 안전하고, 더 잘 추상화하고, 모듈화할 수 있는지 알아내야 한다. 현재 가장 유용한 프레임워크가 무엇인지 알아내는 것을 9장의 목표로 삼는 것은 무의미한 일이다. 진짜 중요한 일은 각각의 프레임워크로 어떤 종류의 문제를 더 잘 해결할 수 있는지 파악하는 것이다.

타입 안전한 UI 코드와 타입을 확인하는 API 계층, 타입 안전한 백엔드를 합치면 여러분의 응용 프로그램에서 온갖 종류의 버그를 퇴치하고 더 마음 편히 숙면을 취할 수 있을 것이다.

10장

Namespaces. Modules

프로그램을 구현하면서 다양한 수준으로 캡슐화를 표현할 수 있다. 가장 저수준에서는 함수로 동작을 캡슐화할 수 있고, 객체와 리스트 같은 자료구조로 데이터를 캡슐화할 수 있다. 그런 다음 함수와 데이터를 클래스로 묶거나 네임스페이스로 구분된 유틸리티 형태로 별도의 데이터베이스나 저장소에 보관할 수도 있다. 보통은 한 파일에 한 개의 클래스나 한 가지 유틸리티 집합을 담는다. 그리고 이런 클래스나 유틸리티가 많아지면 패키지로 묶어서 NPM으로 발행할 수도 있다.

모듈을 이야기하려면 컴파일러(TSC)가 모듈을 해석하는 방법과 빌드 시스템(웹팩, Gulp 등)이 모듈을 해석하는 방법, 모듈이 실제로 런타임에 응용 프로그램으로 로드되는 방법(<script /> 태그, SystemJS 등)의 차이를 알아야 한다. 자바스크립트 세계에서는 이 세 가지 일 각각을 별도의 프로그램으로 처리하므로 모듈 관련 내용을 이해하기가 어려웠다. 그러다가 CommonJS와 ES2015의 모듈 표준이 나타나 세 프로그램을 연동하기 쉬워졌으며, 이제는 웹팩 같은 강력한 번들러가 내부적으로 알아서 추상화해 실행해주는 단계에 이르렀다.

10장에서는 세 가지 프로그램 중 첫 번째, 즉 타입스크립트는 모듈을 어떻게 해석하고 컴파일하는지 살펴본다. 빌드 시스템과 런타임 로더가 모듈을 처리하는 방법은 12장에서 설명한다. 10장에서 소개할 내용은 다음과 같다.

- 코드에 네임스페이스와 모듈화를 적용하는 다양한 방법
- 코드를 임포트하고 익스포트하는 방법
- 코드의 크기가 커지면서 이런 기법을 확장하는 방법
- 모듈 모드 vs. 스크립트 모드
- 선언 합치기의 뜻과 활용 방법

본 내용을 진행하기 전에 배경 지식을 조금 쌓아보자.

10.1 가볍게 살펴보는 자바스크립트 모듈의 역사

타입스크립트 코드는 자바스크립트로 컴파일되며 자바스크립트와 상호작용하므로 자바스크립트 프로그래머가 사용하는 다양한 모듈 표준을 지원해야 한다.

처음(1995년)에 자바스크립트는 모듈 시스템을 전혀 지원하지 않았다. 모듈이 없어서 모든 것을 전역 네임스페이스에 정의했고, 이 때문에 응용 프로그램을 만들고 확장하기가 어려웠다. 이런 방식에서는 사용할 수 있는 변수명이 금세 고갈되면서 같은 변수명으로 인한 충돌이 발생한다. 각 모듈의 API를 명시적으로 노출하지 않는다면 외부에서 어떤 기능을 사용할 수 있고, 어떤 부분은 사용하면 안 되는지 구별하기가 어렵다.

이 문제를 해결하고자, 사람들은 객체를 이용하거나 즉시 실행 함수(Immediately Invoked Function Expression, IIFE)를 전역 window에 할당해서 응용 프로그램의 다른 모듈(그리고 같은 웹 페이지에서 호스팅하는 다른 응용 프로그램)에서 사용할 수 있도록 하는 식으로 모듈을 흉내냈다. 예를 들어 다음과 같은 식이다.

```
window.emailListModule = {
    renderList() { }
    // ...
}

window.emailComposerModule = {
    renderComposer() { }
    // ...
}
```

```
window.appModule = {
    renderApp() {
        window.emailListModule.renderList()
        window.emailComposerModule.renderComposer()
    }
}
```

자바스크립트를 로딩하고 실행하는 동안 브라우저의 UI는 블록되기 때문에 웹 응용 프로그램이 커지고 코드가 늘어날수록 사용자의 브라우저는 점점 느려졌다. 이 문제를 해결하려고 훌륭한 개발자들이 자바스크립트 파일들을 한번에 로드하는 대신, 페이지를 로드한 다음 필요한 파일만 동적으로 로드하는 방식으로 개발하기 시작했다. 자바스크립트가 처음 출시된 지 거의 10년이 지난 뒤에야 Dojo(2004), YUI(2005), LABjs(2009) 등에서 첫 페이지가 로딩된 다음 자바스크립트를 게으르게(그리고 비동기로) 로딩하는 모듈 로더를 제공했다. 게으르고 비동기적으로 모듈을 로딩한다는 것은 다음과 같은 세 가지를 의미한다.

1. 모듈은 잘 캡슐화되어야 한다. 그렇지 않으면 의존성을 확보하는 과정에서 페이지가 망가질 수 있다.
2. 모듈 간의 의존성은 명시적이어야 한다. 그렇지 않으면 한 모듈에 어떤 모듈이 필요하며 어떤 순서로 로딩해야 하는지 알 수 없기 때문이다.
3. 모든 모듈은 앱 내에서 고유 식별자를 가져야 한다. 그렇지 않으면 어떤 모듈을 로딩해야 하는지 안정적으로 지정할 수 없다.

다음은 LABjs로 모듈을 로딩하는 예다.

```
$LAB
    .script('/emailBaseModule.js').wait()
    .script('/emailListModule.js')
    .script('/emailComposerModule.js')
```

비슷한 시기에 NodeJS(2009)가 개발되었으며 NodeJS 개발자들은 자바스크립트의 확장성 문제, 그리고 다른 언어에서 얻은 교훈을 바탕으로 모듈 시스템을 플랫폼 자체에 추가하기로 결정했다. 다른 좋은 모듈 시스템과 마찬가지로 앞서 설명한 세 가지 조건을 만족해야 했는데, NodeJS는 CommonJS 모듈 표준을 통해 이를 해결했다. 그 모습은 다음과 같다.

```
// emailBaseModule.js
var emailList = require('emailListModule')
var emailComposer = require('emailComposerModule')

module.exports.renderBase = function () {
    // ...
}
```

한편 웹에서는 Dojo와 RequiredJS가 추진하는 AMD 모듈 표준(2008)이 인기를 얻고 있었다. 이 표준도 CommonJS와 같은 기능을 제공하면서 자바스크립트 코드를 구현하는 데 필요한 자체 빌드 시스템을 제공했다.

```
define('emailBaseModule',
    ['require', 'exports', 'emailListModule', 'emailComposerModule'],
    function (require, exports, emailListModule, emailComposerModule) {
        exports.renderBase = function () {
            // ...
        }
    }
)
```

몇 년이 지난 후에 Browserify(2011)가 출시되면서 프론트엔드 엔지니어도 CommonJS를 사용할 수 있게 되었고, 사실상 CommonJS가 모듈 번들링, 임포트, 익스포트 문법의 표준으로 자리잡았다.

하지만 CommonJS의 모듈 방식에는 몇 가지 문제가 있었다. 예를 들어 require 호출은 반드시 동기 방식이어야 한다든지, CommonJS 모듈 해석 알고리즘이 웹에 적합하지 않은 점 등이다. 게다가 이를 사용하는 코드는 상황에 따라 정적 분석이 불가능했다(타입스크립트 개발자라면 이 부분에서 귀가 쫑긋할 것이다). 그 이유는 module.exports가 어디에서나 등장할 수 있고(심지어 절대 실행될 수 없는 죽은 코드에서도 등장할 수 있다), require 호출도 어디에나 등장할 뿐 아니라 임의의 문자열과 표현식을 포함하고 있었고, 이로 인해 자바스크립트 프로그램을 정적으로 링크하거나, 참조된 모든 파일이 정말 존재하는지 혹은 명시된 내용을 그대로 익스포트하는지를 확인할 수 없었기 때문이다.

이 문제는 ECMAScript 언어의 여섯 번째 개정판인 ES2015에 이르러 깔끔한 문법과 정적 분석이 가능한 새로운 표준 임포트/익스포트가 소개되면서 해결되었다.

```
// emailBaseModule.js
import emailList from 'emailListModule'
import emailComposer from 'emailComposerModule'

export function renderBase() {
    // ...
}
```

이 코드가 바로 오늘날 자바스크립트와 타입스크립트에서 사용하는 표준이다. 하지만 이 표준이 제정된 시점에는 표준을 지원하지 않는 자바스크립트 런타임도 있었으므로 환경에 맞는 타입으로 컴파일해야 했다(NodeJS 환경에서는 CommonJS로, 브라우저 환경에서는 전역 혹은 모듈을 로드할 수 있는 타입으로).

타입스크립트 덕분에 모듈의 코드를 소비하고 익스포트할 수 있는 여러 방식이 추가되었다. 즉 전역 선언, 표준 ES2015의 import와 export, 과거 호환성을 제공하는 CommonJS 모듈의 import 등이다. 게다가 TSC의 빌드 시스템 덕분에 전역, ES2015, CommonJS, AMD, SystemJS, UMS(CommonJS, AMD, 전역 중 소비자 환경에서 이용할 수 있는 환경을 혼합) 등 다양한 환경에 맞게 모듈을 컴파일할 수 있게 되었다.

10.2 import, export

늑대한테 쫓기는 급박한 상황이 아니라면 타입스크립트 코드에서는 CommonJS, 전역, 네임스페이스로 구분한 모듈보다는 ES2015의 import와 export를 사용하는 것이 바람직하다. 다음은 ES2015의 import와 export를 사용하는 예로, 평범한 자바스크립트와 비슷한 모습임을 알 수 있다.

```
// a.ts
export function foo() { }
export function bar() { }

// b.ts
import { foo, bar } from './a'
foo()
export let result = bar()
```

ES2015 모듈 표준은 디폴트 익스포트를 지원한다.

```
// c.ts
export default function meow(loudness: number) { }

// d.ts
import meow from './c'   // {중괄호}가 없다는 사실에 주목
meow(11)
```

와일드카드 임포트(*)를 이용해 모듈의 모든 것을 임포트할 수도 있다.

```
// e.ts
import * as a from './a'
a.foo()
a.bar()
```

또한 모듈에서 일부(또는 전체)를 다시 익스포트할 수 있다.

```
// f.ts
export * from './a'
export { result } from './b'
export meow from './c'
```

우리는 자바스크립트가 아니라 타입스크립트를 사용하고 있으므로 값뿐 아니
라 타입과 인터페이스도 익스포트할 수 있다. 타입과 값은 별개의 네임스페이
스에 존재하므로 한 개는 값 수준, 다른 한 개는 타입 수준으로, 즉 두 가지를
하나의 이름으로 익스포트할 수 있다. 다른 코드와 마찬가지로 해당 이름을 실
제로 사용하는 순간 타입스크립트는 타입을 의미하는지 아니면 값을 의미하는
지 추론할 것이다.

```
// g.ts
export let X = 3
export type X = { y: string }

// h.ts
import { X } from './g'

let a = X + 1        // X는 값 X를 가리킴
let b: X = { y: 'z' }  // X는 타입 X를 가리킴
```

모듈 경로는 파일시스템의 파일명이다. 모듈 경로를 이용해 파일시스템에서의 위치와 모듈을 연관 지을 수 있게 된다. 하지만 더 중요한 점은 모듈 로더가 모듈명을 파일로 해석할 수 있도록 이런 레이아웃을 알고 있어야 한다는 사실이다.

10.2.1 동적 임포트

응용 프로그램이 커지면서 첫 렌더링 시간이 점점 길어진다. 이 문제는 특히 네트워크 병목이 생기기 쉬운 프론트엔드 응용 프로그램에서 많이 발생한다. 백엔드 응용 프로그램에서도 최상위 수준에서 많은 코드를 임포트한다면 시작 시 (파일시스템으로부터 코드를 로딩, 컴파일, 평가하느라) 다른 코드 실행을 블록하여 같은 문제가 발생할 수 있다.

프론트엔드에서는 코드를 분할(splitting)하여 해결할 수 있다. 큰 파일 하나에 모든 코드를 넣지 말고 자바스크립트 파일을 여러 개 생성하여 나누어 저장하는 방법이다. 코드를 분할하면 여러 조각을 병렬로 로딩할 수 있으므로 용량이 큰 네트워크 요청을 더 수월하게 처리할 수 있다(그림 10-1).

Name	Status	Type	Initiator	Size	Time	Waterfall	500.00 ms		1.00 s		1.50 s
QRl5Tk--LMf.js	200	script	(index)	19.5 KB	297 ms						
HYUhGlP2NS_.js	200	script	(index)	1.4 KB	232 ms						
GXV1S0CvplB.js	200	script	(index)	595 B	233 ms						
hUblKLhy1j0.js	200	script	(index)	28.4 KB	321 ms						
Au3a0P1wG4x.js	200	script	(index)	17.6 KB	279 ms						
jNh5JwMwDN8.js	200	script	(index)	35.4 KB	337 ms						
18rvByEMli4.js	200	script	(index)	12.0 KB	283 ms						
UjQ9vUvT4UO.js	200	script	(index)	12.6 KB	279 ms						
UdB94moa6Eu.js	200	script	(index)	13.8 KB	280 ms						
g4ZNCtvuodm.js	200	script	(index)	11.5 KB	279 ms						

그림 10-1 facebook.com에서 로딩한 자바스크립트 네트워크 워터폴(waterfall)

그리고 코드가 꼭 필요할 때 로딩하는, 즉 게으른 로딩으로 응용 프로그램을 조금 더 최적화할 수 있다. 물론 페이스북과 구글 같이 정말 큰 프론트엔드 응용 프로그램에서는 진작부터 이런 최적화를 사용했다. 게으른 로딩 같은 최적화 없이는 첫 페이지를 보여주기 위해 수 기가바이트에 달하는 자바스크립트 코드를 로딩해야 하는데, 수 분에서 수 시간이 걸릴 수 있다(어마어마한 휴대폰 요금 청구서를 받아보면 이런 서비스는 더 이상 이용하지 않을 것이다).

게으른 로딩이 유용한 이유는 이게 끝이 아니다. 예를 들어 Moment.js라는 유명한 날짜 제어 라이브러리는 지역별로 분류된 전 세계의 날짜 타입을 지원하는 패키지를 제공한다. 각 패키지는 약 3KB 정도지만 모든 사용자가 모든 지역의 정보를 로딩해야 한다면 성능이나 네트워크 대역폭에 문제가 생긴다. 따라서 사용자의 지역 정보를 알아내어 관련된 날짜 패키지만 로딩하기 위해 게으른 로딩을 활용한다.

LABjs와 관련 라이브러리는 필요할 때만 코드를 로딩하는 게으른 로딩의 개념을 소개했으며 이를 동적 임포트라는 개념으로 공식화했다. 다음은 동적 임포트를 사용하는 모습이다.

```
let locale = await import('locale_us-en')
```

개발자는 import를 (이전까지의 예처럼) 코드를 정적으로 가져오는 문장으로 쓰거나, (바로 앞의 예처럼) 모듈의 Promise를 반환하는 함수로 이용할 수 있다.

import에는 문자열로 평가되는 표현식이라면 무엇이든 전달할 수 있지만, 대신 타입 안전성을 잃게 된다. 동적 임포트를 안전하게 하려면 다음 두 방법 중 하나를 이용해야 한다.

1. 문자열을 변수에 할당하지 않고 import에 문자열 리터럴로 직접 제공한다.
2. import에 표현식을 전달하고 모듈의 시그니처를 직접 명시한다.

두 번째 방식을 사용할 때는 주로 모듈을 정적으로 임포트하지만 오직 타입 위치에만 사용한다. 그래야 타입스크립트가 정적 임포트를 컴파일할 수 있기 때문이다(더 자세한 사항은 "12.5.1 types 지시어" 참고). 다음의 예를 보자.

```
import { locale } from './locales/locale-us'

async function main() {
    let userLocale = await getUserLocale()
    let path = ./ locales / locale - ${ userLocale }
    let localeUS: typeof locale = await import(path)
}
```

이 예에서는 ./locales/locale-us에서 locale을 임포트했지만 typeof locale
로 써서 오직 타입으로만 활용했다. 여기서 path는 계산된 변수라서 고정된 문
자열이 아니므로 타입스크립트가 import(path)의 타입을 정적으로 알아낼 수
없기 때문이다. locale을 값이 아닌 타입으로만 활용했으므로 타입스크립트는
정적 임포트를 컴파일해버리고(지금 예에서 타입스크립트는 최상위 익스포트
를 전혀 생성하지 않음) 개발자는 타입 안전성과 동적으로 계산된 임포트라는
두 마리 토끼를 잡을 수 있다.

> **TSC 설정: module**
>
> 타입스크립트는 esnext 모듈 모드에서만 동적 임포트를 지원한다. 동적 임포트를 사용
> 하려면 tsconfig.json의 compilerOptions에서 {"module": "esnext"}를 설정한다.
> 더 자세한 사항은 "12.2 서버에서 타입스크립트 실행"과 "12.3 브라우저에서 타입스크
> 립트 실행"을 참고하자.

10.2.2 CommonJS와 AMD 코드 사용하기

CommonJS나 AMD 표준을 사용하는 자바스크립트 모듈을 이용할 때는
ES2015 모듈을 사용할 때처럼 단순히 이름으로 임포트할 수 있다.

```
import {something} from './a/legacy/commonjs/module'
```

기본적으로 CommonJS 디폴트 익스포트는 ES2015 디폴트 임포트와 궁합이
맞지 않으므로 디폴트 익스포트가 필요하면 와일드카드 임포트를 사용해야
한다.

```
import * as fs from 'fs'
fs.readFile('some/file.txt')
```

tsconfig.json의 compilerOptions에서 {"esModuleInterop": true}를 설정하면 다음처럼 더 자연스럽게 연동할 수 있다(와일드카드가 사라졌다).

```
import fs from 'fs'
fs.readFile('some/file.txt')
```

 10장의 처음 부분에서 언급했듯이 코드가 컴파일된다고 해서 런타임에 문제없이 동작한다는 의미는 아니다. import/export, CommonJS, AMD, UMD, 브라우저 전역 등 어떤 모듈 표준을 사용하든 모듈 번들러와 모듈 로더는 해당 포맷을 알아야만 컴파일 타임에 코드를 패키징하거나 쪼갤 수 있고, 런타임에 올바로 코드를 로딩할 수 있다. 더 자세한 사항은 12장을 참고하자.

10.2.3 모듈 모드 vs. 스크립트 모드

타입스크립트는 타입스크립트 파일을 모듈 모드(module mode) 또는 스크립트 모드(script mode) 중 하나로 파싱한다. 타입스크립트는 파일이 import나 export를 포함하느냐를 기준으로 모드를 결정하는데, import나 export를 포함하면 모듈 모드로, 그렇지 않으면 스크립트 모드로 동작한다.

지금까지 거의 모듈 모드를 사용했고 앞으로도 대부분 그럴 것이다. 모듈 모드에서는 다른 파일의 코드를 가져올 때 import와 import()를 사용하고, 다른 파일에 코드를 제공할 때는 export를 사용한다. 서드 파티 UMD 모듈(UMD 모듈은 CommonJS, RequireJS, 브라우저 전역 중 환경이 지원하는 기능을 선택한다고 이미 설명했다)을 사용한다면 이들을 먼저 import해야 한다. 그렇지 않고는 이들의 전역 익스포트를 바로 사용할 수 없다.

스크립트 모드에서는 최상위 수준으로 선언한 모든 변수는 명시적으로 임포트하지 않아도 같은 프로젝트의 다른 파일들에서 사용할 수 있으며, 서드 파티 UMD 모듈의 전역 익스포트도 먼저 명시적으로 임포트할 필요 없이 바로 사용할 수 있다. 다음은 스크립트 모드를 활용하는 사례다.

- 모듈 시스템이 전혀 없고(tsconfig.json에서 {"module": "none"}으로 설정) HTML 파일에 <script /> 태그로 직접 포함시킬 브라우저 코드를 빠르게 프로토타이핑해보는 상황

• 타입 선언을 만드는 상황("11.1 타입 선언" 참고)

실무에서 여러분은 거의 언제나 모듈 모드를 사용하길 원할 것이고, 코드에 import나 export를 적어넣기만 하면 타입스크립트가 자동으로 모듈 모드를 선택해줄 것이다.

10.3 네임스페이스

타입스크립트는 코드를 캡슐화할 수 있는 또 다른 수단인 namespace 키워드를 제공한다. 네임스페이스는 자바, C#, C++, PHP, 파이썬 프로그래머에게 이미 익숙한 기능일 것이다.

　네임스페이스는 파일시스템에서 파일이 어떻게 구성되었는지 같은 자질구레한 세부사항을 추상화한다. .mine 함수가 schemes/scams/bitcoin/apps에 위치한다는 사실을 알 필요 없이 Schemes.Scams.Bitcoin.Apps.mine 같은 짧고 간편한 네임스페이스로 접근할 수 있게 해준다.

> 네임스페이스를 지원하는 언어를 사용해본 독자라면 타입스크립트에서는 네임스페이스를 코드 캡슐화 수단으로는 권하지 않는다는 사실을 유념하자. 모듈과 네임스페이스 중 어느 것을 사용해야 할지 고민되는 상황이라면 모듈을 선택하자.

HTTP GET 요청을 만드는 모듈(Get.ts)과 요청을 만들기 위해 이 모듈을 사용하는 모듈(App.ts)이 있다고 해보자.

```
// Get.ts
namespace Network {
    export function get<T>(url: string): Promise<T> {
        // ...
    }
}

// App.ts
namespace App {
    Network.get<GitRepo>('https://api.github.com/repos/Microsoft/typescript')
}
```

네임스페이스에는 반드시 (Network 같은) 이름이 있어야 하며 함수, 변수, 타입, 인터페이스, 다른 네임스페이스를 익스포트할 수 있다. namespace 블록 안의 모든 코드는 명시적으로 익스포트하지 않는 한 외부에서 볼 수 없다. 네임스페이스가 네임스페이스를 익스포트할 수 있으므로 네임스페이스가 중첩된 구조도 쉽게 만들 수 있다. 예를 들어 Network 모듈이 점점 커져서 여러 서브 모듈로 쪼개야 하는 상황일 때 네임스페이스를 활용할 수 있다.

```
namespace Network {
    export namespace HTTP {
        export function get<T>(url: string): Promise<T> {
            // ...
        }
    }
    export namespace TCP {
        listenOn(port: number): Connection {
            //...
        }
        // ...
    }
    export namespace UDP {
        // ...
    }
    export namespace IP {
        // ...
    }
}
```

이제 모든 네트워크 관련 유틸리티는 Network의 서브네임스페이스들로 쪼개졌다. 예를 들어 이제부터는 모든 파일에서 Network.HTTP.get, Network.TCP.listenOn 형태로 호출할 수 있다. 인터페이스처럼 네임스페이스도 합칠 수 있으므로 하나의 네임스페이스를 여러 파일로 쪼개 관리할 수 있다. 타입스크립트는 이름이 같은 네임스페이스를 알아서 재귀적으로 합쳐준다.

```
// HTTP.ts
namespace Network {
    export namespace HTTP {
        export function get<T>(url: string): Promise<T> {
            // ...
        }
    }
```

```
    }
}

// UDP.ts
namespace Network {
    export namespace UDP {
        export function send(url: string, packets: Buffer): Promise<void>
        {
            // ...
        }
    }
}

// MyApp.ts
Network.HTTP.get<Dog[]>('http://url.com/dogs')
Network.UDP.send('http://url.com/cats', new Buffer(123))
```

네임스페이스 계층이 너무 길어졌다면 짧은 별칭(alias)을 지어줄 수 있다. 문법은 비슷하지만 별칭에서는 구조 분해 할당(destructuring)을 지원하지 않는다(ES2015 모듈을 임포트했을 때만 지원됨).

```
// A.ts
namespace A {
    export namespace B {
        export namespace C {
            export let d = 3
        }
    }
}

// MyApp.ts
import d = A.B.C.d

let e = d * 3
```

10.3.1 충돌

같은 이름을 익스포트하면 충돌이 생긴다.

```
// HTTP.ts
namespace Network {
    export function request<T>(url: string): T {
```

```
        // ...
    }
}

// HTTP2.ts
namespace Network {
    // 에러 TS2393: 중복된 함수 구현
    export function request<T>(url: string): T {
        // ...
    }
}
```

단, 함수 타입을 정제할 때 사용하는 오버로드된 앰비언트 함수 선언(over-loaded ambient function declaration)에는 이름 충돌 금지 규칙이 적용되지 않는다.

```
// HTTP.ts
namespace Network {
    export function request<T>(url: string): T
}

// HTTP2.ts
namespace Network {
    export function request<T>(url: string, priority: number): T
}

// HTTPS.ts
namespace Network {
    export function request<T>(url: string, algo: 'SHA1' | 'SHA256'): T
}
```

10.3.2 컴파일된 출력

임포트, 익스포트와 달리 네임스페이스는 tsconfig.json의 `module` 설정에 영향 받지 않으며 항상 전역 변수로 컴파일된다. 실제로 어떤 일이 벌어지는지 확인 해보자. 다음과 같은 모듈이 있다고 가정하자.

```
// Flowers.ts
namespace Flowers {
    export function give(count: number) {
        return count + ' flowers'
```

```
    }
}
```

TSC로 컴파일하면 다음과 같은 자바스크립트가 생성된다.

```
let Flowers
(function (Flowers) { ❶
    function give(count) {
        return count + ' flowers'
    }
    Flowers.give = give ❷
})(Flowers || (Flowers = {})) ❸
```

❶ Flowers는 클로저를 만들고 Flowers 모듈에서 명시적으로 익스포트하지 않은 변수가 노출되는 것을 방지하기 위해 IIFE(즉시 실행 함수) 안에 선언했다.

❷ 타입스크립트는 Flowers 네임스페이스로 익스포트한 give 함수를 할당한다.

❸ Flowers 네임스페이스가 전역으로 이미 정의되어 있으면 타입스크립트는 Flowers를 확장한다. 그렇지 않으면 새로 네임스페이스를 생성(Flowers = {})한 다음 확장한다.

가능하면 네임스페이스보다는 모듈을 사용하자

네임스페이스보다는 일반 모듈(import, export)을 사용해 자바스크립트 표준을 따르고 의존성을 명시적으로 만들자.

명시적 의존성은 가독성, 모듈 분리(네임스페이스는 자동으로 합쳐지지만 모듈은 그렇지 않으므로), 정적 분석 면에서 유리하다. 그래서 코드를 제거하고 컴파일된 코드를 여러 파일로 나눠 성능을 높여야 하는 대규모 프론트엔드 프로젝트에 아주 유용하다.

NodeJS가 CommonJS를 기본 지원하므로 타입스크립트 프로그램을 NodeJS 환경에서 실행할 때도 모듈을 사용하는 게 좋다. 브라우저 환경에서 일부 프로그래머는 단순한 네임스페이스를 선호하기도 하지만 중간급 규모 이상의 프로젝트에서는 모듈을 사용하는 게 유리하다.

10.4 선언 합치기

지금까지 타입스크립트가 제공하는 합치기 기능 세 가지를 살펴봤다.

- 값과 타입 합치기. 둘을 합치면 어떻게 사용하느냐에 따라 같은 이름으로 값 혹은 타입을 가리킬 수 있다("6.3.4 컴패니언 객체 패턴" 참고).
- 여러 네임스페이스를 하나로 합치기
- 여러 인터페이스를 하나로 합치기("5.4.1 선언 합침" 참고)

눈치챈 독자도 있겠지만 이들은 타입스크립트가 제공하는 범용 동작의 특수한 사례들이다. 타입스크립트는 다른 종류의 이름을 합치는 다양한 동작을 제공하며, 이를 통해 (다른 방법으로는 표현하기 어려운) 온갖 종류의 패턴을 표현할 수 있게 해준다(표 10-1).

		무엇으로(to)						
	값	클래스	Enum	함수	타입 별칭	인터페이스	네임스페이스	모듈
값	×	×	×	×	○	○	×	—
클래스	—	×	×	×	×	○	○	—
Enum	—	—	○	×	×	×	○	—
함수	—	—	—	×	○	○	○	—
타입 별칭	—	—	—	—	×	×	○	—
인터페이스	—	—	—	—	—	○	○	—
네임스페이스	—	—	—	—	—	—	○	—
모듈	—	—	—	—	—	—	—	○

무엇을 (from) — 위 표의 행 방향 레이블

표 10-1 선언을 합칠 수 있을까?[1]

예를 들어 타입스크립트는 값과 타입 별칭을 같은 영역에 선언할 수 있도록 허용하며, 이름이 어떤 위치에서 사용되었는지에 따라 타입인지 값인지를 추론한다(값이 사용되는 위치와 타입이 사용되는 위치가 다르다). 이 덕분에 "6.3.4

---

1 (옮긴이) 타입스크립트 3.6부터는 앰비언트 클래스와 함수(declare로 선언한 클래스나 함수 또는 .d.ts 파일에 정의된 클래스나 함수)를 합칠 수 있게 되었다. 자세한 사항은 타입스크립트 3.6 사이트(*https://devblogs.microsoft.com/typescript/announcing-typescript-3-6/*)를 참고하자.

컴패니언 객체 패턴"에서 설명한 패턴도 구현할 수 있다. 뿐만 아니라 인터페이스와 네임스페이스를 사용해 컴패니언 객체 패턴도 구현할 수 있게 된다. 또는 모듈 합치기를 이용해 서드 파티 모듈 선언을 확장할 수 있고("D.2 모듈 확장하기" 참고), 네임스페이스를 이용해 열거형에 정적 메서드를 추가할 수도 있다(직접 해보자!).

---

moduleResolution 플래그

매의 눈을 가진 독자라면 tsconfig.json에 moduleResolution 플래그를 사용할 수 있다는 사실을 알아차렸을 것이다. 이 플래그는 두 가지 모드를 제공하며, 타입스크립트가 응용 프로그램에서 모듈명을 해석하는 알고리즘을 제어한다.

- node: 항상 이 모드를 사용하자. NodeJS와 같은 알고리즘을 사용하여 모듈을 해석한다. 접두어로 ., /, ~ 중 하나를 사용하는 모듈(예: ./my/file)은 접두어의 종류에 따라 현재 파일로부터의 상대 경로 또는 절대 경로(/ 디렉터리나 tsconfig.json의 baseUrl을 기준으로한 상대 경로)로 해석한다. 타입스크립트는 NodeJS와 똑같이 node_modules 디렉터리로부터 접두어를 갖지 않는 모듈 경로들을 로드한다. 타입스크립트가 NodeJS의 해석 방법을 구현하는 방법은 두 가지다.

  1. NodeJS와 마찬가지로 package.json의 main 필드에 지정된 경로로부터 임포트 가능한 파일을 찾고, 여기에 더해 타입스크립트 전용의 types 속성에 정의된 경로에서도 찾는다("11.3 자바스크립트의 타입 검색" 참고).
  2. 확장자를 지정하지 않고 이름만으로 파일을 임포트하면 먼저 확장자가 .ts인 파일을 찾고, 없으면 .tsx, .d.ts, .js 순으로 확장자를 바꿔가며 찾는다.

- classic: 이 모드는 절대 사용하지 말아야 한다. 이 모드도 상대 경로는 node 모드처럼 해석한다. 하지만 접두어를 사용하지 않으면 타입스크립트는 현재 디렉터리에서 파일을 검색해보고, 찾지 못하면 상위 디렉터리로 올라가며 검색한다. NodeJS나 자바스크립트 개발자에게는 정말 예상하기 어려운 동작이며 다른 빌드 도구와의 호환성도 떨어진다.

10.5 마치며

10장에서는 자바스크립트 모듈 시스템을 살펴봤다. 모듈 시스템의 역사를 가볍게 훑고, ES2015 모듈, 동적 임포트로 안전하게 게으른 로딩을 이용하는 코드 구현하기, CommonJS와 AMD 모듈 활용하기, 모듈 모드 vs. 스크립트 모드 등을 이야기했다. 그런 다음 네임스페이스, 네임스페이스 합치기, 타입스크립트의 선언 합치기가 어떻게 동작하는지도 배웠다.

　타입스크립트로 응용 프로그램을 개발할 때 가능한 한 ES2015 모듈 표준을 준수해야 한다. 타입스크립트는 개발자가 어떤 모듈 시스템을 사용하는지 상관하지 않지만 ES2015 모듈 표준을 준수해야 빌드 도구와 쉽게 통합할 수 있기 때문이다(더 자세한 사항은 12장 참고).

연습 문제

1. 선언 합치기를 가지고 놀아보자.

   a. "6.3.4 컴패니언 객체 패턴"에서 소개한 컴패니언 객체를 값과 타입 대신 네임스페이스와 인터페이스로 재구현하자.

   b. 열거형에 정적 메서드를 추가하자.

11장

자바스크립트와 상호 동작

세상은 완벽하지 않다. 커피가 너무 뜨거워서 입천장을 데이거나, 부모님이 음성 메시지를 너무 자주 남기거나, 구청에 몇 번을 신고해도 패인 도로를 매워주지 않거나, 개발한 코드가 정적 타입으로 완벽히 보호받지 못할 수 있다.

독자 대부분은 이런 상황일 것이다. 타입스크립트로 프로젝트를 개발하기시작한 초기에는 무엇이든 할 수 있는 자유가 주어졌을 것이다. 처음에는 크고안전성이 조금 떨어지는 코드베이스 속 어딘가에 위치한 안전한 작은 섬과 같은 형태였을 것이다. 전사적으로는 일반 ES6 자바스크립트를 사용하고 있지만타입스크립트를 시도해볼 만한 잘 고립된 컴포넌트가 하나 주어졌거나, 아니면 코드를 리팩터링한 다음 호출 사이트 갱신을 깜박하는 바람에 툭하면 새벽6시에 호출되는 일상에 지친 개발자일 수도 있다(그리고는 동료 개발자들이일어나기 전에 TSC를 코드베이스에 닌자처럼 은밀하게 머지하고 있는 중일 것이다). 어떤 상황이든 보통 타입스크립트를 시작할 때는 타입이 없는 바다 한가운데의 조그만 섬에서 출발하게 된다.

10장까지는 타입스크립트를 올바로 사용하는 방법을 설명했다. 이번 11장에서는 타입을 쓰지 않는 언어, 즉 서드 파티 자바스크립트 라이브러리를 사용한다거나 빠른 패치를 위해 타입 안전성을 포기하는 등의 상황 같은 실전 상황에서 타입스크립트를 접목하는 방법을 알아보려 한다. 크게 다음 세 가지 주제를살펴보겠다.

- 타입 선언 사용하기
- 자바스크립트에서 타입스크립트로 점진적으로 마이그레이션하기
- 서드 파티 자바스크립트와 타입스크립트 사용하기

11.1 타입 선언

타입 선언은 .d.ts 확장자를 가진 파일이다. JSDoc 어노테이션("11.2.3 단계 2b: JSDoc 어노테이션 추가(선택 사항)" 참고)과 더불어, 타입 선언은 타입이 없는 자바스크립트 코드에 타입스크립트 타입을 부여할 수 있는 수단이다.

타입 선언은 일반 타입스크립트 문법과 비슷하지만 몇 가지 차이가 있다.

- 타입만 포함할 수 있고 값은 포함할 수 없다. 이는 함수, 클래스, 객체, 가변 구현, 매개변수 기본값 등을 사용할 수 없음을 의미한다.
- 값을 정의할 수는 없지만, declare라는 특별 키워드를 사용해 자바스크립트의 다른 어딘가에 값이 있다는 사실을 선언할 수 있다.
- 소비자가 볼 수 있는 대상에만 타입을 선언할 수 있다. 노출되지 않은 타입이나 함수 안에 선언된 지역 변수의 타입은 포함할 수 없다.

예제를 통해 타입스크립트 코드(.ts)와 이를 타입 선언으로 표현한 코드(.d.ts)를 살펴보자. 이 예제는 유명한 RxJS 라이브러리 코드의 일부를 활용한 것이다. 코드가 수행하는 자세한 기능은 가볍게 넘어가고 어떤 언어 기능(임포트, 클래스, 인터페이스, 클래스 필드, 함수 오버로드 등)을 사용했는지에 주목하자.

```
import { Subscriber } from './Subscriber'
import { Subscription } from './Subscription'
import { PartialObserver, Subscribable, TeardownLogic } from './types'

export class Observable<T> implements Subscribable<T> {
    public _isScalar: boolean = false
    constructor(
        subscribe?: (
            this: Observable<T>,
            subscriber: Subscriber<T>
        ) => TeardownLogic
```

```
    ) {
        if (subscribe) {
            this._subscribe = subscribe
        }
    }
    static create<T>(subscribe?: (subscriber: Subscriber<T>) => TeardownLogic) {
        return new Observable<T>(subscribe)
    }
    subscribe(observer?: PartialObserver<T>): Subscription
    subscribe(
        next?: (value: T) => void,
        error?: (error: any) => void,
        complete?: () => void
    ): Subscription
    subscribe(
        observerOrNext?: PartialObserver<T> | ((value: T) => void),
        error?: (error: any) => void,
        complete?: () => void
    ): Subscription {
        // ...
    }
}
```

declarations 플래그를 활성화한 다음 TSC로 컴파일하면(tsc -d Observable.
ts) 다음과 같은 Observable.d.ts 타입 정의가 생성된다.

```
import { Subscriber } from './Subscriber'
import { Subscription } from './Subscription'
import { PartialObserver, Subscribable, TeardownLogic } from './types'

export declare class Observable<T> implements Subscribable<T> { ❶
    _isScalar: boolean
    constructor(
        subscribe?: (
            this: Observable<T>,
            subscriber: Subscriber<T>
        ) => TeardownLogic
    );
    static create<T>(
        subscribe?: (subscriber: Subscriber<T>) => TeardownLogic
    ): Observable<T>
    subscribe(observer?: PartialObserver<T>): Subscription
    subscribe(
        next?: (value: T) => void,
        error?: (error: any) => void,
```

```
        complete?: () => void
    ): Subscription ❷
}
```

❶ class 앞에 등장하는 declare 키워드를 확인하자. 타입 선언에서는 클래스를 직접 정의할 수는 없지만, 그 대신 .d.ts 파일에 대응하는 자바스크립트 파일 안에 정의했음을 선언(declare)할 수 있다. declare로 "나의 자바스크립트는 이 타입의 클래스를 익스포트함을 맹세한다"라고 선언하는 것이라 생각하자.

❷ 타입 선언은 구현을 포함하지 않으므로 subscribe의 오버로드 두 개만 포함하고 구현 시그니처는 포함하지 않는다.

자세히 보면 Observable.ts에서 구현을 빼면 Observable.d.ts가 된다는 사실을 확인할 수 있다. 즉, Observable.d.ts는 Observable.ts의 타입이다.

RxJS 라이브러리의 다른 파일에서는 직접 Observable.ts 타입스크립트 파일에 접근하고 필요한 기능을 사용할 수 있으므로 이런 타입 선언이 전혀 필요가 없다. 하지만 타입스크립트 응용 프로그램에서 RxJS를 사용할 때는 상황이 다르다.

이런 상황을 생각해보자. RxJS의 저자는 타입스크립트 사용자들을 위해 NPM에 타입 정보 패키지를 올리고자 한다(참고로 타입스크립트와 자바스크립트 응용 프로그램 모두 RxJS를 사용할 수 있다). 그러면 선택지는 두 가지로, 소스 타입스크립트 파일(타입스크립트 사용자용)과 컴파일된 자바스크립트 파일(자바스크립트 사용자용) 둘 다 패키지하든지, 아니면 컴파일된 자바스크립트 파일에 타입스크립트 사용자가 사용할 수 있는 타입 선언을 포함해 패키지할 수 있다. 두 번째 방법을 이용하면 파일 크기를 줄일 수 있으며 무엇을 임포트해야 하는지가 더 명확해진다. 또한 응용 프로그램을 컴파일할 때마다 RxJS를 다시 컴파일하지 않아도 되므로 TSC의 컴파일 시간을 줄일 수 있다(사실 "12.1.5 프로젝트 참조"에서 소개하는 최적화 기법이 동작하는 이유도 이 때문이다!).

타입 선언 파일은 다음처럼 활용된다.

1. 다른 사용자가 타입스크립트 응용 프로그램에서 여러분이 만든 컴파일한

타입스크립트를 사용한다면 그들의 TSC 인스턴스는 여러분의 타입스크립트로부터 생성된 자바스크립트 파일에 대응하는 .d.ts 파일을 검색한다. 그 결과 타입스크립트가 여러분의 프로젝트에 사용된 타입을 알 수 있다.

2. (VSCode 등) 타입스크립트를 지원하는 코드 편집기는 이 .d.ts 파일들을 읽어 해석한 다음 여러분이 코드를 작성할 때 (심지어 타입스크립트 코드가 아니더라도) 유용한 타입 힌트를 제공한다.

3. 타입스크립트 코드의 불필요한 재컴파일을 막아주어 컴파일 시간을 크게 줄여준다.

타입 선언은 타입스크립트에 "자바스크립트에는 이런저런 정보가 정의되어 있어"라고 알려주는 수단이다. 때로는 값을 포함하는 일반적인 선언과 구별하기 위해 타입 선언에 앰비언트(ambient; 주위의, 주변의)라는 표현을 쓰기도 한다. 예를 들어 앰비언트 변수 선언은 변수가 자바스크립트 어딘가에 선언되어 있음을 알려주기 위해 declare 키워드를 이용하는 반면, 일반 변수 선언에서는 declare 키워드는 쓰지 않고 let이나 const로 변수를 정의한다.

타입 선언은 다음과 같은 상황에서 사용할 수 있다.

- 자바스크립트 어딘가에 전역 변수가 정의되어 있음을 타입스크립트에 알림. 예를 들어 전역 Promise를 폴리필(polyfill)[1]하거나 브라우저 환경에 process.env를 정의한 다음 앰비언트 변수 선언을 이용해 타입스크립트에 알려준다.
- 프로젝트 어디에서나 전역으로 이용할 수 있는 타입을 정의하여 임포트 없이 바로 사용하고자 할 때(앰비언트 타입 선언)
- 타입스크립트에 NPM으로 설치한 서드 파티 모듈이 있음을 알릴 때(앰비언트 모듈 선언)

어떤 목적으로 사용하든 타입 선언은 스크립트 모드의 .ts나 .d.ts 파일 안에 위치해야 한다("10.2.3 모듈 모드 vs. 스크립트 모드" 참고). 관례상, 대응하는 .js 파일이 있으면 .d.ts 확장자를 사용하고, 그렇지 않으면 .ts 확장자를 사용한다.

---

1 (옮긴이) 웹 개발 시 브라우저가 지원하지 않는 기능을 구현해 채워넣는 행위 혹은 그 코드를 말한다. 브라우저마다 혹은 브라우저 버전마다 지원하는 표준의 수준이 다르기 때문에 자주 사용된다. *https://en.wikipedia.org/wiki/Polyfill_(programming)*

파일의 이름은 어떻게 정하든 본인 마음이고 파일 하나에 원하는 만큼의 타입 정의를 추가할 수 있다. 예를 들어 필자는 통제하기 어려울 정도로 프로젝트가 복잡해지지 않는 한 types.ts라는 최상위 수준 파일 하나에 모든 걸 담는다.

마지막으로 타입 선언 파일에 선언된 최상위 수준 '값'에는 declare 키워드를 사용해야 하지만(declare let, declare function, declare class 등), 최상위 수준 '타입'과 '인터페이스'에는 사용하지 않아도 된다.

지금까지 설명한 정보를 머리속에 담아두고 각각의 타입 선언을 예제와 함께 살펴보자.

11.1.1 앰비언트 변수 선언

앰비언트 변수 선언은 한 프로젝트의 모든 .ts와 .d.ts 파일에서 임포트 없이 사용할 수 있는 전역 변수의 존재를 타입스크립트에 알리는 수단이다.

브라우저에서 NodeJS 프로그램을 실행하고 있는데 프로그램이 어느 순간 process.env.NODE_ENV를 확인한다고 가정하자("development"나 "production" 중 하나다). 이 프로그램을 실행하면 다음처럼 민망한 런타임 에러가 발생한다.

```
Uncaught ReferenceError: process is not defined.
```

스택 오버플로를 조금 찾아보다가 가장 빠른 해결책은 process.env.NODE_ENV를 직접 폴리필하고 하드코딩하는 것임을 알아냈다. 그래서 polyfills.ts라는 새 파일을 만들어 전역 process.env를 정의한다.

```
process = {
    env: {
        NODE_ENV: 'production'
    }
}
```

물론 전역 window를 확장하는 뻔한 실수를 저질렀음을 파악한 타입스크립트가 꼬불거리는 빨간 밑줄로 문제가 있음을 알려준다.

```
Error TS2304: Cannot find name 'process'.
```

하지만 이는 타입스크립트가 과잉 보호하는 상황이다. 지금의 전역 window 확장은 의도된 것이고 안전하다.

그럼 어떻게 해야 할까? Vim에서 polyfills.ts를 열어서 다음 내용을 입력하자 (이유는 조만간 알게 된다).

```
declare let process: {
    env: {
        NODE_ENV: 'development' | 'production'
    }
}

process = {
    env: {
        NODE_ENV: 'production'
    }
}
```

process라는 전역 객체가 있고, 이 객체는 한 개의 env 프로퍼티를 가지고 있으며 env는 NODE_ENV라는 프로퍼티를 갖고 있음을 타입스크립트에 선언했다. 타입스크립트에 이를 선언하고 나면 꼬불거리는 빨간 밑줄이 사라지고, 안전하게 전역 process를 정의할 수 있다.

> **💡 TSC 설정: lib**
>
> 타입스크립트에는 자바스크립트 표준 라이브러리를 설명해주는 타입 선언들이 함께 제공된다. 예를 들어 Array와 Promise 같은 자바스크립트 내장 타입, .toUpperCase 같은 내장 타입의 메서드들, window와 document 같은 전역 객체(브라우저 환경용), onmessage(웹 워커 환경용) 등의 타입 선언이 제공된다.
>
> 타입스크립트가 제공하는 이런 내장 타입 선언들을 이용하려면 tsconfig.json의 lib 필드를 적절히 설정하면 된다(자세한 사항은 311쪽의 "lib" 참고).

11.1.2 앰비언트 타입 선언

앰비언트 타입 선언은 앰비언트 변수 선언과 같은 규칙을 사용한다. 즉, 선언은 스크립트 모드 파일의 .ts나 .d.ts 파일에 저장해야 하며 명시적으로 임포트하지 않아도 프로젝트의 모든 파일에서 전역으로 이용할 수 있다. 예를 들어 T

가 배열이 아니면 배열로 전환해주는 전역 유틸리티 타입 ToArray<T>가 있다고 가정하자. 그러면 같은 프로젝트의 모든 스크립트 모드 파일에서 이 타입을 정의할 수 있다. 예를 들어 다음처럼 최상위 수준의 types.ts 파일에 정의해보자.

```
type ToArray<T> = T extends unknown[] ? T : T[]
```

이제 프로젝트의 다른 파일에서 명시적으로 임포트하지 않고도 바로 이 타입을 사용할 수 있다.

```
function toArray<T>(a: T): ToArray<T> {
    // ...
}
```

응용 프로그램 전체에서 사용할 데이터 타입을 정의하고자 한다면 앰비언트 타입 선언을 고려하자. 예를 들어 "6.7 이름 기반 타입 흉내내기"에서 정의한 UserID 타입을 다음처럼 정의해보자.

```
type UserID = string & {readonly brand: unique symbol}
```

그러면 이제 명시적으로 임포트하지 않고도 응용 프로그램의 어디에서나 UserID를 사용할 수 있다.

11.1.3 앰비언트 모듈 선언

자바스크립트 모듈을 사용하면서 그 모듈에서 사용할 일부 타입을 빠르게 선언하고 안전하게 사용하고 싶다면 (그리고 이렇게 선언한 타입을 해당 자바스크립트 모듈의 깃허브 저장소나 DefinitelyTyped에 기여하는 귀찮은 작업은 피하고 싶다면) 앰비언트 모듈 선언을 사용하자.

앰비언트 모듈 선언은 평범한 타입 선언을 declare module이라는 특별한 문법으로 감싸는 것이 특징이다.

```
declare module 'module-name' {
    export type MyType = number
    export type MyDefaultType = { a: string }
    export let myExport: MyType
```

```
    let myDefaultExport: MyDefaultType
    export default myDefaultExport
}
```

모듈명(예제에서는 'module-name')은 정확히 import 경로에 대응한다. 이 경로를 임포트하면 앰비언트 모듈 선언이 타입스크립트에 무엇을 이용할 수 있는지 알려준다.

```
import ModuleName from 'module-name'
ModuleName.a  // string
```

중첩된 모듈이 있다면 선언에 import 경로 전체를 포함해야 한다.

```
declare module '@most/core' {
    // 타입 선언
}
```

타입스크립트에 "나는 이 모듈을 임포트하고 있고 타입은 나중에 결정할 거니까 일단은 any라고 가정해"라고 알려주고, 실제 선언은 생략한 채 헤더만 유지하면 된다.

```
// 임포트했을 때 any 타입이 되도록 선언
declare module 'unsafe-module-name'
```

모듈을 이 상태로 사용하면 안전성이 떨어진다.

```
import {x} from 'unsafe-module-name'
x  // any
```

모듈 선언은 와일드카드 임포트를 지원하므로 '주어진 패턴과 일치하는 모든 import 경로'를 특정한 타입으로 해석하도록 할 수 있다. 와일드카드(*)를 이용해서 import 경로에 패턴을 부여해보자.[2]

```
// 웹팩의 json 로더로 임포트한 JSON 파일의 타입 선언
declare module 'json!*' {
    let value: object
```

---

2 와일드카드 매칭은 일반 glob 패턴 매칭(*https://en.wikipedia.org/wiki/Glob_(programming)*)과 같은 규칙을 따른다.

```
    export default value
}

// 웹팩의 스타일 로더로 임포트한 CSS 파일의 타입 선언
declare module '*.css' {
    let css: CSSRuleList
    export default css
}
```

이제 JSON 파일과 CSS 파일을 로드할 수 있다.

```
import a from 'json!myFile'
a  // 객체

import b from './widget.css'
b  // CSSRuleList
```

 마지막 두 예제를 실행하려면 빌드 시스템이 .json 파일과 .css 파일을 로드할 수 있도록
설정해야 한다. 이 경로 패턴들은 임포트해도 안전하다고 타입스크립트에 알려줄 수는
있지만, 타입스크립트 스스로 빌드할 수는 없다.

타입을 사용하지 않는 서드 파티 자바스크립트용의 타입 선언에 앰비언트 모
듈 선언을 이용하는 예는 "11.4.3 DefinitelyTyped에서 타입 선언을 제공하지
않는 자바스크립트"를 참고하자.

11.2 자바스크립트를 타입스크립트로 천천히 마이그레이션 하기

타입스크립트는 태생부터 자바스크립트와 상호 운용될 수 있도록 만들어졌다.
자바스크립트를 타입스크립트로 간단하게 마이그레이션하는 방법은 따로 없
지만 멋진 경험이 될 것이다. 코드베이스의 파일을 한 개씩 선택하여 안전성이
높아지는 쪽으로 조금씩 바꿔보자. 한 번에 한 커밋씩, 정적 타입이 코드에 어
떤 영향을 주는지를 상사와 동료들에게 보여주자.

여러분은 대략 다음과 같은 결말을 원할 것이다. 코드베이스 전체가 타입을
엄격히 정의한 타입스크립트로 바뀌고, 의존하는 서드 파티 라이브러리들도

잘 정의된 각자의 타입을 갖추게 된다. 모든 버그는 컴파일 타임에 걸러지고 타입스크립트의 훌륭한 자동완성 기능 덕에 코딩 시간도 절반으로 줄어든다. 이런 결과를 원한다면 다음의 과정을 거쳐야 한다.

- TSC를 프로젝트에 추가한다.
- 기존 자바스크립트 코드에 타입 확인을 시작한다.
- 한 번에 한 파일씩 자바스크립트를 타입스크립트로 마이그레이션한다.
- 의존하는 외부 코드용 타입 선언을 설치한다. 방법은 두 가지다. 아직 타입이 없는 외부 코드용 타입의 스텁(stub)을 만들거나, 타입 선언을 만들어서 DefinitelyTyped에 기여하면 된다.[3]
- 코드베이스에 strict 모드를 적용한다.

이 과정을 완수하려면 시간이 걸릴 수 있지만 결과적으로 안전성과 생산성 두 마리 토끼를 잡을 수 있으며 부수적인 효과도 얻을 수 있다. 각 과정을 하나씩 살펴보자.

11.2.1 단계 1: TSC 추가

타입스크립트와 자바스크립트가 함께 사용된 코드베이스에서는 TSC가 타입스크립트뿐 아니라 자바스크립트 파일도 컴파일하도록 설정한다. tsconfig.json을 다음처럼 설정하자.

```
{
    "compilerOptions": {
        "allowJs": true
    }
}
```

이처럼 설정 하나만 바꾸면 TSC가 자바스크립트 파일도 컴파일한다. TSC를 빌드 프로세스에 추가한 다음 기존의 모든 자바스크립트 파일을 TSC가 컴파일하도록 하거나[4] 아니면 자바스크립트 파일은 기존 빌드 프로세스가 처리하도록

---

3 DefinitelyTyped는 자바스크립트 타입 선언 전용 오픈 소스 저장소다. 자세한 사항은 관련 사이트를 참고하자.

4 정말 규모가 큰 프로젝트라면 모든 파일을 TSC로 컴파일했을 때 속도가 느려질 수 있다. 대규모 프로젝트에서 성능을 개선할 수 있는 방법은 "12.1.5 프로젝트 참조"에서 설명한다.

하고 새로운 타입스크립트 파일만 TSC로 실행하도록 설정할 수도 있다.

allowJs를 true로 설정한다고 해서 타입스크립트가 기존 자바스크립트 코드의 타입을 확인하지는 않지만, 여러분이 요청한 모듈 시스템(tsconfig.json의 module 필드 값에 따라)을 이용해 자바스크립트 코드를 트랜스파일한다(tsconfig.json에 설정한 target 필드의 값에 따라 ES3, ES5 등으로). 첫 번째 단계가 끝났다. 변경된 코드를 커밋한 후 잘했다고 스스로를 칭찬해 주자. 여러분의 코드베이스는 타입스크립트를 사용하기 시작했다!

11.2.2 단계 2a: 자바스크립트에 타입 확인 활성화(선택 사항)

TSC가 자바스크립트를 처리하기 시작했으므로 타입 확인 기능을 이용할 수 있다. 자바스크립트에 명시적 타입 어노테이션을 사용하지 않아도 타입스크립트가 얼마나 타입을 잘 추론하는지 이미 경험했다. 타입스크립트는 자바스크립트 코드에서도 같은 위력을 발휘한다. tsconfig.json을 다음처럼 설정한다.

```
{
    "compilerOptions": {
        "allowJs": true,
        "checkJs": true
    }
}
```

이제 타입스크립트가 자바스크립트 파일을 컴파일할 때마다 마치 타입스크립트 코드를 다루듯 최선을 다해 타입을 추론하고 검증한다.

코드베이스가 크면 checkJs를 활성화했을 때 너무 많은 타입 에러가 한꺼번에 쏟아질 수 있다. 그러면 이 옵션을 다시 끈 다음 자바스크립트 타입 검사를 파일 단위로 활성화할 수 있다. 검사하려는 자바스크립트 파일 맨 위에 일반 주석 형태로 // @ts-check 지시어를 추가하면 된다. 아니면 파일 하나가 너무 커서 많은 에러가 발생하고 있고 이를 모두 고칠 수 없는 상황이라면, checkJs는 그대로 활성화한 상태에서 큰 파일에만 // @ts-nocheck를 추가하는 방법도 있다.

 타입스크립트가 모든 것을 추론할 수 있는 것은 아니므로(예: 함수 매개변수 타입) 자바스크립트 코드에서 any로 추론되는 대상이 많을 수밖에 없다. tsconfig.json에서 strict

모드를 활성화했다면(그래야 한다!) 마이그레이션이 끝날 때까지만 일시적으로 암묵적 any를 허용하기를 원할 수 있다. 그럴 때는 다음 내용을 tsconfig.json에 추가한다.

```
{
    "compilerOptions": {
        "allowJs": true,
        "checkJs": true,
        "noImplicitAny": false
    }
}
```

마이그레이션이 거의 끝나간다면 noImplicitAny를 다시 켜는 것도 잊지 말자! 그러면 지금까지 놓쳤던 중요한 에러들이 갑자기 쏟아질 것이다(물론 여러분에게 눈으로 보기만 해도 타입을 확인해 고칠 수 있는 울트라 슈퍼 파워가 없다면 말이다).

타입스크립트로 자바스크립트를 실행하면 타입스크립트 코드를 실행할 때보다 더 관대한 추론 알고리즘을 적용한다. 구체적으로 다음과 같은 일이 벌어진다.

- 모든 함수 매개변수는 선택 사항이다.
- 함수와 클래스의 프로퍼티 타입은 어떻게 선언했는지가 아니라 어떻게 사용했는지에 의해 결정된다.

```
class A {
    x = 0  // number | string | string[], 어떻게 사용하느냐에 의해 추론됨
    method() {
        this.x = 'foo'
    }
    otherMethod() {
        this.x = ['array', 'of', 'strings']
    }
}
```

- 객체, 클래스, 함수를 선언한 다음에 추가 프로퍼티를 할당할 수 있다. 내부적으로 타입스크립트는 각 클래스와 함수 선언에 대응하는 네임스페이스를 생성하고 모든 객체 리터럴에 인덱스 시그니처를 자동 추가해서 이를 구현한다.

11.2.3 단계 2b: JSDoc 어노테이션 추가(선택 사항)

급한 상황에서는 기존의 자바스크립트 파일에 추가한 새 함수에만 타입 어노테이션을 추가하고 싶을 수 있다. 이럴 때는 이 파일을 타입스크립트로 변환하기 전까지는 JSDoc 어노테이션을 새 함수에 적용할 수 있다.

여러분도 JSDoc을 이미 접해봤을 것이다. JSDoc은 자바스크립트와 타입스크립트 코드 윗줄에 붙는, @로 시작하는 어노테이션이다. 대표적으로는 @param과 @returns 등이 있다. 타입스크립트는 JSDoc을 이해하며, 타입 검사기에 타입 정보를 알려주는 용도로 쓴다(즉, 타입스크립트 코드의 명시적 타입 어노테이션과 똑같이 취급된다).

3,000줄짜리 유틸리티 파일이 있다고 가정하자. 그리고 이 파일에 다음처럼 새 유틸리티 함수를 추가해야 한다.

```
export function toPascalCase(word) {
    return word.replace(
        /\w+/g,
        ([a, ...b]) => a.toUpperCase() + b.join('').toLowerCase()
    )
}
```

이 파일을 통째로 타입스크립트로 변환하기보다는(아마 고쳐야 할 버그가 한 번에 산더미처럼 쏟아질 것이다) 이번에 추가한 toPascalCase 함수에만 어노테이션을 추가하면 어떨까? 이렇게 하면 타입 없는 자바스크립트의 망망대해에 안전한 작은 섬을 구축할 수 있다.

```
/**
 * @param word {string} 변환할 입력 문자열
 * @returns {string} 파스칼 표기법(pascal case)으로 변환된 문자열
 */
export function toPascalCase(word) {
    return word.replace(
        /\w+/g,
        ([a, ...b]) => a.toUpperCase() + b.join('').toLowerCase()
    )
}
```

JSDoc 어노테이션이 없었다면 타입스크립트는 toPascalCase의 타입을 (word:

any) => string으로 추론했을 것이다. 하지만 어노테이션 덕분에 (word: string) => string이라는 사실을 알 수 있다. 동시에 문서화도 멋지게 해냈다.

JSDoc 어노테이션에 관한 자세한 정보는 타입스크립트 위키[5]를 참고하자.

11.2.4 단계 3: 파일 이름을 .ts로 바꾸기

지금까지 빌드 프로세스에 TSC를 추가했고, 선택적으로 자바스크립트의 타입 확인을 확성화한 후 필요한 곳에 어노테이션을 추가했으니, 이제는 본격적으로 타입스크립트로 바꿀 차례다.

한 번에 한 파일만 선택하여 확장자를 .js(또는 .coffee, .es 등)에서 .ts로 바꾼다. 파일의 이름을 바꾸자마자 빨간색 꼬불거리는 친구(어린이 TV 쇼에 나오는 지렁이 얘기가 아니라 TypeError를 말하는 것이다)가 나타나면서 확인되지 않은 타입 에러, 누락된 case문, null 확인 누락, 잘못된 변수 이름 등을 알려준다. 이런 에러를 해결하는 전략은 두 가지다.

1. 제대로 처리하기. 관련된 모든 파일에서 더 이상 에러가 발생하지 않도록 차분하게 형태, 필드, 함수의 타입을 올바르게 결정하자. checkJs를 활성화했다면 tsconfig.json에서 noImplicitAny를 켜서 any로 평가된 타입들에 올바른 타입을 찾아준다. 작업을 마무리했으면 noImplicitAny를 다시 비활성화하여 그 외의 에러에 집중하도록 하자.

2. 빠르게 처리하기. 닥치는 대로 자바스크립트의 파일 확장자를 .ts로 바꾸되 tsconfig.json 설정은 느슨하게(strict를 false로 설정) 유지해서 가능한 한 타입 에러가 적게 발생하도록 설정하자. 타입 검사기가 any를 눈감아 주도록 만들자. 그래도 발생하는 에러는 모두 고치고 커밋하자. 이 작업을 완료했으면 strict 모드 플래그(noImplicitAny, noImplicitThis, strictNullChecks 등)를 한 개씩 켜면서 발생하는 에러를 고치자(전체 플래그 목록은 부록 F 참고).

💡 빠르지만 지저분한 방식을 선택했다면 앰비언트 타입 선언을 이용해 TODO를 any의 타입 별칭으로 설정하자. 그런 다음 any 대신 TODO를 사용하면 빠진 타입을 찾고 추적하는 데

---

5 *http://bit.ly/2YCTWBf*

도움이 될 것이다. 물론 프로젝트 전체에서 쉽게 검색할 수 있도록 더 구체적인 이름을 써도 된다.

```
// globals.ts
type TODO_FROM_JS_TO_TS_MIGRATION = any

// MyMigratedUtil.ts
export function mergeWidgets(
    widget1: TODO_FROM_JS_TO_TS_MIGRATION,
    widget2: TODO_FROM_JS_TO_TS_MIGRATION
): number {
    // ...
}
```

두 방법 모두 장단점이 있으므로 어떤 방법을 택할지는 본인에게 달려있다. 타입스크립트는 점진적 타입(gradually typed)을 갖는 언어이므로 타입이 없는 자바스크립트 코드와도 안전하게 상호 운용할 수 있도록 설계되었다. 엄격한 타입의 타입스크립트와 타입이 없는 자바스크립트의 조합이든, 엄격한 타입의 타입스크립트와 느슨한 타입의 타입스크립트의 조합이든 상관없이, 타입스크립트는 가능한 한 안전하게 실행하려 최선을 다한다. 그리고 타입을 엄격하게 적용한 부분에 한해서는 모든 것이 안전하게 동작할 것이다.

11.2.5 단계 4: 엄격하게 만들기

자바스크립트의 주요 부분을 타입스크립트로 바꿨으면 TSC의 엄격성과 관련된 플래그를 한 개씩 설정해가면서 코드를 최대한 안전하게 만들 차례다(전체 플래그 목록은 부록 F 참고).

마지막에는 TSC의 자바스크립트 상호 운용 플래그를 꺼서 모든 코드가 엄격한 타입의 타입스크립트가 되도록 강제한다.

```
{
    "compilerOptions": {
        "allowJs": false,
        "checkJs": false
    }
}
```

이렇게 하면 타입과 관련한 최후의 에러가 모두 나타난다. 이 문제들까지 다 해결하면 코드베이스는 아주 깨끗하고 안전해질 것이며, 대부분의 하드코어 오캐멀 개발자가 여러분에게 존경을 표할 것이다.

지금까지 설명한 과정을 실천하면 여러분이 개발한 자바스크립트에 타입을 추가할 수 있다. 하지만 NPM으로 설치한 코드처럼 우리가 제어할 수 없는 자바스크립트 코드라면 어떻게 해야 할까? 이 문제를 본격적으로 살펴보기 전에 막간의 잡담을 하려 한다.

11.3 자바스크립트의 타입 검색

타입스크립트 파일에서 자바스크립트 파일을 임포트할 때 타입스크립트는 다음 알고리즘을 토대로 자바스크립트 코드에 필요한 타입 선언을 검색한다(타입스크립트에서 '파일'과 '모듈'은 상호 대체할 수 있는 의미로 쓰인다[6]).

1. .js 파일과 이름이 같은 형제 .d.ts 파일을 찾는다. 이 파일이 존재하면 .js 파일의 타입 선언으로 사용한다.

   예를 들어 디렉터리 구조가 다음과 같다고 가정하자.

   ```
   my-app/
   ├──src/
   │ ├──index.ts
   │ └──legacy/
   │    ├──old-file.js
   │    └──old-file.d.ts
   ```

   그리고 index.ts에서 old-file을 임포트했다.

   ```
   // index.ts
   import './legacy/old-file'
   ```

   그러면 타입스크립트는 src/legacy/old-file.d.ts를 ./legacy/old-file의 타입 선언 소스로 사용한다.

6　엄격하게 따지자면 모듈 모드에서는 모듈이지만 스크립트 모드에서는 파일이다. 더 자세한 사항은 "10.2.3 모듈 모드 vs. 스크립트 모드"를 참고하자.

2. 적절한 .d.ts 파일이 없고, 만약 allowJs와 checkJs가 true이면 .js 파일의 타입을 추론한다(.js 파일의 JSDoc 어노테이션 이용).

3. 2에도 해당하지 않으면 전체 모듈을 any로 처리한다.

서드 파티 자바스크립트 모듈, 즉 node_modules 디렉터리에 설치한 NPM 패키지를 임포트할 때는 조금 다른 알고리즘을 사용한다.

1. 모듈의 지역 타입 선언이 존재한다면 그 선언을 사용한다.
   예를 들어 앱의 디렉터리 구조가 다음과 같다고 가정하자.

   ```
   my-app/
   ├──node_modules/
   │   └──foo/
   ├──src/
   │   ├──index.ts
   │   └──types.d.ts
   ```

   다음은 type.d.ts의 모습이다.

   ```
   // types.d.ts
   declare module 'foo' {
       let bar: {}
       export default bar
   }
   ```

   이 상태에서 foo를 임포트하면 타입스크립트는 types.d.ts에 선언된 앰비언트 모듈 선언을 foo의 타입 소스로 사용한다.

   ```
   // index.ts
   import bar from 'foo'
   ```

2. 지역 타입 선언이 존재하지 않는다면 모듈의 package.json을 확인한다. types나 typings라는 필드가 정의되어 있으면 해당 필드가 가리키는 .d.ts 파일을 모듈의 타입 선언 소스로 사용한다.

3. 아니면 한 번에 한 단계씩 상위 디렉터리로 이동하면서 node_modules/@types 디렉터리를 찾는다(모듈의 타입 선언을 담고 있는 디렉터리다).

예를 들어 다음처럼 리액트를 설치했다고 가정하자.

```
npm install react --save
npm install @types/react --save-dev
```

```
my-app/
├───node_modules/
│   ├───@types/
│   │   └───react/
│   └───react/
├───src/
│   └───index.ts
```

리액트를 임포트하면 타입스크립트는 @types/react 디렉터리를 검색해서
리액트의 타입 선언 소스로 사용한다.

```
// index.ts
import * as React from 'react'
```

4. 그래도 타입 선언을 찾지 못했다면, 앞서 설명한 지역 타입 찾기 알고리즘
   을 수행한다.

단계가 복잡해 보이지만 한번 이해하고 나면 아주 간단하다.

💡 **TSC 설정: types과 typeRoots**

기본적으로 타입스크립트는 프로젝트 디렉터리 안의 node_modules/@types 디렉터
리와 그 상위 디렉터리들(예: ../node_modules/@types 등)에서 서드 파티 타입 선언
을 찾는다. 대부분은 이 동작을 바꿀 필요가 없다.

이 기본 동작을 오버라이드하려면 tsconfig.json의 typeRoots에 타입 선언을 검색할 디
렉터리들을 배열로 설정하면 된다. 예를 들어 다음은 node_modules/@types뿐 아니라
typings 디렉터리에서도 타입 선언을 찾도록 하는 설정이다.

```
{
    "compilerOptions": {
        "typeRoots": [
            "./typings",
            "./node_modules/@types"
        ]
    }
}
```

tsconfig.json에서 types 옵션을 사용하면 타입스크립트가 어떤 패키지에서 타입을 검색할지 더 세밀하게 설정할 수 있다. 예를 들어 다음은 리액트를 제외한 모든 서드 파티 타입 선언을 무시하는 설정이다.

```
{
    "compilerOptions": {
        "types": [
            "react"
        ]
    }
}
```

11.4 서드 파티 자바스크립트 사용

 이 책은 여러분이 서드 파티 자바스크립트를 설치할 때 NPM과 Yarn 같은 패키지 관리자를 이용한다고 가정한다. 설마 아직도 코드 복사&붙여넣기로 라이브러리를 설치하는 독자는 없길 바란다.

npm install로 서드 파티 자바스크립트 코드를 프로젝트에 설치할 때 다음처럼 세 가지 상황이 일어날 수 있다.

1. 코드를 설치할 때 타입 선언이 함께 제공됨
2. 코드를 설치할 때 타입 선언은 제공되지 않지만 DefinitelyTyped에서 선언을 구할 수 있음
3. 코드를 설치할 때 타입 선언이 제공되지 않으며 DefinitelyTyped에서도 구할 수 없음

각 상황을 자세히 살펴보자.

11.4.1 타입 선언을 포함하는 자바스크립트

{"noImplicitAny": true}를 설정한 상황에서 import를 하면 패키지에 타입 선언이 함께 따라오며, 덕분에 타입스크립트는 꼬불거리는 빨간 밑줄을 보여주지 않을 것이다.

설치하는 코드가 타입스크립트로 컴파일되었거나 저자가 친절하게도 NPM 패키지에 타입 선언을 포함시켜 놓았다면 여러분은 운이 좋은 것이다. 코드를 설치하기만 하면 곧바로 타입 지원을 완벽하게 받을 수 있기 때문이다.

다음은 NPM 패키지에 타입 선언이 내장되어 있는 몇 가지 예다.

```
npm install rxjs
npm install ava
npm install @angular/cli
```

 설치하는 코드가 타입스크립트로 컴파일된 코드가 아니라면 타입 선언이 가리키는 내용과 실제 코드가 일치하지 않는 위험에 빠질 수 있다. 타입 선언이 소스 코드와 함께 제공된다면 이런 위험성은 상당히 낮지만(특히 유명한 패키지일수록) 여전히 주의해야 한다.

11.4.2 DefinitelyTyped에서 타입 선언을 제공하는 자바스크립트

임포트하는 서드 파티 코드가 자체적으로 타입 선언을 포함하지 않더라도 타입스크립트 커뮤니티를 관리하는 앰비언트 모듈 선언 중앙 저장소인 DefinitelyTyped[7]에서 타입 선언을 제공하기도 한다.

설치한 패키지의 타입 선언이 DefinitelyTyped에 있는지 확인하려면 Type Search[8]에서 검색해보거나, 곧바로 선언이 설치되는지 시도해보자. 모든 DefinitelyTyped 타입 선언은 NPM의 @types 영역에 설치되므로 해당 영역에서 npm install을 실행해보면 된다.

```
npm install lodash --save # Lodash 설치
npm install @types/lodash --save-dev # Lodash의 타입 선언 설치
```

npm install 시에 --save-dev 플래그를 설정하면 설치한 타입 선언을 pack-age.json의 devDependencies 필드에 추가해준다. 여러분이 원하는 기능일 것이다.

 DefinitelyTyped의 타입 선언은 커뮤니티에서 관리하므로 빠지거나 잘못된 게 있을 수 있고 정보가 조금 오래 되었을 수도 있다. 대부분의 유명 패키지들의 경우 타입 선언 역시

---

7   https://github.com/DefinitelyTyped/DefinitelyTyped
8   https://microsoft.github.io/TypeSearch/

잘 관리되지만 혹시라도 여러분이 개선해야 할 점을 찾았다면 문제를 개선하고, 다른 개발자들도 유익한 정보를 얻을 수 있도록 개선한 내용을 다시 DefinitelyTyped에 제공[9]해 주길 바란다.

11.4.3 DefinitelyTyped에서 타입 선언을 제공하지 않는 자바스크립트

세 가지 상황 중 가장 드문 상황이다. 이런 경우라면 가장 빠르지만 안전성이 떨어지는 방법에서 시작해 아주 안전하지만 시간이 많이 소비되는 방법까지 다양한 선택지가 있다.

1. 타입을 사용하지 않는 임포트 윗줄에 // @ts-ignore 지시어를 추가해서 해당 임포트를 화이트리스트 처리한다. 타입스크립트는 타입을 사용하지 않는 모듈을 허용한다. 하지만 해당 모듈과 그 안의 모든 콘텐츠의 타입은 any가 된다.

   ```
   // @ts-ignore
   import Unsafe from 'untyped-module'

   Unsafe   // any
   ```

2. 빈 타입 선언 파일을 하나 만들어서 화이트리스트를 처리할 모듈을 적어놓는다. 예를 들어 자주 사용하지 않는 nearby-ferret-alerter를 설치했다면 새로운 타입 선언을 만들고(예: types.d.ts) 여기에 앰비언트 타입 선언을 추가한다.

   ```
   // types.d.ts
   declare module 'nearby-ferret-alerter'
   ```

   이렇게 해서 타입스크립트에 임포트할 수 있는 모듈이 존재함은 알려주지만(import alert from 'nearby-ferret-alerter') 모듈이 어떤 타입을 포함하는지는 알려주지 않는다. 이 방법을 사용하면 응용 프로그램에서 타입을 사용하지 않는 모든 모듈 정보를 한 파일에 둔다는 점에서 첫 번째 방법보

---

[9]   *http://bit.ly/2U7QYWP*

다는 좋다. 하지만 nearby-ferret-alerter와 그 안의 모든 익스포트의 타입은 여전히 any이므로 안전성 면에서는 조금의 차이도 없다.

3. 앰비언트 모듈 선언을 만든다. 이전 방법과 비슷하게 types.d.ts라는 파일을 만들고 빈 선언(declare module 'nearby-ferret-alerter')을 추가한다. 그리고 다음 예시처럼 타입 선언을 채운다.

```
// types.d.ts
declare module 'nearby-ferret-alerter' {
    export default function alert(loudness: 'quiet' | 'loud'): Promise<void>
    export function getFerretCount(): Promise<number>
}
```

이제 nearby-ferret-alerter로부터 alert을 임포트하면 타입스크립트는 alert 타입이 무엇인지 정확하게 알 수 있다. alert는 더 이상 any가 아닌 (loudness: 'quiet' | 'loud') => Promise<void> 타입으로 인식된다.

4. 타입 선언을 만들고 NPM에 제공한다. 3번 선택지를 따라 모듈에 필요한 지역 타입 선언을 직접 구현했다면 다른 개발자도 nearby-ferret-alerter 패키지에 필요한 타입 선언을 이용할 수 있도록 NPM에 제공하는 방안을 생각해보자. 코드를 제공하려면 nearby-ferret-alerter 깃 저장소로 pull 요청(pull request)을 하여 타입 선언에 직접 기여하는 방법도 있고, 저장소 관리자가 타입스크립트 타입 선언을 직접 관리하고 싶어 하지 않는 상황이라면 DefinitelyTyped에 제공해도 좋을 것이다.

서드 파티 자바스크립트의 타입 선언은 간단하게 구현할 수 있지만 어떻게 구현하는지는 모듈 유형에 따라 달라진다. (NodeJS, 제이쿼리 증강, Lodash 믹스인, 리액트와 앵귤러 컴포넌트 등) 자바스크립트 모듈 유형에 따른 타입 선언 구현법에는 몇 가지 패턴이 존재한다. 서드 파티 자바스크립트 모듈 타입과 관련한 다양한 해결 방법은 부록 D를 참고하자.

최근에는 타입을 사용하지 않은 자바스크립트에서 타입 선언을 자동으로 생성하는 연구가 활발히 진행되고 있다. 다양한 서드 파티 자바스크립트 모듈의 타입 선언을 자동으로 생성하는 도구인 dts-gen[10]을 확인하자.

11.5 마치며

타입스크립트에서 여러 방법으로 자바스크립트를 사용할 수 있다. 표 11-1에 정리해보았다.

접근 방법	tsconfig.json 플래그	타입 안전성
타입을 사용하지 않는 자바스크립트 임포트	{"allowJs": true}	나쁨
자바스크립트를 임포트하고 확인	{"allowJs": true, "checkJs": true}	좋음
JSDoc 어노테이션을 포함하는 자바스크립트를 임포트하고 확인	{"allowJs": true, "checkJs": true, "strict": true}	훌륭함
타입 선언을 포함하는 자바스크립트 임포트	{"allowJs": false, "strict": true}	훌륭함
타입스크립트 임포트	{"allowJs": false, "strict": true}	훌륭함

표 11-1 타입스크립트에서 자바스크립트를 사용하는 방법

11장에서는 다양한 종류의 타입 선언과 사용법, 자바스크립트 프로젝트를 타입스크립트로 조금씩 마이그레이션하는 방법, 서드 파티 자바스크립트를 안전하게(때로는 안전하지 않게) 사용하는 방법 등 자바스크립트와 타입스크립트를 함께 사용하는 방법을 여러 관점에서 살펴봤다. 자바스크립트와 타입스크립트를 상호 운용하기란 타입스크립트를 이용하면서 겪는 가장 까다로운 문제일 수 있다. 이번 장에서 소개한 여러 방법을 적절하게 활용할 수 있다면 여러분의 프로젝트에서 이 문제를 성공적으로 해결할 수 있을 것이다.

---

10 *https://www.npmjs.com/package/dts-gen*

12장

타입스크립트 빌드 및 실행

자바스크립트 응용 프로그램을 실제 서비스에 배포, 운영해 본 독자라면 타입
스크립트 응용 프로그램을 실행하는 방법을 이미 알고 있는 것이다. 타입스크
립트를 자바스크립트로 컴파일한 이후부터는 과정이 같기 때문이다. 12장에서
는 타입스크립트 응용 프로그램을 빌드하고 제품화하는 방법을 살펴본다. 사
실 이 과정은 타입스크립트 응용 프로그램뿐 아니라 대부분의 자바스크립트
응용 프로그램에도 적용되는 내용이다. 이 과정을 다음처럼 네 개의 영역으로
구분해 설명한다.

• 타입스크립트 응용 프로그램을 빌드하는 데 필요한 준비물
• 서버에서 타입스크립트 응용 프로그램을 빌드하고 실행하기
• 브라우저에서 타입스크립트 응용 프로그램을 빌드하고 실행하기
• 타입스크립트를 빌드하고 NPM으로 발행(publish)하기

12.1 타입스크립트 프로젝트 빌드하기

타입스크립트 프로젝트를 빌드하는 방법은 간단하다. 이 절에서는 어떤 환경
에서든 여러분이 응용 프로그램을 실행할 수 있는 프로젝트를 만드는 데 필요
한 핵심 정보를 소개한다.

12.1.1 프로젝트 레이아웃

이 책에서는 타입스크립트 소스 코드를 최상위의 src/ 디렉터리에 저장하고, 컴파일한 결과 역시 최상위의 dist/ 디렉터리에 저장할 것을 권장한다. 널리 알려진 규칙일뿐더러 소스 코드와 생성된 코드를 두 개의 최상위 디렉터리에 분리할 수 있어서 다른 도구들과 통합하기가 편해진다. 또한 빌드 과정에서 만들어지는 부산물을 버전 관리 대상에서 제외하기 쉽다는 장점도 있다.

따라서 가능하면 이 규칙을 따를 것을 권한다.

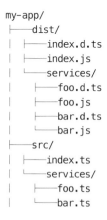

```
my-app/
├──dist/
│  ├──index.d.ts
│  ├──index.js
│  └──services/
│     ├──foo.d.ts
│     ├──foo.js
│     ├──bar.d.ts
│     └──bar.js
├──src/
│  ├──index.ts
│  └──services/
│     ├──foo.ts
│     └──bar.ts
```

12.1.2 부산물

타입스크립트 프로그램을 자바스크립트로 컴파일하면 TSC가 몇 가지 부산물을 생성한다(표 12-1).

타입	파일 확장자	tsconfig.json 플래그	기본적으로 생성?
자바스크립트	.js	{"emitDeclarationOnly": false}	○
소스 맵	.js.map	{"sourceMap": true}	×
타입 선언	.d.ts	{"declaration": true}	×
선언 맵	.d.ts.map	{"declarationMap": true}	×

표 12-1 TSC가 생성하는 부산물

첫 번째 부산물인 자바스크립트 파일과는 이미 친숙할 것이다. TSC는 타입스크립트를 자바스크립트로 변환하며, 변환된 자바스크립트는 NodeJS나 크롬 같은 자바스크립트 플랫폼에서 실행할 수 있다. `tsc yourfile.ts`를 실행하면 yourfile.ts의 타입을 확인한 다음 자바스크립트로 컴파일한다.

두 번째 부산물(소스 맵)은 생성된 자바스크립트 코드를 원래 타입스크립트 파일의 행과 열로 연결하는 데 필요한 특별 파일이다. 디버깅에 도움을 주고 (크롬 DevTools는 소스 맵을 이용하여 컴파일러가 생성한 자바스크립트 대신 원래의 타입스크립트 코드를 보여준다) 자바스크립트 예외의 스택 추적값에서 가리키는 행과 열을 타입스크립트 파일에 매핑해준다(예: "12.1.6 에러 모니터링"에서 소개하는 도구가 소스 맵을 이용).

세 번째 부산물(타입 선언)은 생성된 타입을 다른 타입스크립트 프로젝트에서 이용할 수 있도록 해준다.

마지막으로 선언 맵은 타입스크립트 프로젝트의 컴파일 시간을 단축하는 데 사용된다. 자세한 사항은 "12.1.5 프로젝트 참조"를 확인하자.

지금부터는 이들 부산물을 어떻게 그리고 왜 생성하는지를 살펴보겠다.

12.1.3 컴파일 대상 조정

자바스크립트는 보통 언어와는 조금 다를 수 있다. 매년 규격 명세가 새롭게 릴리스되면서 빠르게 진화할 뿐 아니라 프로그래머 입장에서는 자신이 구현한 프로그램이 어떤 자바스크립트 버전을 지원하는 플랫폼에서 실행될지 보장할 수 없기 때문이다. 더 나아가 많은 자바스크립트 프로그램은 단일 형태(isomorphic), 즉 같은 프로그램을 서버나 클라이언트 모두에서 실행할 수 있다. 다음 예를 살펴보자.

- 백엔드 자바스크립트 프로그램을 자신이 제어할 수 있는 서버에서 실행할 때는 정확히 어떤 자바스크립트 버전으로 실행할지 결정할 수 있다.
- 백엔드 자바스크립트 프로그램을 오픈 소스로 릴리스한다면 소비자의 자바스크립트 플랫폼에서 어떤 자바스크립트 버전을 사용할지 알 수 없다. NodeJS 환경에서는 지원되는 NodeJS 버전을 정의할 수 있지만 브라우저 환

경에서는 불가능하다.

- 자바스크립트를 브라우저에서 실행할 때는 사람들이 어떤 브라우저를 사용할지 알 수 없다. 최신 크롬, 파이어폭스, 엣지(Edge) 브라우저는 대부분의 최신 자바스크립트 기능을 지원하지만, 인터넷 익스플로러 8 같은 구식 브라우저나 창고에 박혀 있던 플레이스테이션 4의 내장 브라우저에서는 아주 멋진 기능을 지원하지 않을 것이다. 이런 이유 때문에 여러분의 응용 프로그램을 브라우저에서 실행하는 데 필요한 최소한의 기능 집합을 정의하고 나머지 기능은 가능한 한 폴리필로 제공하자. 그런 다음 사용자의 브라우저가 정말 너무 오래된 버전일 때만 업그레이드를 권유하는 메시지를 보여주는 정도가 최선이다.

- 단일 구조의 자바스크립트 라이브러리(예: 브라우저와 서버에서 모두 실행할 수 있는 로깅 라이브러리)를 릴리스한다면 가능한 한 낮은 버전의 NodeJS와 다양한 자바스크립트 엔진 및 버전을 동시에 지원해야 한다.

모든 자바스크립트 환경이 모든 자바스크립트 기능을 기본으로 지원하는 것은 아니지만 코드는 가능하면 최신 버전으로 작성하는 것이 좋다. 이렇게 해도 구 버전 플랫폼에서 동작하게 할 수 있는데, 방법은 두 가지다.

1. 트랜스파일(자동 변환 등): 최신 버전의 자바스크립트를 대상 플랫폼에서 지원하는 가장 낮은 자바스크립트 버전으로 변환한다. 예를 들어 `for..of` 루프와 `async/await`는 자동으로 for 루프와 `.then` 호출로 변환된다.
2. 폴리필: 실행하려는 자바스크립트 런타임이 포함하지 않는 최신 기능을 폴리필로 제공한다. 자바스크립트 표준 라이브러리에서 제공하는 기능(`Promise`, `Map`, `Set` 등)과 프로토타입 메서드(`Array.prototype.includes`와 `Function.prototype.bind`)를 제공할 때 사용한다.

TSC는 코드를 예전 자바스크립트 버전으로 트랜스파일하는 기능을 기본으로 지원하지만 폴리필은 자동으로 해주지 않는다.

TSC에서 대상 환경에 관한 정보를 설정하는 옵션은 세 가지다.

- target: 트랜스파일하려는 자바스크립트 버전을 설정한다(es5, es2015 등).
- module: 대상 모듈 시스템을 설정한다(es2015 모듈, commonjs 모듈, systemjs 모듈 등).
- lib: 타입스크립트에게 대상 환경에서 어떤 자바스크립트 기능을 지원하는 지 알려준다(es5 기능, es2015 기능, dom 등). 실제로 기능을 구현하는 것은 아니지만(따라서 폴리필이 필요함) 적어도 이런 기능들을 이용할 수 있다는 사실을 타입스크립트에 알려준다(네이티브 또는 폴리필을 이용).

응용 프로그램을 실행할 환경의 자바스크립트 버전을 target에 설정하고, 어떤 기능을 쓸지는 lib에 설정한다. 환경 정보를 정확히 알 수 없을 때는 둘 다 es5 로 설정하면 대개 안전하다. module 값은 대상 환경이 NodeJS냐 브라우저냐에 따라 달라지며, 브라우저 환경에서는 어떤 모듈 로더를 쓰는지를 고려해 정해 야 한다.

 특이한 플랫폼을 지원해야 하는 상황이라면 주리 자잇세브(Juriy Zaytsev; Kangax라고 도 알려짐)가 만든 호환표[1]를 참고하자.

target과 lib은 더 자세히 살펴보자. module은 "12.2 서버에서 타입스크립트 실행"과 "12.3 브라우저에서 타입스크립트 실행"에서 자세히 설명한다.

target

TSC의 내장 트랜스파일러는 대부분의 자바스크립트 기능을 예전 자바스크립트 버전으로 변환할 수 있다. 즉, 여러분이 최신 타입스크립트 버전으로 코딩한 다음 필요한 버전의 자바스크립트 코드로 변환할 수 있다는 의미다. 타입스크립트는 최신 자바스크립트 기능을 지원하므로 내장 트랜스파일러를 이용해 NodeJS와 브라우저가 이해할 수 있는 코드로 변환하는 일이 자주 생길 것이다.

---

1 *http://kangax.github.io/compat-table/es5/*

TSC의 트랜스파일러가 어떤 자바스크립트 기능을 지원하고 지원하지 않는지는 표 12-2와 표 12-3에서 확인하자.[2]

 오래전에는 자바스크립트 신버전이 몇 년에 한 번 꼴로 릴리스됐다(ES1, ES3, ES5, ES6). 그러다 2015년부터는 매년 릴리스되는 방식으로 바뀌었다(ES2015, ES2016 등). 하지만 어떤 기능은 특정 자바스크립트 버전에 포함되기 전부터 타입스크립트가 지원해주기도 한다. 이런 기능은 (새로운 리비전이라는 의미에서) 'ESNext'라고 부른다.

버전	기능
ES2015	const, let, for..of 루프, 배열/객체 스프레드(...), 태그된 템플릿 문자열, 클래스, 제너레이터, 화살표 함수, 함수 기본 매개변수, 함수 나머지 매개변수, 선언/할당/ 매개변수 구조 분해 할당(destructuring)
ES2016	거듭제곱 연산(**)
ES2017	async 함수, awaiting 프로미스
ES2018	async 반복자
ES2019	catch 구분의 선택적 매개변수
ESNext	숫자 구분자(123_456)

표 12-2 TSC의 트랜스파일이 지원하는 기능

버전	기능
ES5	객체 게터/세터
ES2015	Regex y, u 플래그
ES2018	Regex s 플래그
ESNext	BigInt(123n)

표 12-3 TSC의 트랜스파일이 지원하지 않는 기능

트랜스파일 대상을 설정하려면 tsconfig.json 파일을 열어서 target 필드에 원하는 값을 채워 넣는다.

2　TSC가 트랜스파일해주지 못하는 언어 기능을 사용했으며 대상 환경에서도 지원하지 않는 상황이라면 해당 기능을 트랜스파일해주는 바벨(Babel) 플러그인이 있는지 찾아보자. 가장 최신의 플러그인을 찾고 싶다면 즐겨 사용하는 검색엔진에서 "babel plugin 〈기능명〉"으로 검색해보자.

- **es3**: ECMAScript 3
- **es5**: ECMAScript 5(어떤 대상을 사용해야 할지 잘 모르면 이 값을 선택하자)
- **es6 또는 es2015**: ECMAScript 2015
- **es2016**: ECMAScript 2016
- **es2017**: ECMAScript 2017
- **es2018**: ECMAScript 2018
- **esnext**: 그 밖의 모든 최신 ECMAScript 리비전

예를 들어 다음은 ES5로 컴파일하는 설정이다.

```
{
    "compilerOptions": {
        "target": "es5"
    }
}
```

lib

이전에도 설명했지만 코드를 예전 자바스크립트 버전으로 트랜스파일할 때 한 가지 유의사항이 있다. 대부분의 언어 기능은 안전하게 변환되지만(let을 var 로, 혹은 class를 function으로) 대상 환경에서 새로운 기능을 지원하지 않으면 폴리필로 직접 제공해야 한다는 사실이다. Promise, Reflect, Map, Set, Symbol 등의 유틸리티를 사용하는 상황이 좋은 예다. 최신 크롬, 파이어폭스, 엣지 등 의 환경이라면 대게 폴리필을 제공할 필요가 없지만 오래전 버전(또는 대부분 의 NodeJS 환경)이라면 빠진 기능을 채울 폴리필을 제공해야 한다.

고맙게도 이런 폴리필을 여러분이 직접 구현할 필요는 없다. core-js[3] 같은 유명한 폴리필 라이브러리에서 필요한 기능을 설치하거나, @babel/polyfill[4] 을 설치한 후 바벨을 이용해 컴파일하면 타입스크립트가 타입을 확인하면서 필요한 폴리필을 자동으로 설치해준다.

---

3 *https://www.npmjs.com/package/core-js*
4 *https://babeljs.io/docs/en/babel-polyfill*

> 💡 응용 프로그램을 브라우저에서 실행할 계획이라면 대상 브라우저에서 실제로 필요하지 않은 기능까지 폴리필해서 자바스크립트 번들의 크기가 너무 커지지 않도록 주의해야 한다. Polyfill.io[5] 같은 서비스를 이용하면 사용자의 브라우저에서 필요한 기능만 로드되게 할 수 있다.

폴리필을 코드에 추가했으면 tsconfig.json의 `lib` 필드를 수정해서 해당 기능이 반드시 지원됨을 TSC에 알리도록 한다. 예를 들어 다음은 모든 ES2015 기능과 ES2016의 `Array.prototype.includes` 기능의 폴리필을 제공하는 설정이다.

```
{
    "compilerOptions": {
        "lib": [
            "es2015",
            "es2016.array.includes"
        ]
    }
}
```

브라우저에서 실행할 때는 `window`, `document` 등 자바스크립트를 브라우저에서 실행할 때 필요한 API들을 사용할 수 있도록 DOM 타입 선언도 활성화해야 한다.

```
{
    "compilerOptions": {
        "lib": [
            "es2015",
            "es2016.array.include",
            "dom"
        ]
    }
}
```

지원되는 전체 라이브러리 목록은 `tsc --help`로 확인하자.

---

5 *https://polyfill.io/v3/*

12.1.4 소스 맵 활성화

소스 맵은 트랜스파일된 코드를 원본 코드와 이어주는 정보를 제공한다. 대부분의 개발 도구(크롬 DevTools 같은), 에러 리포팅/로깅 프레임워크, 빌드 도구는 소스 맵의 존재를 이미 알고 있다. 보통 빌드 파이프라인은 처음 코드와는 상당히 다른 형태의 코드들을 중간중간 생성하기 때문에(예: 파이프라인이 타입스크립트를 ES5 자바스크립트로 컴파일하고, Rollup으로 나무 흔들기(tree-shake)[6]를 수행하며, Prepack으로 사전평가(preevaluate)하고, Uglify로 압축(minify)할 수 있다) 파이프라인 곳곳에서 소스 맵을 활용하여 최종 자바스크립트의 디버깅을 훨씬 수월하게 처리해준다.

개발 환경에서는 물론, 실제 제품에서도 브라우저와 서버 환경에 소스 맵을 함께 배포하면 좋다. 하지만 소스 맵에는 단점이 하나 있다. 브라우저 코드에 어느 정도의 보안이 요구되는 상황이라면 고객용 브라우저 환경에는 소스 맵을 포함시키지 않는 편이 좋다.

12.1.5 프로젝트 참조

응용 프로그램의 크기가 커지면 TSC가 타입을 확인하고 코드를 컴파일하는 데 더 오래 걸린다. 이 시간은 코드베이스의 크기와 거의 비례해서 증가한다. 로컬에서 개발할 때는 컴파일 시간이 조금만 증가해도 개발 시간에 많은 영향을 줄 수 있으므로 타입스크립트로 작업하는 것이 고통으로 변한다.

이 문제의 해법으로, TSC는 점진적 컴파일과 함께 프로젝트 참조(project reference)라는 기능을 제공하여 컴파일 시간을 획기적으로 줄였다. 수백 개 이상의 파일로 구성된 프로젝트라면 프로젝트 참조를 반드시 사용하도록 하자.

프로젝트 참조는 다음처럼 사용한다.

1. 타입스크립트 프로젝트를 여러 프로젝트로 분리한다. 프로젝트란 그저 tsconfig.json과 타입스크립트 소스 파일들을 포함한 디렉터리일 뿐이다. 그러니 함께 수정될 가능성이 큰 코드들을 같은 디렉터리에 저장하는 방식

---

6 (옮긴이) 자바스크립트, 타입스크립트, 다트(Dart) 등 ECMAScript 계열 언어로 작성된 코드를 웹 브라우저에서 실행하기 위한 단일 번들로 만드는 과정에서 죽은 코드를 제거해주는 코드 최적화 기법이다.

으로 코드를 쪼갠다.

2. 각 프로젝트 디렉터리에 최소한 다음 정보를 포함하는 tsconfig.json을 만든다.

```
{
    "compilerOptions": {
        "composite": true,
        "declaration": true,
        "declarationMap": true,
        "rootDir": "."
    },
    "include": [
        "./**/*.ts"
    ],
    "references": [
        {
            "path": "../myReferencedProject",
            "prepend": true
        }
    ],
}
```

각 항목의 의미는 다음과 같다.

- composite: TSC에 이 디렉터리는 큰 타입스크립트 프로젝트의 서브프로젝트임을 알려준다.
- declaration: TSC에 이 프로젝트의 .d.ts 선언 파일을 생성하라고 지시한다. 각각의 프로젝트는 다른 프로젝트의 선언 파일과 생성된 자바스크립 파일들에는 접근할 수 있지만, 원본 타입스크립트 파일에는 접근하지 못한다. 이렇게 하여 TSC가 타입을 다시 검사하거나 다시 컴파일해야 하는 코드를 선택하는 기준(경계)이 만들어진다. 예를 들어, 서브프로젝트 A의 코드를 고쳤다면 TSC는 다른 서브프로젝트 B의 타입을 다시 확인할 필요가 없다. TSC는 그저 B의 (소스 코드가 아닌) 타입 선언에 타입 오류가 없는지만 확인하면 된다. 이것이 바로 프로젝트 참조가 큰 프로젝트의 빌드 효율을 높여주는 핵심 원리다.

- declarationMap: TSC에 생성된 타입 선언의 소스 맵을 빌드하라고 지시한다.
- references: 이 서브프로젝트가 의존하는 다른 서브프로젝트들의 목록이다. 각 참조의 path는 tsconfig.json 파일이 담긴 디렉터리를 가리키거나, (설정 파일 이름이 tsconfig.json이 아닌 경우에는) TSC 설정 파일을 직접 가리켜야 한다. prepend는 참조하는 서브프로젝트에서 생성한 자바스크립트와 소스 맵을 이 서브프로젝트에서 생성한 소스와 맵에 이어 붙인다. prepend는 outFile을 사용할 때만 유용하다는 사실을 기억하자 (outFile을 사용하지 않았다면 prepend를 제거할 수 있다).
- rootDir: 이 서브프로젝트가 루트 프로젝트(.)에 상대적으로 컴파일되어야 함을 명시한다.

3. 아직 다른 서브프로젝트에서 참조하지 않은 모든 서브프로젝트를 참조하는 루트 tsconfig.json을 만든다.

```
{
    "files": [],
    "references": [
        {
            "path": "./myProject"
        },
        {
            "path": "./mySecondProject"
        }
    ]
}
```

4. 프로젝트를 컴파일할 때 프로젝트 참조를 활용하도록 build 플래그를 지정한다.

```
tsc --build  # 또는 줄여서 tsc -b
```

이 책의 집필 시점에는 프로젝트 참조는 타입스크립트에 추가된 최신 기능이었다. 이 기능을 사용할 때는 다음을 주의해야 한다.

- 프로젝트를 클론(clone)했거나 다시 패치(refetching)한 다음에는, 누락됐거나 오래

된 .d.ts 파일을 다시 생성하도록 프로젝트 전체를 다시 빌드해야 한다(tsc -b).

- 프로젝트 참조와 noEmitOnError: false를 함께 사용하지 않는다. TSC가 이 옵션을 무조건 true로 하드코딩할 것이다.

- 다른 서브프로젝트를 중복 prepend하지는 않는지 일일이 확인하자. 그렇지 않으면 중복 prepend된 서브프로젝트가 컴파일된 결과에 반복해서 만들어질 수 있다. 단순히 참조만 하고 prepend는 하지 않는 상황이라면 신경 쓰지 않아도 된다.

---

extends로 불필요한 tsconfig.json 설정 줄이기

보통 모든 서브프로젝트가 같은 컴파일러 옵션을 공용하기 때문에 '베이스' tsconfig.json 파일을 루트 디렉터리에 만들고 서브프로젝트는 베이스 tsconfig.json 파일을 확장(extend)하도록 할 수 있다. 다음은 베이스 tsconfig.json의 내용이다.

```
{
    "compilerOptions": {
        "composite": true,
        "declaration": true,
        "declarationMap": true,
        "lib": [
            "es2015",
            "es2016.array.include"
        ],
        "rootDir": ".",
        "sourceMap": true,
        "strict": true,
        "target": "es5",
    }
}
```

그리고 서브프로젝트의 tsconfig.json에서는 extends 옵션으로 이를 확장하도록 갱신한다.

```
{
    "extends": "../tsconfig.base",
    "include": [
        "./**/*.ts"
    ],
    "references": [
        {
```

```
            "path": "../myReferencedProject",
            "prepend": true
        }
    ],
}
```

12.1.6 에러 모니터링

타입스크립트는 컴파일 타임의 에러만 경고하므로 사용자가 런타임에 겪을 수 있는 에러를 컴파일 타임에 방지할 수 있는 방법을 찾아야 한다(또는 최소한 런타임 에러를 유발한 버그를 고쳐야 한다). Sentry[7]와 Bugsnag[8] 같은 에러 모니터링 도구를 이용하면 런타임 예외를 보고하고 분석하는 데 도움이 된다.

12.2 서버에서 타입스크립트 실행

타입스크립트 코드를 NodeJS 환경에서 실행하려면 tsconfig.json의 module 플래그를 commonjs로 설정하고, 코드를 ES2015 자바스크립트(오래전 NodeJS 버전을 대상으로 한다면 ES5로 설정)로 컴파일한다.

```
{
    "compilerOptions": {
        "target": "es2015",
        "module": "commonjs"
    }
}
```

그러면 ES2015의 import를 require로, export를 module.exports로 변환하여 NodeJS에서 추가 번들 없이 실행할 수 있도록 컴파일해준다.

소스 맵을 사용한다면(그래야 한다!) 소스 맵도 NodeJS 프로세스에 제공해야 한다. NPM에서 source-map-support[9] 패키지를 구한 다음 설정 안내를 따르

---

7 https://sentry.io/

8 https://bugsnag.com/

9 https://www.npmjs.com/package/source-map-support

자. PM2[10], Winston[11], Sentry[12] 같은 대부분의 프로세스 모니터링, 로깅, 에러 리포트 도구는 소스 맵을 기본 지원한다.

12.3 브라우저에서 타입스크립트 실행

타입스크립트를 브라우저에서 실행하려면 서버에서 돌릴 때보다 해줘야 할 일이 많다.

우선 컴파일하려는 모듈 시스템을 선택한다. 다른 사람이 사용할 라이브러리를 발행(예: NPM으로)할 때는 umd를 사용해 다양한 모듈 번들러와의 호환성을 극대화하자(사용자가 프로젝트에 무엇을 사용할지 알 수 없으므로).

NPM에 발행할 계획이 없다면 여러분이 사용하는 모듈 번들러에 맞는 포맷으로 컴파일하면 되니 해당 번들러의 문서를 확인해본다. 예를 들어 웹팩과 롤업(Rollup)은 ES2015 모듈과 잘 동작하며 브라우저리파이(Browserify)[13]는 CommonJS 모듈을 필요로 한다. 다음 가이드라인을 확인하자.

- SystemJS[14] 모듈 로더를 사용하면 module을 systemjs로 설정한다.
- 웹팩[15]과 롤업[16]처럼 ES2015를 이해하는 모듈 번들러로 코드를 실행하며 코드에서 동적 임포트("10.2.1 동적 임포트" 참고)를 사용한다면 module을 esnext로 설정한다.
- 다른 프로젝트에서 사용할 라이브러리를 만들고 있고 tsc로 컴파일한 이후로는 추가 빌드 단계를 거치지 않을 계획이라면 module을 umd로 설정해서 다양한 로더를 사용하는 개발자들에게 최대 호환성을 제공한다.
- 브라우저리파이 같은 CommonJS 번들러로 모듈을 만든다면 module을 commonjs로 설정한다.

---

10 *https://www.npmjs.com/package/pm2*
11 *https://www.npmjs.com/package/winston*
12 *https://sentry.io*
13 *https://github.com/browserify/browserify*
14 *https://github.com/systemjs/systemjs*
15 *https://webpack.js.org*
16 *https://github.com/rollup/rollup*

- RequireJS[17]나 다른 AMD 모듈 로더로 코드를 로드할 예정이라면 `module`을 `amd`로 설정한다.
- 최상위 익스포트를 `window` 객체에서 전역으로 접근할 수 있도록 하려면 `module`을 `none`으로 설정한다. 여러분의 코드가 모듈 모드라면 TSC는 여러분의 코드를 사용하는 다른 개발자의 불편을 덜어줄 수 있도록 코드를 `commonjs`로 컴파일할 것이다("10.2.3 모듈 모드 vs. 스크립트 모드" 참고).

다음으로 모든 타입스크립트 파일을 한 개의 자바스크립트 파일('번들'이라고 부른다)이나 자바스크립트 파일 집합으로 컴파일하도록 빌드 파이프라인을 설정한다. 작은 프로젝트에서는 `outFile` TSC 플래그를 이용하면 TSC가 알아서 처리해주지만, 이 플래그로는 SystemJS와 AMD 번들만 생성할 수 있다는 한계가 있다. TSC는 빌드 플러그인이나 웹팩이 제공하는 정도로 영리한 코드 분할을 제공하지 않으므로 TSC 자체 기능으로는 부족하다는 사실을 곧 느끼게 될 것이다.

이런 이유로 프론트엔드 프로젝트에서는 처음부터 강력한 빌드 도구를 사용하는 것이 바람직하다. 다음은 여러분이 사용할 수 있는 타입스크립트 플러그인이다.

- 웹팩[18]의 `ts-loader`[19]
- 브라우저리파이[20]의 `tsify`[21]
- 바벨[22]의 `@babel/preset-typescript`[23]
- 걸프(Gulp)[24]의 `gulp-typescript`[25]
- 그런트(Grunt)[26]의 `grunt-ts`[27]

---

17 *https://requirejs.org/*
18 *https://webpack.js.org*
19 *http://bit.ly/2Gw3uH2*
20 *http://bit.ly/2IDpfGe*
21 *http://bit.ly/2KOaZgw*
22 *https://babeljs.io/*
23 *http://bit.ly/2vc2Sjy*
24 *https://gulpjs.com/*
25 *http://bit.ly/2vanubN*
26 *https://gruntjs.com*
27 *http://bit.ly/2PgUXuq*

로딩 시간을 단축할 수 있도록 자바스크립트 번들을 최적화하는 내용은 이 책의 주제에서 벗어나므로 다음과 같은 짧은 정보만 제공하겠다(타입스크립트가 아니어도 적용되는 내용이다).

- 빌드 도구가 프로젝트 의존성 그래프를 더 정확하게 분석할 수 있도록, 코드를 모듈로 유지하고 코드에서 임의의 의존성을 피한다(전역 `window`나 다른 전역에 무언가를 할당할 때 이런 일이 일어날 수 있다).
- 동적 임포트를 이용하여 게으르게 로딩하면 첫 페이지 렌더링 속도를 높일 수 있다.
- 빌드 도구에서 제공하는 자동 코드 분할 기능을 사용하면 페이지 로딩이 불필요하게 느려지지 않는다.
- 페이지 로딩 시간을 측정하는 수단을 마련한다(인위적으로 만든 데이터도 좋지만 실제 사용자 데이터로 측정하는 게 이상적이다). 응용 프로그램이 커질수록 초기 로딩 시간이 길어지는데, 이 시간을 측정할 수 있어야 최적화할 수 있기 때문이다. 뉴 레릭(New Relic)[28], 데이터독(Datadog)[29] 등의 도구를 사용할 수 있다.
- 제품 빌드를 가능한 한 개발 빌드와 같은 형태로 유지한다. 두 환경의 차이가 클수록 개발 환경에서만 재현되는 버그가 많아져서 디버깅이 어려워지기 때문이다.
- 마지막으로 타입스크립트를 브라우저에서 실행하도록 출시하는 상황이라면 빠진 브라우저 기능을 폴리필로 제공하는 대책을 마련한다. 모든 번들에 폴리필로 제공하는 표준 집합을 마련하거나 사용자의 브라우저가 지원하는 기능이 무엇이냐에 따라 필요한 폴리필들을 동적으로 마련할 수 있다.

12.4 타입스크립트 코드를 NPM으로 발행하기

타입스크립트 코드를 다른 타입스크립트와 자바스크립트 프로젝트에서 사용할 수 있도록 컴파일하는 일은 아주 간단하다. 타입스크립트를 다른 누군가가

---

28 *https://newrelic.com/*
29 *https://www.datadoghq.com/*

사용하도록 컴파일할 때는 다음 규칙들을 따르는 것이 좋다.

- 자신의 코드를 쉽게 디버깅할 수 있도록 소스 맵을 생성한다.
- 다른 사람이 여러분의 코드를 쉽게 빌드하고 실행할 수 있도록 ES5로 컴파일한다.
- 어떤 모듈 타입으로 컴파일할지 주의 깊게 결정한다(UMD, CommonJS, ES2015 등).
- 다른 타입스크립트 사용자가 여러분 코드의 타입을 얻을 수 있도록 타입 선언을 생성한다.

먼저 tsc로 여러분의 타입스크립트를 자바스크립트로 컴파일하고 대응하는 타입 선언을 생성한다. tsconfig.json은 유명한 자바스크립트 환경과 빌드 시스템과의 호환성을 극대화하는 방향으로 설정한다(자세한 사항은 "12.1 타입스크립트 프로젝트 빌드하기" 참고).

```
{
    "compilerOptions": {
        "declaration": true,
        "module": "umd",
        "sourceMaps": true,
        "target": "es5"
    }
}
```

이어서 NPM에 발행하지 않을 타입스크립트 코드 목록을 .npmignore 파일에 기재하여 패키지가 너무 커지지 않도록 한다. 그리고 .gitignore 파일에는 부산물을 제외하게끔 설정해서 깃 저장소가 불필요한 파일로 오염되는 일을 방지한다.

```
# .npmignore

*.ts # Ignore .ts files
!*.d.ts # Allow .d.ts files

# .gitignore
```

```
*.d.ts # Ignore .d.ts files
*.js # Ignore .js files
```

 이 책에서 제안한 프로젝트 레이아웃을 따랐다면(소스 파일은 src/ 디렉터리에, 생성된 파일은 dist/ 디렉터리에 저장) .ignore 파일이 다음처럼 단순해진다.

```
# .npmignore
src/  # 소스 파일 무시
# .gitignore
dist/  # 생성된 파일 무시
```

마지막으로 프로젝트의 package.json에 "types" 필드를 추가해서 타입 선언이 제공될 것임을 알려준다(필수는 아니지만, 타입스크립트를 사용하는 TSC에 많은 힌트를 제공한다). 그리고 발행하기 전에 스크립트("scripts")도 추가해서 패키지의 자바스크립트, 타입 선언, 소스 맵이 항상 원본 타입스크립트와 같은 최신 버전이 되도록 만든다.

```json
{
    "name": "my-awesome-typescript-project",
    "version": "1.0.0",
    "main": "dist/index.js",
    "types": "dist/index.d.ts",
    "scripts": {
        "prepublishOnly": "tsc -d"
    }
}
```

이것으로 모든 과정이 끝났다! npm publish 명령을 실행하면 NPM이 자동으로 여러분의 타입스크립트를 타입스크립트 개발자(완전한 타입 안전성 제공)와 자바스크립트 개발자(코드 편집기가 타입스크립트를 지원한다면 약간의 타입 안전성 제공)가 모두 사용할 수 있는 포맷으로 컴파일한다.

12.5 세 슬래시 지시어

세 슬래시 지시어(triple-slash directive)는 아주 소수의 개발자만 알고 사용하는, 낡은 타입스크립트 기능이다. 이 지시어는 특별한 포맷의 타입스크립트 주석으로, TSC에 명령을 하달한다.

다양한 지시어가 있지만 이 절에서는 두 가지만 살펴본다. types는 타입 전용 전체 모듈 임포트를 생략할 때 사용하고, amd-module은 생성된 AMD 모듈의 이름을 정할 때 사용한다.

12.5.1 types 지시어

모듈에서 무언가를 임포트한 코드를 자바스크립트로 컴파일할 때 타입스크립트가 항상 import나 require 호출을 생성하는 것은 아니다. export한 대상들이 여러분 모듈에서 오직 타입 위치에서만 쓰인다면(특히 타입 하나만 임포트할 때 자주 발생), 타입스크립트는 해당 import문에 대응하는 자바스크립트 코드를 전혀 생성하지 않는다. 임포트된 대상들이 (자바스크립트에는 없는 개념인) 타입 수준에서만 존재한다고 생각하기 때문이다. 이 기능을 임포트 생략(import elision)이라 부른다.

부수 효과에 임포트가 사용되었을 때는 예외다. (특정 타입을 명시하거나 와일드카드를 사용해 익스포트하지 않고) 전체 모듈을 임포트하면 타입스크립트 코드를 컴파일할 때 해당 임포트의 자바스크립트 코드를 생성한다. 예를 들어 스크립트 모드에서 정의한 앰비언트 타입을 여러분의 프로그램에서 사용하고자 할 때 이렇게 할 것이다("6.8 프로토타입 안전하게 확장하기" 참고). 다음 예를 살펴보자.

```
// global.ts
type MyGlobal = number

// app.ts
import './global'
```

tsc app.ts로 app.ts를 자바스크립트로 컴파일해보면 ./global 임포트가 생략되지 않았음을 확인할 수 있다.

```
// app.js
import './global'
```

이런 임포트를 사용할 때 정말로 부수 효과를 사용하고자 하는지 결정한 다음 임포트하려는 값이나 타입을 더 명시적으로 표시할 방법이 없는지 확인하자 (예: import './global' 대신 import {MyType} from './global'로 더 명확하게 작성한 임포트는 타입스크립트가 알아서 생략할 것이다). 또는 tsconfig.json의 types, files, include 필드에 앰비언트 타입을 포함해서 임포트 자체를 피할 수 있는지도 확인하자.

앞의 두 방식 모두 활용할 수 없는 상황에서, 여전히 전체 모듈 임포트를 사용하고 싶고 자바스크립트가 import나 require 호출 구문을 생성하는 건 원치 않는다면, types 세 슬래시 지시어를 사용한다. 세 슬래시 지시어는 세 개의 슬래시(///)로 시작하며 XML 태그를 덧붙이는 형태로 이루어진다. 여기에 사용할 수 있는 XML 태그의 종류는 한정되어 있으며 각각의 태그에는 꼭 필요한 속성들이 존재한다. 다음은 types 지시어의 예다.

- 앰비언트 타입 선언에 의존성 선언

  ```
  /// <reference types="./global" />
  ```

- @types/jasmine/index.d.ts에 의존성 선언

  ```
  /// <reference types="jasmine" />
  ```

이 지시어를 사용하는 상황은 거의 없을 것이다. 만약 사용한다면 프로젝트에서 타입을 어떻게 사용하고 있는지 재고해보고, 앰비언트 타입 의존도를 줄일 수 있는 방법이 있는지 검토해보자.

12.5.2 amd-module 지시어

타입스크립트 코드를 AMD 모듈 포맷으로 컴파일할 때(tsconfig.json에서 {"module": "amd"}를 설정) 타입스크립트는 기본값으로 익명 AMD 모듈을 생성한다.

다음과 같은 코드가 있다고 가정하자.

```
export let LogService = {
    log() {
        // ...
    }
}
```

이를 AMD 모듈 포맷으로 컴파일하면 TSC는 다음과 같은 자바스크립트 코드를 생성한다.

```
define(['require', 'exports'], function (require, exports) {
    exports.__esModule = true
    exports.LogService = {
        log() {
            // ...
        }
    }
})
```

AMD 모듈 포맷에 익숙한 독자라면 익명 AMD 모듈이 생성되었음을 알 수 있다. 이때 코드에서 amd-module 세 슬래시 지시어를 추가해주면 AMD 모듈에 이름을 지어줄 수 있다.

```
/// <amd-module name="LogService" /> ❶
export let LogService = { ❷
    log() {
        // ...
    }
}
```

❶ amd-module 지시어에 name 속성을 설정했다.

❷ 나머지 코드는 그대로다.

TSC로 다시 AMD 모듈 포맷으로 컴파일하면 다음의 자바스크립트 코드가 생성된다.

```
/// <amd-module name='LogService' />
define('LogService', ['require', 'exports'], function (require, exports) {
    exports.__esModule = true
    exports.LogService = {
```

```
        log() {
            // ...
        }
    }
})
```

AMD 모듈로 컴파일할 때는 여러분의 코드를 번들링하거나 디버깅하기 더 쉽
도록 amd-module 지시어를 사용하자(혹은 가능하다면 ES2015 같은 더 최신 모
듈 포맷으로 전환하자).

12.6 마치며

12장에서는 타입스크립트 응용 프로그램을 실제 제품화하여 브라우저나 서버
용으로 빌드하고 실행하는 데 필요한 모든 정보를 확인했다. 어떤 자바스크립
트 버전으로 컴파일할지, 운용 환경에 어떤 라이브러리가 필요하다고 표시할
지(지원되지 않는 라이브러리는 어떻게 폴리필할지), 그리고 제품 환경과 개발
환경 모두에서 쉽게 디버깅할 수 있도록 소스 맵을 빌드하여 응용 프로그램에
탑재하는 방법도 살펴봤다. 타입스크립트 프로젝트의 컴파일 시간을 단축할
수 있도록 프로젝트를 모듈화하는 방법도 알아봤다. 마지막으로 타입스크립트
응용 프로그램을 서버와 브라우저에서 실행하는 방법을 설명했으며 다른 개발
자가 사용할 수 있도록 타입스크립트 코드를 NPM에 발행하는 방법, 임포트 생
략이 동작하는 방법, AMD 사용자가 세 슬래시 지시어로 모듈의 이름을 정하는
방법도 살펴봤다.

13장

P r o g r a m m i n g   T y p e S c r i p t

결론

우리의 여정이 거의 끝났다.

지금까지 타입이란 무엇이며 왜 타입이 유용한지 살펴봤다. TSC가 어떻게 동작하는지, 타입스크립트는 어떤 타입을 지원하는지, 타입스크립트의 타입 시스템은 추론, 할당성, 정제, 넓히기, 종합성을 어떻게 처리하는지, 문맥적 타입화 규칙이 무엇인지, 가변성이 어떻게 동작하는지, 타입 연산자를 어떻게 사용하는지도 살펴봤다. 또한 함수, 클래스, 인터페이스, 반복자, 이터러블, 제너레이터, 오버로딩, 다형적 타입, 믹스인, 데코레이터를 설명했을 뿐 아니라 마감 시간에 쫓기는 개발자가 안전성을 희생하여 문제를 해결할 수 있는 방법도 제시했다. 예외를 안전하게 처리하는 방법과 그로 인한 장단점을 살펴봤고, 타입으로 동시, 병렬, 비동기 프로그램을 안전하게 처리하는 방법도 살펴봤다. 앵귤러, 리액트 같은 유명한 타입스크립트 프레임워크를 사용하는 방법을 살펴봤고, 네임스페이스와 모듈이 어떻게 동작하는지도 배웠다. 프론트엔드와 백엔드에서 타입스크립트를 사용하고, 빌드하고, 배포하는 방법을 살펴봤으며 코드를 점진적으로 타입스크립트로 마이그레이션하는 방법, 타입 선언을 사용하는 방법, 다른 개발자가 사용할 수 있도록 코드를 NPM에 발행하는 방법, 서드 파티 코드를 안전하게 사용하는 방법, 타입스크립트 프로젝트를 직접 빌드하는 방법도 배웠다.

정적 타입이라는 복음이 여러분에게 큰 감명을 주었기를 희망한다. 책을 거의 다 읽은 이 시점에는 독자 여러분이 프로그램을 개발하기 전에 타입을 먼저 확인하기를, 타입을 사용해서 여러분의 응용 프로그램을 더 안전하게 만들 수 있는 깊은 이해력을 얻었기를 바란다. 이 책을 통해 코드를 작성할 때 타입을 대하는 여러분의 세계관이 조금이라도 바뀌었으면 좋겠다.

이제 여러분은 다른 개발자에게 타입스크립트란 무엇인지 알려줄 수 있는 수준에 도달했다. 타입스크립트를 이용해 안전성을 확보하고 회사와 동료가 코드를 더 잘, 그리고 재미있게 구현할 수 있음을 설파하자.

마지막으로 연구를 계속하자. 타입스크립트가 여러분이 사용한 첫 번째 언어는 아닐 것이며 마지막 언어가 되지도 않을 것이다. 새로운 프로그래밍 방식, 타입과 관련한 새로운 방식, 안전성과 쉬운 사용성 두 마리의 토끼를 잡을 수 있는 새로운 방법을 꾸준히 학습하자. 바로 여러분이 타입스크립트의 뒤를 잇는 엄청난 무언가를 개발하는 날이 올 것이고 언젠가 필자는 여러분의 업적에 대해 글을 쓸 수도 있을 것이다.

P r o g r a m m i n g   T y p e S c r i p t

타입 연산자

타입스크립트는 타입과 관련한 풍부한 타입 연산자를 제공한다. 타입 연산자에 관하여 더 공부하고 싶다면 표 A-1을 참고하자.

타입 연산자	문법	여기에 사용	더 자세한 내용
타입 질의	typeof, instanceof	모든 타입	"6.1.5 정제", "5.6 클래스는 값과 타입을 모두 선언한다"
키	keyof	객체 타입	163쪽의 "keyof 연산자"
프로퍼티 검색	O[K]	객체 타입	161쪽의 "키인 연산자"
매핑된 타입	[K in O]	객체 타입	"6.3.3 매핑된 타입"
한정자 추가	+	객체 타입	"6.3.3 매핑된 타입"
한정자 빼기	−	객체 타입	"6.3.3 매핑된 타입"
읽기 전용 한정자	readonly	객체 타입, 배열 타입, 튜플 타입	"3.2.8 객체", "5.1 클래스와 상속", 43쪽의 "읽기 전용 배열과 튜플"
선택형 한정자	?	객체 타입, 튜플 타입, 함수 매개변수 타입	"3.2.8 객체", "3.2.11 튜플", "4.1.1 선택적 매개변수와 기본 매개변수"
조건부 타입	?	제네릭 타입, 타입 별칭, 함수 매개변수 타입	"6.5 조건부 타입"
Nonnull 어서션	!	Nullable 타입	"6.6.2 Nonnull 어서션", "6.6.3 확실한 할당 어서션"

(표 A-1 다음 쪽에 이어짐)

제네릭 타입 매개변수 기본값	=	제네릭 타입	"4.2.6 제네릭 타입 기본값"
타입 어서션	as, <>	모든 타입	"6.6.1 타입 어서션", 149쪽의 "const 타입"
타입 안전 장치	is	함수 반환 타입	"6.4.2 사용자 정의 타입 안전 장치"

표 A-1 타입 연산자

부록 B

타입 유틸리티

타입스크립트의 표준 라이브러리에는 타입 유틸리티가 포함되어 있다. 표 B-1 에 집필 시점에 사용할 수 있는 모든 타입 유틸리티를 정리해 놓았다.

최신 정보는 es5.d.ts[1]를 참고하자.

타입 유틸리티	사용 대상	설명
ConstructorParameters	클래스 생성자 타입	클래스 생성자의 매개변수 타입들로 구성된 튜플
Exclude	유니온 타입	다른 타입에서 한 타입을 제외함
Extract	유니온 타입	다른 타입에 할당할 수 있는 서브타입 선택
InstanceType	클래스 생성자 타입	클래스 생성자로 인스턴스화(new)해서 얻을 수 있는 인스턴스 타입
NonNullable	Nullable 타입	null, undefined를 타입에서 제외함
Parameters	함수 타입	함수 매개변수 타입들로 구성된 튜플
Partial	객체 타입	객체의 모든 프로퍼티를 선택형으로 만듦
Pick	객체 타입	다른 객체의 키 중 일부를 갖는, 해당 객체의 서브 타입
Readonly	배열, 객체, 튜플 타입	객체의 모든 프로퍼티를 읽기 전용으로 만들거나, 배열이나 튜플을 읽기 전용으로 만듦
ReadonlyArray	모든 타입	주어진 타입으로 불변 배열을 생성

(표 B-1 다음 쪽에 이어짐)

---

1 *http://bit.ly/2I0Ve2U*

Record	객체 타입	키 타입과 값 타입을 연결하는 맵
Required	객체 타입	객체의 모든 프로퍼티를 필수로 만듦
ReturnType	함수 타입	함수의 반환 타입

표 B-1 타입 유틸리티

영역을 갖는 선언

타입스크립트 선언은 타입과 값을 모델링하는 데 필요한 풍부한 동작을 제공하며, 자바스크립트에서와 같이 다채로운 방식으로 오버로드할 수 있다. 부록 C에서는 이런 동작 중에서 타입을 생성하는(그리고 값을 생성하는) 선언과 합칠 수 있는 선언, 두 가지를 설명한다.

C.1 타입을 생성하는가?

어떤 타입스크립트 선언은 타입을, 어떤 선언은 값을, 어떤 선언을 둘 다 생성한다. 표 C-1에 이 정보를 요약해 놓았다.

키워드	타입 생성?	값 생성?
Class	○	○
const, let, var	✕	○
enum	○	○
function	✕	○
interface	○	✕
namespace	✕	○
type	○	✕

표 C-1 선언이 타입을 생성하는가?

C.2 합칠 수 있을까?

선언 합침은 타입스크립트의 핵심 기능이다. 이 기능을 활용해 풍부한 API를 만들 수 있으며, 코드의 모듈성과 안전성을 높일 수 있다.

표 C-2는 "10.4 선언 합치기"의 표 10-1과 같다. 타입스크립트에서 어떤 종류의 선언을 합칠 수 있는지 간단하게 요약한 유용한 정보다.

						무엇으로(to)			
		값	클래스	Enum	함수	타입 별칭	인터페이스	네임스페이스	모듈
	값	×	×	×	×	○	○	×	—
	클래스	—	×	×	×	×	○	○	—
	Enum	—	—	○	×	×	×	○	—
무엇을 (from)	함수	—	—	—	×	○	○	○	—
	타입 별칭	—	—	—	—	×	×	○	—
	인터페이스	—	—	—	—	—	○	○	—
	네임스페이스	—	—	—	—	—	—	○	—
	모듈	—	—	—	—	—	—	—	○

표 C-2 선언을 합칠 수 있을까?

부록 D

서드 파티 자바스크립트 모듈용 선언 파일 구현 기법

부록 D에서는 서드 파티 모듈의 타입과 관련해서 자주 반복되는 문제를 해결하는 데 필요한 핵심 빌딩 블록과 패턴을 소개한다. 서드 파티 코드의 타입과 관련한 더 자세한 사항은 "11.4.3 DefinitelyTyped에서 타입 선언을 제공하지 않는 자바스크립트"를 참고하자.

　모듈 선언은 .d.ts 파일에 저장해야 하며 값을 포함할 수 없으므로, 모듈 타입을 선언할 때 declare 키워드를 사용해 타입의 실제 값은 모듈에서 익스포트할 것임을 알려줘야 한다. 표 D-1은 일반적인 선언과 대응하는 타입 선언을 요약한 것이다.

.ts	.d.ts
var a = 1	declare var a: number
let a = 1	declare let a: number
const a = 1	declare const a: 1
function a(b) { return b.toFixed() }	declare function a(b: number): string
class A { b() { return 3 } }	declare class A { b(): number }
namespace A {}	declare namespace A {}
type A = number	type A = number
interface A { b?: string }	interface A { b?: string }

표 D-1 타입스크립트와 대응하는 타입 표현

D.1 익스포트 종류

모듈이 전역, ES2015, CommonJS 중 어느 것을 익스포트하느냐에 따라 선언 파일을 구현하는 방법이 달라진다.

D.1.1 전역

여러분의 모듈이 전역 네임스페이스에 값을 할당만 하고 익스포트하는 건 아무것도 없다면, 스크립트 모드 파일("10.2.3 모듈 모드 vs. 스크립트 모드" 참고)을 만들고 변수, 함수, 클래스 선언 앞에 declare 키워드를 추가할 수 있다 (enum, type 등 나머지 선언은 달라지지 않음).

```
// 전역 변수
declare let someGlobal: GlobalType

// 전역 클래스
declare class GlobalClass { }

// 전역 함수
declare function globalFunction(): string

// 전역 열거형
enum GlobalEnum { A, B, C }

// 전역 네임스페이스
namespace GlobalNamespace { }

// 전역 타입 별칭
type GlobalType = number

// 전역 인터페이스
interface GlobalInterface { }
```

이들 각 선언은 명시적으로 임포트하지 않고도 프로젝트의 모든 파일에서 전역적으로 사용할 수 있게 된다. 이때 전역 변수인 someGlobal은 한 프로젝트의 모든 파일에서 임포트하지 않고도 사용할 수 있지만 런타임에는 someGlobal을 전역 네임스페이스(브라우저에서는 window, NodeJS에서는 global)에 할당해야 할 것이다.

파일을 스크립트 모드로 유지하려면 선언 파일에서 import나 export를 포함하지 않아야 한다는 사실에 주의하자.

D.1.2 ES2015 익스포트

모듈이 ES2015 익스포트, 즉 export 키워드를 사용한다면 (전역 변수가 정의되었음을 알리는) declare를 (ES2015 바인딩이 익스포트되었음을 알리는) export로 바꾸기만 하면 된다.

```
// 디폴트 익스포트
declare let defaultExport: SomeType
export default defaultExport

// 이름을 붙인 익스포트
export class SomeExport {
    a: SomeOtherType
}

// 클래스 익스포트
export class ExportedClass { }

// 함수 익스포트
export function exportedFunction(): string

// 열거형 익스포트
enum ExportedEnum { A, B, C }

// 네임스페이스 익스포트
export namespace SomeNamespace {
    let someNamespacedExport: number
}

// 타입 익스포트
export type SomeType = {
    a: number
}

// 인터페이스 익스포트
export interface SomeOtherType {
    b: string
}
```

D.1.3 CommonJS 익스포트

ES2015 전에는 사실상 CommonJS가 모듈 표준으로 사용되었으며 이 책을 집필 중인 현재도 NodeJS의 표준으로 사용되고 있다. CommonJS도 export 키워드를 사용하지만 문법이 조금 다르다.

```
declare let defaultExport: SomeType
export = defaultExport
```

ES2015 익스포트와 달리 export를 한정자로 사용하지 않고 익스포트를 export에 할당한 부분을 눈여겨보자.

서드 파티 CommonJS 모듈을 위한 타입 선언은 익스포트를 한 개만 포함할 수 있다. 따라서 여러 가지를 익스포트하려면 선언 합침을 이용해야 한다(부록 C 참고).

예를 들어, 디폴트 익스포트 없이 여러 개를 익스포트하고 싶다면 다음처럼 네임스페이스 하나로 모아서 익스포트하면 된다.

```
declare namespace MyNamedExports {
    export let someExport: SomeType
    export type SomeType = number
    export class OtherExport {
        otherType: string
    }
}
export = MyNamedExports
```

디폴트 익스포트와 이름 있는 익스포트를 모두 가지고 있는 CommonJS 모듈은 어떻게 처리해야 할까? 이때도 선언 합침을 이용한다.

```
declare namespace MyExports {
    export let someExport: SomeType
    export type SomeType = number
}
declare function MyExports(a: number): string
export = MyExports
```

D.1.4 UMD 익스포트

UMD 모듈의 타입 선언은 ES2015 모듈의 방식과 거의 같다. 차이점이라면 모듈을 스크립트 모드 파일들에서 전역으로 이용할 수 있도록 만들려면("10.2.3 모듈 모드 vs. 스크립트 모드" 참고) 특별한 `export as namespace` 문법을 사용해야 한다는 점이다. 다음 예를 확인하자.

```
// 디폴트 익스포트
declare let defaultExport: SomeType
export default defaultExport

// 이름 있는 익스포트
export class SomeExport {
    a: SomeType
}

// 타입 익스포트
export type SomeType = {
    a: number
}

export as namespace MyModule
```

마지막 줄에 주목하자. 이제 여러분의 프로젝트에 속하는 스크립트 모드 파일들에서는 이 전역 MyModule 네임스페이스를 통해서 (먼저 임포트하지 않고도) 해당 모듈들을 바로 이용할 수 있다.

```
let a = new MyModule.SomeExport
```

D.2 모듈 확장하기

모듈의 타입 선언을 확장하는 상황은 모듈의 타입을 선언하는 상황보다는 드물지만 제이쿼리 플러그인이나 Lodash 믹스인을 구현하는 경우에는 필요할 수 있다. 하지만 가능하면 모듈 확장은 피하고, 차라리 별도의 모듈을 사용하는 것이 좋다. 다시 말해, Lodash 믹스인 대신 일반 함수를 사용하고, 제이쿼리 플러그인 대신에는… 잠깐, 설마 아직도 제이쿼리를 사용한다고?

D.2.1 전역

다른 모듈의 전역 네임스페이스나 인터페이스를 확장하려면 스크립트 모드 파일("10.2.3 모듈 모드 vs. 스크립트 모드" 참고)을 만들어 내용을 추가하면 된다. 타입스크립트가 알아서 합쳐줄 것이므로 이 기능은 인터페이스와 네임스페이스에만 적용된다.

예를 들어 제이쿼리에 멋진 새 marquee 메서드를 추가해보자. 먼저 jquery부터 설치하자.

```
npm install jquery --save
npm install @types/jquery --save-dev
```

그리고 프로젝트에 jquery-extensions.d.ts라는 새 파일을 만들고 제이쿼리의 전역 JQuery 인터페이스에 marquee를 추가한다(제이쿼리가 자신의 메서드들을 jQuery 인터페이스에 정의한다는 사실은 제이쿼리의 타입 선언을 분석하여 알아냈다).

```
interface JQuery {
    marquee(speed: number): JQuery<HTMLElement>
}
```

이제 제이쿼리를 사용하는 모든 파일에서 marquee를 사용할 수 있다(물론 marquee의 런타임 구현도 추가해야 한다).

```
import $ from 'jquery'
$(myElement).marquee(3)
```

이는 "6.8 프로토타입 안전하게 확장하기"에서 내장 전역을 확장할 때 사용한 것과 같은 기법이다.

D.2.2 모듈

모듈 익스포트를 확장하기는 조금 까다로우며 문제도 더 많다. 확장의 타입을 올바로 정해야 하고, 런타임에 모듈들을 로드하는 순서도 지켜야 하며, 확장하는 모듈의 타입 선언 구조가 바뀌었을 때 여러분이 확장한 타입도 갱신되도록 해야 하기 때문이다.

리액트에 새로운 타입을 익스포트한다고 가정하고 먼저 리액트와 리액트의 타입 선언을 설치하자.

```
npm install react --save
npm install @types/react --save-dev
```

그런 다음 모듈 합침("10.4 선언 합치기" 참고)을 이용하여 리액트 모듈과 같은 이름의 모듈을 선언한다.

```
import { ReactNode } from 'react'
declare module 'react' {
    export function inspect(element: ReactNode): void
}
```

전역을 확장하던 예제와 달리 확장 파일이 모듈 모드이건 스크립트 모드이건 관계없다.

모듈에서 특정 익스포트만 확장하면 어떨까? 리즌리액트(ReasonReact)[1]에서 영감을 받아 리액트 컴포넌트에 내장 리듀서를 추가하려 한다고 가정하자 (리듀서는 리액트 컴포넌트의 명시적 상태 전이를 선언하는 방법이다). 이 책을 집필할 때는 리액트의 타입 선언에서 React.Component 타입을 인터페이스와 클래스로 선언하고 하나의 UMD 익스포트로 합쳐지도록 했다.

```
export = React
export as namespace React

declare namespace React {
    interface Component<P = {}, S = {}, SS = any>
        extends ComponentLifecycle<P, S, SS> { }
    class Component<P, S> {
        constructor(props: Readonly<P>)
        // ...
    }
    // ...
}
```

---

1 *https://reasonml.github.io/reason-react*

Component에 reducer 메서드를 추가해 확장해보자. 프로젝트 루트의 react-extensions.d.ts 파일에 다음 내용을 입력한다.

```
import 'react' ❶

declare module 'react' { ❷
    interface Component<P, S> { ❸
        reducer(action: object, state: S): S ❹
    }
}
```

❶ 리액트 모듈을 소비해야 하므로 'react'를 임포트하여 확장 파일을 스크립트 모드로 바꾼다. 참고로, 꼭 'react'를 임포트하지 않더라도 스크립트 모드로 전환하는 방법은 몇 가지가 더 있다. 예를 들어 다른 무언가를 임포트/익스포트하거나 빈 객체를 익스포트(export {})해도 된다.

❷ 'react' 모듈을 선언해서 타입스크립트에 특정 import 경로에 해당하는 타입들을 선언하고 싶다고 알린다. (똑같은 'react'라는 경로로 익스포트를 정의한) @types/react를 이미 설치했으므로, 타입스크립트는 @types/react에서 제공하는 모듈 선언과 이 모듈 선언을 합친다.

❸ 리액트가 제공하는 Component 인터페이스를 증강하기 위해 똑같은 이름의 인터페이스를 선언했다. 인터페이스 합침 규칙("5.4.1 선언 합침" 참고)에 따라 @types/react의 선언과 시그니처까지 같아야 한다.

❹ 마지막으로 reducer 메서드를 선언한다.

이들 타입을 선언한 다음에는 타입 안전성을 제공하면서 내장 reducer를 지원하는 리액트 컴포넌트를 선언할 수 있다(물론 어딘가에 런타임 동작 구현도 제공했다고 가정한다).

```
import * as React from 'react'

type Props = {
    // ...
}

type State = {
    count: number
```

```
        item: string
    }

    type Action =
        | { type: 'SET_ITEM', value: string }
        | { type: 'INCREMENT_COUNT' }
        | { type: 'DECREMENT_COUNT' }

    class ShoppingBasket extends React.Component<Props, State> {
        reducer(action: Action, state: State): State {
            switch (action.type) {
                case 'SET_ITEM':
                    return { ...state, item: action.value }
                case 'INCREMENT_COUNT':
                    return { ...state, count: state.count + 1 }
                case 'DECREMENT_COUNT':
                    return { ...state, count: state.count - 1 }
            }
        }
    }
```

이 절의 처음 부분에서 설명했듯이 가능하면 이 패턴은 사용하지 않는 게 좋다(멋진 기능이긴 하지만). 이 기능을 사용하면 여러분의 모듈을 불안정하게 만들고 로딩되는 순서를 반드시 지켜야 하기 때문이다. 그 대신 컴포지션 (composition)을 사용하여, 원래 모듈을 확장하는 대신 소비하는 구조로 만들고, 원래 모듈 자체를 고치기보다는 래퍼를 만들어 익스포트하는 편이 바람직하다.

부록 E

세 슬래시 지시어

세 슬래시 지시어는 일반적인 자바스크립트 주석인데, 타입스크립트는 이 주석을 특정 파일의 컴파일러 설정이나 다른 파일과의 의존성 정보를 얻는 용도로 활용한다. 이 지시어는 파일의 맨 위에 추가해야 한다. 다음은 세 슬래시 지시어의 모습이다(각 지시어는 세 개의 슬래시 ///로 시작하고, 이어서 XML 태그가 따라온다).

```
/// <directive attr="value" />
```

타입스크립트는 몇 가지 세 슬래시 지시어를 지원하며, 그중 많이 사용되는 지시어를 표 E-1에 정리했다.

- amd-module

  더 자세한 사항은 "12.5.2 amd-module 지시어"를 참고하자.

- lib

  여러분의 모듈이 타입스크립트의 어떤 라이브러리에 의존하는지 타입스크립트에 알려준다. 프로젝트가 tsconfig.json 파일을 포함하지 않을 때 유용한 지시어다. 보통은 tsconfig.json에 라이브러리 의존성을 선언하는 것이 더 바람직하다.

- path

  TSC의 outFile 옵션을 사용한다면 path 지시어로 다른 파일과의 의존성을 명시해서 필요한 파일들을 먼저 컴파일되게 한다. 프로젝트에서 import와 export를 사용한다면 이 지시어는 사용할 필요가 없다.

- types

  "12.5.1 types 지시어"를 참고하자.

지시어	문법	이럴 때 사용
amd-module	`<amd-module name="MyComponent" />`	AMD 모듈로 컴파일할 때 익스포트 이름을 선언
lib	`<reference lib="dom" />`	타입 선언이 의존하는 타입스크립트의 내장 라이브러리를 선언
path	`<reference path="./path.ts" />`	모듈이 의존하는 타입스크립트 파일을 선언
types	`<reference types="./path.d.ts" />`	모듈이 의존하는 타입 선언 파일을 선언

표 E-1 세 슬래시 지시어

E.1 내부 지시어

아마도 여러분이 짠 코드에서 no-default-lib 지시어를 사용할 일은 없을 것이다.

지시어	문법	이럴 때 사용
no-default-lib	`<reference no-defaultlib="true" />`	이 파일에서는 어떤 라이브러리도 사용하지 말 것을 타입스크립트에 지시

표 E-2 내부 세 슬래시 지시어

E.2 폐기 예정인 지시어

amd-dependency 지시어는 어떤 상황에서도 사용하지 않아야 하며 대신 일반 import를 사용하자.

지시어	문법	다음으로 대체
amd-dependency	`<amd-dependency path="./a.ts" name="MyComponent" />`	import

표 E-3 사장된 세 슬래시 지시어

안전성과 관련된
TSC 컴파일러 플래그

이용할 수 있는 전체 컴파일러 플래그는 타입스크립트 핸드북 웹사이트[1]를 참고하자.

새 버전의 타입스크립트가 릴리스될 때마다 코드의 안전성을 최대로 끌어올릴 수 있는 새로운 검사가 포함되곤 한다. 그중 일부는 strict 플래그의 일부로 포함되고(strict로 시작함), 아니면 한 번에 한 개씩 strict 플래그로 설정할 수 있다. 표 F-1은 현재 사용할 수 있는 안전성 관련 컴파일러 플래그들이다.

플래그	설명
alwaysStrict	'use strict'의 효과
noEmitOnError	코드에 타입 에러가 있으면 자바스크립트를 생성하지 않음
noFallthroughCasesInSwitch	모든 switch문이 값을 반환하거나 분기를 빠져나옴(break)
noImplicitAny	변수의 타입이 any로 추론되면 에러로 처리함
noImplicitReturns	모든 함수의 모든 코드 경로가 명시적으로 반환됨. "6.2 종합성" 참고
noImplicitThis	명시적 타입 어노테이션 없이 this를 사용하면 에러를 발생시킴. "4.1.4 this의 타입" 참고
noUnusedLocals	사용하지 않은 지역 변수가 있으면 경고

(표 F-1 다음 쪽에 이어짐)

---

1   *http://bit.ly/2JWfsgY*

noUnusedParameters	사용하지 않은 함수 매개변수가 있으면 경고. 이 에러를 무시하려면 매개변수 이름 앞에 _를 붙여야 함
strictBindCallApply	bind, call, apply에 타입 안전성을 강제함. "4.1.3 call, apply, bind" 참고
strictFunctionTypes	함수의 매개변수와 this 타입이 반변임을 강제함. 143쪽의 "함수 가변성" 참고
strictNullChecks	null을 타입으로 취급. "3.2.12 null, undefined, void, never" 참고
strictPropertyInitialization	클래스 프로퍼티가 널이 될 수 있거나 초기화되도록 강제함. 5장 참고

표 F-1 TSC 안전성 플래그

부록 G

TSX

내부적으로 타입스크립트는 TSX 타입을 플러그인할 수 있는 후크(hook)를 몇 가지 제공한다. 타입스크립트는 global.JSX 네임스페이스의 특별한 타입을 프로그램 TSX 타입의 유일한 소스로 참고한다.

 리액트를 사용한다면 이런 저수준의 후크를 신경 쓸 필요가 없지만, 리액트를 사용하지 않고 TSX를 사용하는 타입스크립트 라이브러리를 직접 만드는 상황에서는 이 부록에서 여러분이 사용할 수 있는 유용한 후크를 발견할 수 있을 것이다.

TSX는 내장 요소(본질적 요소)와 사용자 정의 요소(값 기반 요소), 이렇게 두 종류의 요소를 지원한다. 본질적 요소의 이름은 항상 소문자이며 <li>, <h1>, <div> 같은 내장 요소를 뜻한다. 값 기본 요소는 파스칼 표기법(PascalCased) 이름을 쓰며 리액트(또는 TSX와 함께 사용하는 모든 프론트엔드 프레임워크)로 만든 요소를 가리킨다. 이들은 함수 또는 클래스로 정의할 수 있다. 그림 G-1을 확인해보자.

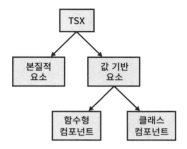

그림 G-1 TSX 요소의 종류

리액트 타입 선언[1]을 예로 들어 타입스크립트가 어떻게 안전하게 TSX를 JSX 타입으로 결정하는지 살펴보자. 다음은 리액트에서 TSX를 JSX 타입으로 안전하게 연결하는 방법을 보여주는 예다.

```
declare global {
    namespace JSX {
        interface Element extends React.ReactElement<any> { } ❶
        interface ElementClass extends React.Component<any> { ❷
            render(): React.ReactNode
        }
        interface ElementAttributesProperty { ❸
            props: {}
        }
        interface ElementChildrenAttribute { ❹
            children: {}
        }

        type LibraryManagedAttributes<C, P> = // ... ❺

        interface IntrinsicAttributes extends React.Attributes { } ❻
        interface IntrinsicClassAttributes<T> extends React.ClassAttributes<T> { } ❼

        interface IntrinsicElements { ❽
            a: React.DetailedHTMLProps<
                React.AnchorHTMLAttributes<HTMLAnchorElement>,
                HTMLAnchorElement
            >
            abbr: React.DetailedHTMLProps<
                React.HTMLAttributes<HTMLElement>,
```

---

1   *http://bit.ly/2SKGaKA*

```
            HTMLElement
        >
        address: React.DetailedHTMLProps<
            React.HTMLAttributes<HTMLElement>,
            HTMLElement
        >
        // ...
    }
  }
}
```

❶ JSX.Element는 값 기반 TSX 요소의 타입이다.

❷ JSX.ElementClass는 값 기반 클래스 컴포넌트의 인스턴스의 타입이다. TSX의 <MyComponent /> 문법으로 인스턴스화할 클래스 컴포넌트를 선언할 때 해당 클래스는 반드시 이 인터페이스를 만족해야 한다.

❸ 타입스크립트는 JSX.ElementAttributesProperty라는 프로퍼티를 이용해 컴포넌트가 지원하는 속성이 무엇인지 파악한다. 리액트에서의 props 프로퍼티를 생각하면 된다. 타입스크립트는 클래스 인스턴스에서 이 값을 찾는다.

❹ 타입스크립트는 JSX.ElementChildrenAttribute라는 프로퍼티를 이용해 컴포넌트가 지원하는 자식의 타입이 무엇인지 파악한다. 리액트에서는 children 프로퍼티를 의미한다.

❺ JSX.LibraryManagedAttributes는 JSX 요소가 프로퍼티 타입을 선언하고 초기화할 수 있는 장소를 지정한다. 리액트에서는 프로퍼티 타입을 선언할 장소를 지정하는 propTypes와, 프로퍼티의 기본값을 정의할 장소를 지정하는 defaultProps를 의미한다.

❻ JSX.IntrinsicAttributes는 모든 본질적 요소가 지원하는 속성 집합이다. 리액트에서는 key 속성을 의미한다.

❼ JSX.IntrinsicClassAttributes는 모든 클래스 컴포넌트(본질적, 값 기반 모두)가 지원하는 속성 집합을 가리킨다. 리액트에서는 ref를 의미한다.

❽ JSX.IntrinsicElements는 TSX에서 사용할 수 있는 모든 HTML 요소 타입을 나열하며 각 요소의 태그 이름을 속성과 자식 타입으로 매핑한다. JSX는

HTML이 아니므로 리액트의 타입 선언은 타입스크립트에게 TSX 표현식에서 정확히 어떤 요소를 사용할 수 있을지를 알려줘야 한다. 또한 TSX에서 모든 표준 HTML 요소를 사용할 수 있으므로 각 선언은 직접 모든 요소와 해당 속성 타입(예: <a> 태그의 경우 href: string와 rel: string은 유효한 속성이지만 value는 유효하지 않다) 그리고 자식 타입을 나열해야 한다.

전역 JSX 네임스페이스에 이들 타입을 선언하면 타입스크립트의 타입 확인 동작을 TSX에 적용할 수 있고 필요한 대로 커스터마이즈할 수 있다. 리액트를 사용하지 않으면서 TSX를 사용하는 라이브러리를 구현하는 상황이 아니라면 이들 후크를 사용할 일은 전혀 없을 것이다.

찾아보기